INTRODUCTION
A L'ARRIERATION MENTALE

AF131689

PSYCHOLOGIE ET SCIENCES HUMAINES

Jean-Luc Lambert

introduction à l'arriération mentale

2ᵉ édition

PIERRE MARDAGA, EDITEUR
2, GALERIE DES PRINCES, BRUXELLES

© by Pierre Mardaga, Bruxelles
2, Galerie des Princes, 1000 Bruxelles
37, rue de la Province, 4020 Liège

D. 1986-0024-42

A mes parents

CHAPITRE 1

INTRODUCTION

Qu'est-ce qu'un arriéré mental? La réponse à cette question est loin d'être simple. En effet, le concept d'arriération mentale a subi au cours des siècles, et plus particulièrement durant ces vingt dernières années, de nombreuses modifications. Les problèmes de définition et de terminologie sont étroitement liés à une perspective historique, à l'évolution des courants de pensées dans la science. C'est cette perspective qu'il importe d'abord de souligner en introduisant un ouvrage sur l'arriération mentale. Intimement liées à la définition de l'arriération, les tentative de classification des individus arriérés mentaux évoluent également dans le cours de l'histoire. La nécessité de classer les êtres humains est dictée par plusieurs exigences dont la principale est assurément la simplification. En arriération mentale, le fait de classer les individus a intéressé très tôt les professionnels pour deux raisons. La première est d'ordre administratif: la présence d'arriérés mentaux dans une société entraîne une série de dispositions légales concernant leur éducation, leurs droits et leurs devoirs. Afin d'aménager les structures de soin, le législateur a besoin de classer les arriérés en fonction de leur degré de handicap. La seconde raison est d'ordre scientifique : l'approche d'un état déficitaire entraîne des diagnostics différentiels. Ces deux pôles du classement des arriérés ont également subi des modifications dans le décours des siècles. La perspective historique est intéressante à souligner car elle est la cristallisation d'apports sociaux et scientifiques successifs qui ont eu une influence sur la démarche actuelle. Enfin, il faut remarquer les rapports étroits existant entre l'utilisation d'un classement à des fins administratives ou scientifiques et son emploi par la société. Un exemple classique est celui du mot «crétin», dérivé du terme «chrétien» qui soulignait que les individus «drôles» étaient recueillis au Moyen Age par les monastères. Le terme «crétin» a été utilisé longtemps pour désigner les individus arriérés. La société peut également modifier une terminologie. C'est ainsi que les termes «idiot», «imbécile» et «faible d'esprit» sont actuellement bannis du vocabulaire de l'arriération à cause de leur connotation très péjorative. Un autre exemple illustratif des interactions entre la science et les normes sociales dans une classification est celle du mongolisme. Lorsque Langdon Down décrivit en 1866 un état déficitaire basé sur une apparence physique particulière, il le dénomma «mongolisme», en accord avec les idées de l'époque sur la régression atavique qui impliquait l'infériorité de la race mongole. En 1959, Lejeune, Gautier et Turpin découvrirent que ce syndrome correspondait en fait à une aberration chromosomique. Le terme «mongolisme» fut abandonné et remplacé par la classification scientifique «Syndrome de Down».

1. EVOLUTION DE LA TERMINOLOGIE

Dans un ouvrage remarquable, Sarason et Doris (1969) analysent avec précision l'évolution des idées concernant l'arriération mentale. On peut arbitrairement considérer le début du 20e siècle comme une période-pivot.

Durant le Moyen Age, certaines descriptions montrent que pour des raisons administratives les textes légaux mentionnent l'existence des arriérés mentaux (Clarke et Clarke, 1974). Par exemple, en Angleterre, sous Edouard Ier (13e siècle), une distinction est effectuée entre « les fous de naissance » (arriérés mentaux) et les « lunatiques » (malades mentaux). Si un individu est déclaré « lunatique », le roi prend possession de ses biens uniquement durant la période de la maladie. Par contre, dans le cas de « fou de naissance », ses biens appartiennent définitivement à l'Etat. Il faut attendre le début du 19e siècle pour rencontrer quelque précision dans le diagnostic.

Esquirol utilise le terme « idiotie » pour qualifier un état déficitaire global, une condition dans laquelle les facultés intellectuelles ne se développent pas. « L'idiotie » est utilisée par Séguin comme terme générique qui va se subdiviser en idiots, imbéciles et faibles d'esprit, et se maintenir sous cette trilogie jusqu'en 1950. Dans le courant du 19e siècle, la définition de l'arriération mentale s'effectue en référence à un modèle génétique sursimplifié, basé sur le darwinisme appliqué à la sociologie; c'est la période des théories racistes naïves, de la dégénérescence nationale qui guette les sociétés acceptant en leur sein des êtres génétiquement inférieurs. C'est l'époque dont l'influence, encore présente aujourd'hui sous des formes plus édulcorées, fait écrire à Fernald, précurseur aux

Etats-Unis des institutions gigantesques pour arriérés mentaux: «Les faibles d'esprit sont une classe de prédateurs parasites. La femme faible d'esprit est deux fois plus fertile que la femme normale. L'imbécile est un criminel en puissance» (*in* Sarason et Doris, 1969).

A partir du début du 20e siècle, l'arriération mentale va être définie sur base de deux critères indépendants: le niveau intellectuel et l'adaptation sociale.

A. Le niveau intellectuel

Comme le soulignent Clarke et Clarke (1975), l'examen des nombreuses définitions de l'arriération mentale peut se terminer par un constat: devant l'hétérogénéité présentée par les arriérés mentaux sur les plans de l'étiologie, du fonctionnement et du pronostic, la faiblesse intellectuelle est peut-être la seule chose que ces individus ont en commun. Qu'est-ce que l'intelligence? Comment la mesure-t-on? Les réponses à ces questions nécessiteraient à elles seules plusieurs ouvrages. L'évolution du concept d'intelligence et des rapports avec l'arriération est certes intéressante à retracer ([1]). Là n'est cependant pas notre propos. Nous sommes intéressé par les implications de la notion d'intelligence dans la terminologie, c'est-à-dire à la notion de niveau intellectuel et à son approche quantitative.

Dès 1905, Binet et Simon mettent au point une série d'épreuves destinées à différencier les écoliers de la région parisienne. La découverte de ces auteurs est l'utilisation de niveaux d'âges qui permettent de réduire une différence d'intelligence à une différence d'âge. Binet et Simon assimilent un enfant retardé à un enfant dont l'âge chronologique est supérieur à l'âge mental défini par leurs épreuves. Terman, publiant en 1916 sa révision du Binet-Simon, introduit la notion de Quotient Intellectuel qu'il a reprise à Stern. Le Quotient Intellectuel est un quotient d'âges (rapport entre un âge mental mesuré au moyen d'un test standardisé et l'âge chronologique). Cette notion du QI, d'une limpidité parfaite, a cependant évolué vers une tendance à attribuer aux chiffres une valeur quasi magique, de sorte qu'encore à l'heure actuelle, l'identification est totale entre l'arriération mentale et tel ou tel QI. Dans les épreuves de Binet-Simon, la limite supérieure de la déficience mentale est fixée à 70. Cette limite, qui depuis lors a fait couler beaucoup d'encre, est cependant très facile à comprendre. Comme l'indique Zazzo (1969, pp. 15 et suivantes), ce chiffre de 70 n'a pas été fixé par décret, il est la traduction de certaines exigences scolaires et sociales. A l'époque de Binet, l'éducation était devenue obligatoire. Le qualitatif de débile mental est appliqué à l'individu assez éducable pour parvenir en fin de développement (fixé aux environs de 15 ans) à l'acquisition de la lecture et de l'écriture (ce qui correspond approximativement au niveau d'un écolier de 7 ans et demi, 8 ans) et pas assez pour parvenir à une pensée abstraite (niveau d'environ 11 ans). A partir de ces repères pédagogiques, il est aisé de retrouver le chiffre de 70; il est obtenu en divisant l'âge de 10-11 ans par l'âge terminal de 15 ans. La limite inférieure de la débilité (50) est déterminée en divisant l'âge de 7 ans et demi par l'âge terminal de 15 ans. C'est donc un critère pédagogique qui donne sa signification au QI et non l'inverse (Zazzo, 1969). Malheureusement, toute la prudence voulue par les pionniers des tests a été abandonnée par les praticiens qui ont retenu la notion de QI comme une variable continue, universelle, susceptible de définir l'arriération en tout lieu, avec n'importe quelle épreuve.

La seconde étape importante dans le courant psycho-métrique visant à mesurer l'intelligence est le travail de Wechsler et les échelles qui en sont issues (WPPSI: Wechsler Preschool and Primary Scale of Intelligence; WISC: Wechsler Intelligence Scale for Children; WAIS: Wechsler Adult Intelligence Scale). En administrant une échelle de Wechsler, on obtient également un QI. Il faut souligner que ce QI n'est pas un quotient d'âges comme dans les épreuves de Terman. Il n'a rien de commun, si-non le nom, avec un rapport entre l'âge mental et l'âge réel. Le QI obtenu avec une échelle de Wechsler est un score, un rang obtenu dans une moyenne de réussite.

Terman et Wechsler ont tous deux proposé une classi-fication des capacités intellectuelles à partir des QI obte-nus à leurs tests en tenant compte des déviations stan-dards par rapport à la moyenne (échelle Terman: 16; échelle Wechsler: 15).

B. L'adaptation sociale

Parallèlement au développement des tests d'intelli-gence qui fixent les normes de l'arriération mentale, un courant se développe aux Etats-Unis entre 1930 et 1950, principalement représenté par Doll et l'école de Vine-land. Ce courant met l'accent sur la notion de compé-tence sociale: les arriérés mentaux présentent des trou-bles plus ou moins importants de l'adaptation sociale. Re-fusant toute définition sur la base du QI, cette orientation adopte comme critère de classification des arriérés leur incompétence à vivre de manière autonome à l'âge adulte. L'enfant n'est pas pris en considération; le dia-gnostic de déficience mentale est effectué uniquement par référence à l'adulte. Cela oblige les enseignants et les éducateurs qui travaillent avec les enfants à émettre une série d'hypothèses, le plus souvent erronées, sur leurs capacités futures d'adaptation. Cette notion d'incompétence sociale à l'âge adulte entraîne une vue statique de l'arriération mentale. D'une part, l'arriéré mental est présenté comme un être essentiellement incurable (Doll, 1941). D'autre part, le milieu dans lequel vit l'arriéré n'est pas soumis à une analyse précise; l'inadaptation est évaluée par rapport à une déviation de normes sociales standards; les facteurs économiques et politiques, sources possibles d'inadaptation sociale, sont très souvent négligés.

Voici la situation aux environs des années 1950. Les deux critères pris isolément en considération de manière dogmatique, à savoir le niveau intellectuel et la compétence sociale, sont en fait appliqués à l'arriération sur le modèle du diagnostic en psychiatrie. A ce moment, la tâche de la psychiatrie était essentiellement axée sur une stratégie : trouver dans le comportement des symptômes associés à des causes situées dans l'organisme, puis de fournir ensuite un pronostic sur l'évolution de l'individu. Ce modèle pathologique appliqué à l'arriération mentale entraînait trois considérations : l'arriération était une maladie causée par l'atteinte d'une habilité mentale donnée, l'intelligence, imperméable au changement; le trouble était incurable; la description de l'individu arriéré était basée sur l'adulte et sur ses capacités d'intégration sociale.

Vers la fin des années 1950, la situation évolue, principalement sous l'influence des progrès scientifiques. Des données nouvelles sont entre les mains des chercheurs. En premier lieu, les découvertes sur les variations génétiques témoignent du déterminisme multiple des relations phénotype-génotype. En second lieu, des courants en psychologie insistant sur le rôle important des facteurs environnementaux commencent à être intégrés dans la pratique, et c'est le succès des premiers programmes de rééducation chez des individus arriérés mentaux. Enfin, suite aux transformations sociales accompagnant les guerres, la société adopte une attitude plus tolérante vis-à-vis des inadaptés. C'est à partir de ces influences que l'American Association on Mental Deficiency (AAMD) réunit un groupe d'experts dont la tâche est de proposer une définition de l'arriération mentale. Publié en 1959, ce travail a été remanié lors d'une édition récente. Nous présentons ces deux étapes importantes qui marquent un tournant dans l'approche de l'arriération mentale, en insistant particulièrement sur la seconde dont l'influence est toujours d'actualité.

C. La première définition de l'AAMD
(Heber, 1959)

L'arriération mentale est définie comme suit: «un fonctionnement intellectuel situé en dessous de la normale, qui trouve son origine durant la période développementale. Ce fonctionnement est associé à des troubles de la maturation, de l'apprentissage et de l'adaptation sociale». Cette définition comprend plusieurs parties qui marquent en fait une véritable révolution dans l'étude de l'arriération. Nous les analyserons ci-dessous. Il faut cependant souligner que le terme «fonctionnement intellectuel situé en dessous de la normale» correspond aux résultats obtenus à un test standardisé d'intelligence et que la limite définissant l'arriération est placée à une dévia-

tion standard en dessous de la moyenne. Cette limite signifie qu'aux tests de Terman ou de Wechsler, tout individu obtenant un QI inférieur à 83 ou 84 est considéré
comme arriéré mental s'il présente également des déficits
d'adaptation sociale. Le but de cette définition était de
montrer que dans une société urbaine hautement technologique, des déficits minimes des capacités intellectuelles
pouvaient constituer un handicap pour de nombreux individus. Deux faits amenèrent cependant une révision de
cette approche. En premier lieu, en partant d'une limite
située une déviation standard en dessous de la moyenne,
on se retrouva en présence d'un nombre incroyablement
élevé de sujets arriérés mentaux. Ce nombre ne correspondait, en fait, ni aux données épidémiologiques, ni aux
demandes enregistrées par les divers organismes publics
chargés des arriérés mentaux. En second lieu, bon nombre d'individus classés à partir des tests comme étant des
arriérés mentaux étaient parfaitement adaptés au sein de
leur communauté et ne répondaient pas ainsi à un critère
d'inadaptation. Ces considérations et le développement
rapide des sciences médicales et psychopédagogiques
amenèrent les experts à revoir la définition de l'arriération mentale.

D. La seconde définition de l'AAMD
(Grossman, 1973)

« L'arriération se réfère à un fonctionnement intellectuel général significativement inférieur à la moyenne,
existant concurremment avec des déficits du comportement adaptatif et se manifestant durant la période développementale » (Grossman, 1973, p. 11). Le manuel donne, en tant que partie intégrante de la définition, une

explication de chaque terme-clé: «*L'arriération mentale* indique un niveau de performance comportementale, sans référence à une étiologie particulière. Ce terme ne distingue pas l'arriération associée à des influences psychosociales ou polygéniques et l'arriération associée à un déficit biologique. L'arriération mentale est descriptive du comportement actuel et n'implique pas de pronostic.

Le fonctionnement intellectuel peut être évalué par un ou plusieurs tests standardisés développés à cet effet; *significativement inférieur* se réfère à une performance qui est au moins deux déviations standards en dessous de la moyenne. A partir des deux tests les plus utilisés, le Terman et la Wechsler, cela représente respectivement des QI égaux à 67 et 69. On insiste particulièrement sur le fait, qu'en dépit d'une pratique universelle, le QI n'est pas suffisant pour déterminer à lui seul le diagnostic d'arriération mentale.

Le comportement adaptatif est défini par l'efficacité avec laquelle un individu rencontre les normes d'indépendance personnelle et de responsabilité sociale attendues pour son âge et son groupe culturel. Etant donné que ces normes varient selon les âges et les groupes, les *déficits du comportement adaptatif* seront évalués différemment selon les âges. Durant la première enfance, un retard dans le développement sensori-moteur, la communication, les comportements d'autonomie ou la socialisation représente une déficience potentielle du comportement adaptatif et devient le critère de l'arriération mentale. Les comportements requis durant la seconde enfance et le début de l'adolescence font plus appel aux processus d'apprentissage; on retiendra particulièrement l'acquisition des disciplines scolaires de base, les concepts de temps et d'argent, la responsabilité sociale et les réponses d'interaction. Durant l'âge adulte, l'accent sera mis sur les performances vocationnelles et la responsabilité sociale, avec une insistance particulière sur les capacités d'autonomie socio-économique.

Dans le contexte de cette définition, un individu peut rencontrer certains critères à un moment donné de sa vie, et non à d'autres. Une personne peut changer de statut pour diverses raisons...» (pp. 11-14).

Cette définition de l'arriération mentale se différencie radicalement des approches décrites ci-dessus pour plusieurs raisons.

En premier lieu, l'arriéré mental est évalué à partir d'un ensemble de performances correspondant à son âge. Cette optique résolument développementale indique que durant la première enfance les comportements sensori-moteurs ont une importance prépondérante; à l'âge scolaire, l'accent sera mis sur les performances académiques; à l'âge adulte, l'autonomie socio-professionnelle sera dominante dans l'évaluation.

En second lieu, l'approche exige *la prise en considération simultanée des deux critères*, le niveau intellectuel et l'adaptation sociale. Le diagnostic d'arriération mentale doit être porté après l'identification d'un déficit dans chacun de ces deux domaines. Précisons dès maintenant que s'il existe des tests standardisés donnant un niveau intellectuel et qui ont fait leurs preuves, la mise au point d'échelles d'adaptation sociale est encore aujourd'hui peu avancée. Malgré les travaux appréciables de Gunzburg (1968) et Leland et al. (1967) sur lesquels nous reviendrons, il se révèle difficile, sinon impossible de mettre au point des instruments standardisés permettant d'évaluer le degré d'adaptation sociale.

La troisième caractéristique de la définition insiste sur la description du comportement actuel de l'individu et rejette explicitement la notion d'une potentialité intellectuelle immuable. En marquant une séparation nette entre le diagnostic et le pronostic, elle écarte du processus toute prédiction sur la base de l'âge adulte.

Quatrièmement, la définition évite une différenciation entre l'arriération mentale et d'autres troubles de l'enfance comme la schizophrénie et les lésions cérébrales post-traumatiques. Nous ne suivons pas ce point de la définition de l'AAMD qui nous paraît critiquable à deux niveaux. Tout d'abord, classer uniformément différentes pathologies sous la même rubrique constitue à nos yeux une régression scientifique et empêche ainsi toute mise au point de cadres nosologiques précis dans lesquels se répartissent les divers troubles de l'enfance. Ensuite, et c'est la critique principale que nous émettrons sur ce point de la définition, la reprise d'états pathologiques différents sous une même classification néglige la référence à l'étiologie. A chaque pathologie correspondent à la fois une structure et un fonctionnement comportementaux spécifiques. Cette donnée est importante à conserver tant sur le plan de la description du comportement que sur celui de l'éducation. C'est ainsi qu'un enfant autiste et un autre avec un syndrome de Down, ayant tous deux des troubles de l'adaptation sociale et, par exemple, un QI égal à 40, présentent des structures comportementales qui leur sont propres et dont l'histoire a été modelée, entre autres choses, par l'origine même du handicap. Il serait particulièrement malheureux et vain d'entreprendre un programme d'apprentissage identique chez ces deux enfants sur la seule base d'un constat d'arriération mentale. L'exemple est encore plus illustratif en présence d'un enfant normal âgé de 5 ans qui, suite à un traumatisme crânien, présente un syndrome aphasique caractérisé par une perte du langage oral expressif. A l'échelle de Wechsler, cet enfant peut obtenir un QI global égal à 50. Classer ce sujet comme arriéré mental, c'est nier qu'il y a eu chez lui auparavant un développement normal et en particulier la présence de comportements verbaux structurés dont il faut tenir compte dans la rééducation. Le tableau est très différent chez un enfant qui, suite à une hydrocéphalie non traitée, présente à l'âge de cinq ans un QI global identique et de graves déficits dans l'acquisition du langage. Si au niveau purement descriptif ces deux sujets offrent un tableau clinique semblable, l'histoire du handicap et son observation actuelle permettent de différencier à la fois une structure et un fonctionnement spécifiques dans le déficit et d'éliminer ainsi une classification commune pour les deux troubles.

Enfin, la dernière innovation consiste au retour à un niveau intellectuel limite situé deux déviations standards en dessous de la moyenne. Cette modification permet, par rapport à la définition de 1959, de rétablir les indices de fréquence de l'arriération mentale dans des proportions qui traduisent plus fidèlement la réalité.

La définition offerte par l'American Association on Mental Deficiency est aujourd'hui largement utilisée dans le monde occidental. Après de nombreuses années jalonnées de controverses sur la nature de l'arriération mentale, cette définition a le mérite de regrouper deux critères dans l'évaluation du handicap et de s'inscrire dans une perspective développementale. C'est pourquoi, malgré ses imperfections, nous l'adopterons tout au long de l'ouvrage.

2. LES CLASSIFICATIONS DE L'ARRIERATION

Devant l'hétérogénéité des individus arriérés mentaux, il n'est pas étonnant de constater que de nombreuses classifications sont proposées dans la littérature. On peut affirmer, non sans le regretter, que non seulement chaque pays, mais qu'à l'intérieur d'une même nation chaque organisme et chacune des disciplines scientifiques touchant le domaine de l'arriération mentale possède son propre système de classement. C'est chez Clarke et Clarke (1975) que nous trouvons le tableau récapitulatif le plus didactique et le mieux adapté à l'arriération. Ces auteurs suggèrent un système à trois entrées basé sur les étiologies du syndrome (fig. 1)

En premier lieu, si l'on prend les chiffres traditionnels de QI situés entre 0 et 75, une partie de l'arriération mentale est causée par une variation génétique normale de l'intelligence. Cette tranche de l'arriération se situe, toute simplification mise à part, entre les bornes de QI 50 et 75.

Figure 1. Etiologies (Clarke et Clarke, 1975, p. 5)

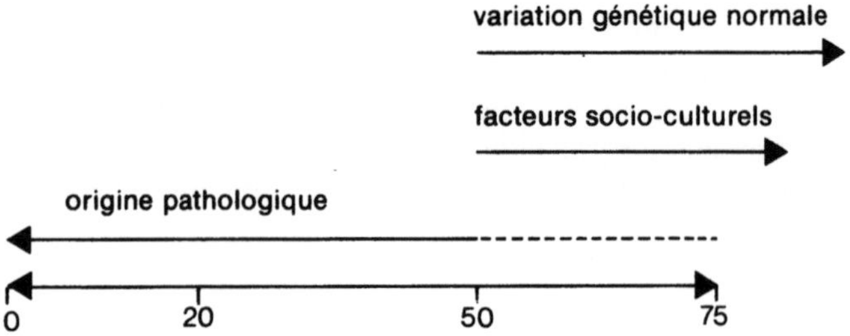

Une seconde étiologie, intéressant également les QI situés entre 50 et 75, est constituée par les facteurs socioculturels. Enfin, un troisième groupe, incluant principalement les QI inférieurs à 50, a une étiologie à prédomi-
nance organique. Nous aurons l'occasion de revenir longuement au cours des chapitres suivants sur l'explication
de ces étiologies. Comme le montre la figure 1, les trois
tendances agissent à partir d'une limite située à 50 sur le
continuum des QI. En dessous de cette limite, les proba-
bilités d'une origine pathologique sont plus importantes.
Au-delà du chiffre 50, les étiologies les plus probables
sont d'ordre socioculturel ou basées sur les variations
génétiques normales. Nous insistons sur le fait que cette
figure indique uniquement des tendances et que l'on ne
peut en aucune manière inférer une étiologie à partir des
chiffres de QI.

A l'intérieur de ces bornes de QI, divers classements
ont été proposés afin de différencier la gravité du handicap. Le plus ancien est certainement celui qui classait les
individus arriérés mentaux en idiots (QI: 0 à 20), imbéciles (QI: 20 à 50) et débiles (QI: 50 à 75). Comme nous
l'avons signalé, ces termes n'ont plus cours dans le vocabulaire de l'arriération. A partir des recommandations de
l'Organisation Mondiale de la Santé en 1968 et du système de l'AAMD, les arriérés mentaux sont classés en
quatre catégories: arriérés mentaux légers (QI: ± 50-55 à
± 70-75), arriérés mentaux modérés (QI: ± 35 à ± 50-
55), arriérés mentaux sévères (QI: ± 20-25 à ± 35), arriérés mentaux profonds (QI: 0 à ± 20-25) ([2]). Ce système a
le mérite d'être simple. Rappelons que cette classification
ne peut être utilisée uniquement sur la base de scores
obtenus à un test d'intelligence, mais bien en conjonction
avec une évaluation du comportement adaptatif. C'est la

nomenclature que nous utiliserons dans le présent ouvrage.

D'autres systèmes se rencontrent dans la littérature. C'est ainsi qu'en France, la classification est la suivante: débilité mentale (QI: 50-70), débilité profonde (QI: 30-50), arriération profonde (QI: 0-30). L'Angleterre possède une terminologie basée sur l'éducation: ESN (S) — Educationally Subnormal (Severe) — qui regroupe les arriérés profonds, sévères et modérés, et ESN (M) — Educationally Subnormal (Mild) — qui correspond aux arriérés légers. On trouve également dans de nombreux articles, principalement en France, la classification suivante: débilité endogène ou normale (origine génétique normale ou subculturelle) et débilité exogène ou pathologique (arriération profonde, sévère et modérée).

Faut-il classer les arriérés mentaux?

Si, comme nous l'avons signalé, une classification des sujets arriérés mentaux répond à des exigences à la fois scientifiques et administratives, on peut s'interroger sur les effets que doit avoir chez un individu l'étiquette «arriéré mental». Récemment, une controverse très intense s'est développée autour de ce sujet. L'ensemble des conséquences attachées à la classification des handicapés est résumé dans un rapport d'experts travaillant à l'Université Vanderbilt, aux Etats-Unis (Hobbs, 1975). Bien que les conclusions de ce rapport ne concernent pas spécifiquement l'arriération mentale, mais bien la notion de handicap au sens le plus large, il nous paraît intéressant d'en souligner les points-clés. Toute classification peut avoir des effets à la fois positifs et négatifs (Hobbs, 1975; pp. 6-7):

- «Les enfants qui sont étiquetés peuvent être stigmatisés de manière permanente, rejetés par les adultes et les autres enfants et exclus d'expériences essentielles à leur développement. Cependant, la classification est nécessaire pour ouvrir les portes de la législation, des services et des fonds financiers, de la recherche et de la connaissance de l'enfance handicapée.

- Les enfants étiquetés peuvent être placés dans des programmes éducatifs inférieurs, privés de leur liberté par l'institutionnalisation, tout cela sur la base d'un diagnostic erroné.

- De nombreux enfants provenant de groupes culturels minoritaires ont été classés comme arriérés mentaux sur la base de tests d'intelligence inadaptés. Cependant, certains de ces enfants nécessitent une assistance spéciale et une amélioration des procédures de classification peut permettre de mieux adapter les services à leurs besoins.

- La classification d'un enfant peut entraîner son déplacement dans une institution qui le définit et le confirme comme étant délinquant, aveugle, retardé ou caractériel. L'institution peut renforcer les comportements attachés à ces étiquettes, donc rendant l'enfant plus délinquant, moins dépendant d'une vision résiduelle, plus retardé ou plus troublé émotionnellement qu'il ne le serait dans un environnement normal. Cependant, de nombreuses familles ou communautés ne sont pas équipées pour éduquer de tels enfants et l'enfant lui-même peut requérir la protection de services spécialisés.

- Nous possédons de multiples programmes législatifs de classification. Cependant l'enfant polyhandicapé peut ne pas s'insérer dans une des catégories prévues et avoir des difficultés à bénéficier d'une aide.

- La société dépense annuellement des sommes considérables pour la création de services spécialisés destinés aux soins de nombreuses catégories d'enfants handicapés. Cependant, la coordination entre les services est très difficile, leur efficacité respective assez restreinte et la plupart de leurs efforts relativement vains.»

Il s'agit évidemment d'un problème complexe, basé le plus souvent sur des hypothèses et non sur des données objectives. De plus, l'approche générale est obscurcie par des débats passionnés sur le rôle joué par divers systèmes socio-politiques. Dans le domaine de l'arriération mentale, nous pensons que la classification par niveau de gravité de handicap doit être maintenue pour les arriérés profonds, sévères et modérés. En effet, ces individus exigent une assistance particulière de la part de la société : leurs besoins éducatifs sont spécifiques et doivent entraîner la mise au point de structures d'accueil appropriées. Il serait cependant nécessaire de modifier notre point de vue concernant une grande partie des individus étiquetés «arriérés mentaux légers». Comme nous le verrons, chez bon nombre de ces sujets le diagnostic est porté à l'entrée de l'école primaire; ils éprouvent des difficultés dans l'apprentissage d'une série de disciplines scolaires, mais sont toutefois relativement bien adaptés à leur milieu social. Ce sont ces enfants, «arriérés-mentaux-six-heures-par-jour», chez qui les effets d'une classification peuvent être des plus néfastes. Que l'on pense aux connotations péjoratives accompagnant tout individu qui a fréquenté l'enseignement spécial : le simple fait de se présenter vers la fin de l'adolescence comme demandeur d'emploi avec un certificat de l'enseignement spécial est suffisant pour entraîner de la part de la société la méfiance, sinon le rejet. Ces individus ne devraient plus être catégoriés « arriérés mentaux légers », mais identifiés uniquement comme nécessitant un enseignement scolaire adapté à leurs exigences. Ces sujets ne devraient plus ainsi supporter le poids d'une étiquette qui n'a de sens que par rapport à un milieu donné, mais dont la société a généralisé les effets à l'ensemble de leurs comportements.

Nous ne prétendons nullement clore le débat par cette simple suggestion. L'importance du problème est telle que deux points nous apparaissent primordiaux avant de proposer des solutions adéquates. D'une part, toute classification ne peut être basée sur la prise en considération d'une dimension unique. Nous devons être en possession de catégories descriptives à plusieurs dimensions faisant intervenir un répertoire comportemental étendu. Ce type de classification doit permettre la mise en évidence des différences interindividuelles et prévenir ainsi tout schématisme. D'autre part, il devient urgent de procéder à diverses études expérimentales afin de cerner quand, comment et chez quels individus la catégorisation est bénéfique ou néfaste. En l'absence de telles données, le débat s'éternisera et s'éloignera de son objectif premier.

3. LES FREQUENCES DE L'ARRIERATION MENTALE

Toute connaissance du nombre d'individus arriérés mentaux est importante à deux titres. D'une part, la planification des services au sein d'une société nécessite une série de données numériques sur lesquelles elle peut s'appuyer. D'autre part, les chiffres permettent d'aborder une première évaluation des efforts mis en œuvre dans une société pour réduire l'incidence de l'arriération ([3]). On imagine sans peine les difficultés survenant dans l'établissement d'une fréquence de l'arriération mentale. La multiplication des services administratifs ayant en charge les arriérés, les difficultés de diagnostic et l'absence d'accord au niveau des critères définissant l'arriération, sont autant d'embûches qui rendent ardue, sinon illusoire à l'heure actuelle, toute tentative de recensement.

Il existe dans la littérature un consensus qui fixe à 3 % de la population globale le taux d'arriérés mentaux vivant dans une nation industrialisée. Ce chiffre de 3 % concerne l'ensemble de l'arriération mentale: il correspond grosso modo aux estimations d'une série d'enquêtes réalisées aux Etats-Unis et en Europe, enquêtes dont les résultats offrent constamment un mode de fréquence situé entre 2 et 3 % de la population globale d'un pays (Farber, 1968). A l'intérieur de ce pourcentage, la répartition par degré de handicap est la suivante: arriérés mentaux légers: 2,5 %; arriérés mentaux modérés et sévères: 0,4 %; arriérés mentaux profonds: 0,1 %.

Nous nous proposons d'exposer les résultats de plusieurs études, non par complaisance pour les amateurs de statistiques, mais parce qu'ils illustrent différents points de l'approche moderne de l'arriération. Dans un travail qui reste un modèle du genre, Tizard (1964) différencie deux types de fréquences. La fréquence «administrative» estime le nombre d'individus pour lesquels des services sont requis au sein de la société. Cette fréquence est naturellement dépendante des facilités locales et diffère dans un même pays d'une région à l'autre. C'est ainsi que Rowitz et Tzuen-Jen Lei (1975) montrent que des études épidémiologiques peuvent fournir des données différentes selon qu'elles sont réalisées à partir du nombre d'admissions d'arriérés mentaux dans des services urbains ou situés dans la banlieue d'une ville. Pour Chicago, ces auteurs enregistrent un nombre anormalement élevé d'individus classés arriérés mentaux dans des services urbains significativement plus fréquentés par des minorités ethniques et raciales défavorisées. La fréquence « vraie », indépendante de considérations administratives, doit tenir compte de divers facteurs dont les plus importants sont la mortalité infantile et l'accroissement de l'espérance de vie dans une nation développée.

Mc Donald (1973) identifie tous les individus nés au Québec en 1958, âgés de 8 à 11 ans, et présentant un QI inférieur à 50. Son étude conclut à une fréquence de 0,54 % d'individus arriérés mentaux modérés, sévères et profonds. Dans une revue de 27 études épidémiologiques, Abramowicz et Richardson (1975) observent une constance remarquable dans les données : le nombre de sujets ayant un QI inférieur à 50 est égal à 0,45 %. Notons que dans ces deux travaux, les syndromes de Down composent 25 % de l'échantillon des arriérés modérés, sévères et profonds.

En ce qui concerne les arriérés mentaux légers, Clarke et Clarke (1973) illustrent la variation rencontrée d'une étude à l'autre. Il apparaît cependant que deux facteurs principaux interviennent dans l'établissement de fréquences pour cette tranche de l'arriération : l'âge et le milieu socioculturel. Pour l'âge, on enregistre une variation importante avec un pic entre 10 et 14 ans (2,56 %) et une diminution entre 15 et 19 ans (1,08 %). Cette réduction du nombre d'arriérés mentaux légers supporterait l'hypothèse de diagnostics différentiels selon l'âge et les exigences de la société: au niveau scolaire (10 - 14 ans), il y a plus d'individus étiquetés comme arriérés légers que vers la fin de l'adolescence. Le milieu socioculturel joue également un rôle important dans les variations de fréquences. Par exemple, Mercer (1970) observe dans des écoles spéciales de Californie deux à trois fois plus d'enfants issus de milieux noirs et mexicains que la proportion généralement attendue. Wegde et Prosser (1973) estiment à 6 % la fréquence d'enfants anglais qui proviennent de milieux défavorisés et qui sont susceptibles à un moment de leur vie de rencontrer un ou plusieurs critères les considérant comme arriérés mentaux légers.

La complexité des études épidémiologiques est remarquablement illustrée par Granat et Granat (1973). Ces auteurs posent comme hypothèse qu'il est possible de trouver parmi une population «normale», en l'occurrence 2.000 jeunes suédois incorporés à 19 ans au service militaire, un groupe ayant le même niveau intellectuel que des individus arriérés mentaux institutionnalisés. Ils enregistrent dans leur échantillon de jeunes miliciens une proportion de 1,5 % de sujets qui remplissent le critère psychométrique de l'arriération (QI inférieur à 70), sans être considérés comme tels par les services publics. Cette proportion, ajoutée aux 0,7 % de sujets déjà classés comme arriérés mentaux, porte à 2,2 % le taux de suédois âgés de 19 ans et répondant aux normes de l'arriération mentale. Cette étude montre qu'il est nécessaire de tenir compte de deux critères, psychométrique et adaptation sociale, dans les évaluations de fréquences.

Toutes les observations concordent pour supporter la distinction proposée par Tizard entre fréquence administrative et fréquence vraie. La fréquence administrative varie selon différents facteurs: l'âge des sujets arriérés —

il y a plus d'individus considérés comme arriérés mentaux durant l'âge scolaire —, les instruments de diagnostic — la prise en considération ou non du critère d'adaptation sociale peut fournir des tableaux très différents (cfr Granat et Granat, 1973) —, la répartition géographique et l'appartenance ethnique ou raciale. Selon nous, cette fréquence administrative s'applique aux arriérés mentaux légers dont l'adaptation aux diverses exigences sociales varie en fonction des facteurs cités ci-dessus. Par contre, nous réserverons la dénomination de fréquence vraie aux études portant sur les arriérés modérés, sévères et profonds, chez qui la présence de signes pathologiques, identifiés ou hautement probables, réduit toute variation importante dans le recensement.

C'est à partir de considérations sur ces deux types de fréquences que Dingman et Tarjan (1960) et Mercer (1973) proposent un modèle de la répartition des individus arriérés mentaux. Nous croyons qu'il est utile de présenter brièvement ce modèle car nous le retrouverons dans les théories de Jensen et de Zigler, et peut-être correspond-t-il, malgré son schématisme, à une réalité dans l'arriération mentale. Dingman et Tarjan, repris par Mercer (1973), calculent le nombre d'individus avec un QI inférieur à 70, nombre attendu sur la base de la distribution normale de l'intelligence, et ils estiment en même temps le nombre d'arriérés mentaux vivants aux Etats-Unis. Leurs conclusions montrent que les chiffres concordent pour les QI situés entre 50 et 70. Par contre, ils trouvent un large excès d'individus arriérés ayant des QI situés entre 0 et 50. Ces excédents forment leur propre distribution avec un QI moyen égal à 32 et représentent en fait trois à six fois plus d'arriérés mentaux que le nombre attendu selon une distribution normale de l'intelligence. Pour ces auteurs, il s'agit d'un groupe séparé, constitué de sujets présentant des troubles organiques évidents ou supposés. Entre 50 et 70 de QI, nous serions en présence d'un groupe dont l'arriération est d'ordre génétique et/ou socioculturel.

Cette énumération de données et de considérations statistiques devrait, comme nous l'avons souligné au départ, nous donner des informations sur l'évolution actuelle du nombre d'arriérés mentaux dans notre société. Ce nombre est-il en réduction constante? Ou bien ne s'est-il guère modifié au cours de la dernière décennie? Ici également, il nous faut distinguer les types d'arriération mentale. En ce qui concerne l'arriération légère, il est impossible de répondre actuellement à ces questions, la complexité des facteurs intervenant dans l'entité dénommée « arriération socioculturelle » empêche toute prédiction basée sur des données scientifiques. On devrait s'attendre à ce que les réponses aux deux questions soient plus aisées à fournir pour les arriérés modérés, sévères et profonds. Comme nous le verrons lors du chapitre consacré à la prévention, toute affirmation sur l'évolution du nombre de ces arriérés reste prématurée. En effet, il y a lieu de distinguer les données de fréquence et d'incidence. Si l'on peut invoquer une réduction de l'incidence — il s'agit d'une tendance qui reste à être confirmée par des études générales —, il n'est pas exagéré de supposer que la fréquence de cette partie de l'arriération ne se modifie pas, principalement dans les tranches d'âge adulte. Cette hypothèse se base sur l'accroissement des espérances de vie dû aux progrès scientifiques. L'exemple le plus spectaculaire est celui de la longévité des syndromes de Down. En 1929, leur espérance de vie était de 10 ans; en 1960, elle est portée à 40 ans, alors que l'incidence (1 sur 6-700 naissances) est restée la même.

Au-delà des chiffres, il existe une réalité quotidienne : un nombre donné d'individus arriérés mentaux de tous âges font partie de notre société. Quelles sont leurs caractéristiques ? Que doit comporter leur éducation ? Quelles sont les structures sociales prévues pour leur développement ? C'est à ces questions que les chapitres suivants tentent d'apporter des éléments de réponses.

NOTES

(¹) Le lecteur pourra se reporter à ce sujet aux ouvrages de Clarke et Clarke (1974) et de Robinson et Robinson (1976).

(²) Il est évidemment nécessaire d'adapter ces limites à partir des déviations standard spécifiques aux tests d'intelligence utilisés : Terman : 16 et Wechsler : 15.

(³) Il est important de différencier *fréquence* et *incidence*. La fréquence représente le nombre de cas identifiés au sein d'une population à un moment donné. L'incidence se réfère au nombre de nouveaux cas survenant dans une population durant une période déterminée, généralement une année.

CHAPITRE 2

ETIOLOGIES

Tout individu est le résultat d'une interaction entre un héritage biologique spécifique et l'environnement dans lequel il vit. Au sein de ce processus complexe qu'est le développement humain, il est évident que les causes d'un dérèglement quelconque sont infinies. Dans ce chapitre, nous considérons les principaux facteurs qui contribuent à la présence d'une arriération mentale chez un individu. Il est tout d'abord nécessaire de souligner que les causes uniques sont rares. Dans certains cas, l'arriération semble due principalement à l'équipement génétique de l'individu; chez d'autres, elle est fonction d'une interaction complexe entre le patrimoine génétique et un ensemble d'influences environnementales; enfin, l'arriération peut être attribuée à des causes dans lesquelles la part de l'environnement est prépondérante.

Pour des facilités d'exposé, nous opérons une distinction entre deux types de déterminants de l'arriération mentale :

- les processus organiques pathologiques, directement responsables, ou en étroite association avec une forme d'arriération. En général, ces causes pathologiques conduisent à des formes d'arriérations modérée, sévère et profonde.

- les interactions entre des influences génétiques et environnementales, semblables à celles opérant au sein de toute population normale, n'entraînant pas généralement de troubles organiques, mais suffisantes pour installer un dysfonctionnement intellectuel. Cette catégorie étiologique conduit au diagnostic d'arriération mentale légère chez un individu lorsque celui-ci présente en outre des troubles de l'adaptation sociale.

Le second type de déterminants mentionné ci-dessus fera l'objet d'une étude particulière au chapitre 4 consacré à l'arriération mentale légère. Nous aborderons dans le chapitre présent les déterminants pathologiques.

Il est plus aisé de différencier des facteurs en théorie que de distinguer leurs effets spécifiques chez un individu arriéré mental. En effet, si pour certains cas, le diagnostic ne pose aucun problème, il s'agit là d'exceptions. Selon Dunn (1973), chez les individus obtenant aux tests d'intelligence un QI situé entre 20 et 65, on rencontre 1/3 de types cliniques bien définis, 1/3 de lésions cérébrales plus ou moins diffuses et 1/3 de causes non différenciées. Les raisons expliquant les difficultés de diagnostic sont nombreuses. Tout d'abord, il est nécessaire d'invoquer un manque de généralisation des techniques, principalement biochimiques, du laboratoire expérimental aux exigences d'une clinique quotidienne. Ensuite, dans de nombreux cas, la vie intra-utérine de l'individu n'est pas observée directement, mais inférée à partir de connaissances encore fragmentaires. Le résultat d'une atteinte peut ne pas être observé dès la naissance, mais bien se manifester après plusieurs années d'existence. De plus, la relation entre cause et symptôme est loin d'être univoque. C'est ainsi qu'un même symptôme peut provenir de causes différentes; la microcéphalie, par exemple, peut être d'origine génétique ou traumatique. Parallèlement, une même cause peut entraîner différents symptômes; c'est le cas d'une infection par le virus de la rubéole durant la grossesse. Enfin, il est parfois difficile, sinon impossible, de différencier entre les causes et les effets d'une atteinte; c'est ainsi que la prématurité peut jouer le rôle causal de troubles durant la première enfance; dans d'autres cas cependant, la prématurité peut elle-même être un effet de troubles embryonnaires.

Ce chapitre comprend deux parties. Dans la première, nous examinerons les principaux facteurs génétiques et environnementaux entraînant divers processus pathologiques. Comme l'indique Penrose (1963), la distinction entre causes héréditaires et environnementales peut être basée sur une séquence temporelle. Les premières sont déterminées avant la conception, tandis que les secondes sont postérieures. Il est également nécessaire de rappeler que les termes congénital et héréditaire ne sont pas synonymes. Le premier terme s'applique à la fois aux conditions héréditaires et à celles qui surviennent durant la vie intra-utérine. Donc, toutes les conditions héréditaires peuvent être considérées comme étant congénitales, tandis que certains facteurs congénitaux ne sont pas héréditaires. Les divers processus pathologiques responsables de l'arriération mentale ressortissent presque exclusivement au domaine de la médecine. Notre propos n'est pas d'être exhaustif, mais de caractériser les étiologies les plus courantes. Le lecteur désireux de compléter son information se référera avec profit à l'ouvrage de Ajuriaguerra (1971, pp. 551-591). La seconde partie du chapitre est consacrée à deux problèmes particuliers que l'on associe généralement, à tort ou à raison, à l'arriération : les troubles psychiatriques infantiles, en particulier l'autisme précoce, et les lésions cérébrales.

1. FACTEURS PATHOLOGIQUES

A. Facteurs génétiques

Certaines notions de base sont nécessaires pour appréhender les troubles affectant les processus génétiques de l'individu. L'unité de vie est la cellule, à partir de laquelle s'effectue le mécanisme du contrôle génétique. Les centaines de processus chimiques différents prenant place à l'intérieur des cellules sont réalisés par des enzymes particuliers. Chacun de ces enzymes, ou chacune des protéines composant les enzymes, est produit selon un code spécifique par une paire des milliers de gènes distribués le long des chromosomes. L'analyse microscopique du noyau de la cellule montre l'existence d'entités appelées chromosomes. Chez l'humain, les cellules du corps contiennent 46 chromosomes répartis en 23 paires. Parmi celles-ci, 22 paires sont constituées d'autosomes et une paire de chromosomes sexuels (XX chez la femme, XY chez l'homme). Les autosomes peuvent être ordonnés en séries selon leur longueur et sont numérotés de 1 à 22, du plus grand au plus petit. Sur les chromosomes se trouvent fixés les gènes, éléments unitaires qui exercent le contrôle des caractéristiques innées.

Il existe différents modes de transmission génétique. *Un gène dominant* détermine certaines caractéristiques de l'individu, quelle que soit la nature de son homologue apporté lors de la conception. Un parent qui présente un syndrome causé par un gène dominant a une chance sur deux de transmettre ce syndrome à chacun de ses enfants. Une autre forme de transmission génétique s'effectue à partir d'un gène *récessif*.

La plupart des syndromes de l'arriération d'origine génétique appartiennent aux conditions causées par des gènes récessifs. Les troubles récessifs sont hérités des deux parents. Le gène anormal est récessif, tandis que le gène normal est dominant. Les deux parents sont cliniquement normaux, bien que porteurs du gène récessif anormal. A chaque grossesse, il y a 3 chances sur 4 d'avoir un enfant cliniquement normal et une chance sur 4 de donner naissance à un enfant anormal. Parmi la progéniture cliniquement normale, 2 enfants sur 3 seront porteurs du trouble récessif.

Les gènes dominants et récessifs des autosomes sont transmis aux enfants indépendamment du sexe des parents dont ils proviennent. La situation est différente en ce qui concerne la paire de chromosomes sexuels. Etant donné que les cellules de la femme contiennent deux chromosomes X, la transmission chez les enfants de sexe féminin suit les règles décrites ci-dessus. Chez les enfants de sexe masculin cependant, tout gène récessif pathologique porté par le chromosome sexuel hérité de la mère tendra à entraîner la présence du syndrome.

I. SYNDROMES DUS A DES ABERRATIONS CHROMOSOMIQUES

a) *Aberrations touchant les autosomes*

Syndrome de Down (Trisomie 21. Mongolisme)

Il s'agit certainement de la cause d'arriération mentale modérée et sévère la plus répandue. 10 à 15 % des arriérés modérés et sévères présentent cette aberration consistant en un chromosome 21 surnuméraire, ou trisomie 21. L'incidence de ce syndrome dans une population normale est de 1 cas sur environ 660 naissances.

Le syndrome de Down est celui qui a reçu le plus d'attention des chercheurs, tant sur le plan génétique qu'au niveau des mécanismes d'apprentissage des individus atteints. Un ouvrage serait nécessaire pour couvrir la vaste littérature qui lui est consacrée. Nous nous bornerons simplement à en donner les caractéristiques génétiques.

Dans 90 % des cas, la présence de 3 chromosomes 21 est le résultat d'une distribution chromosomique erronée dans la formation du spermatozoïde ou de l'ovule. Cette erreur de séparation dans la paire des chromosomes 21 survient avant la fertilisation. La probabilité d'absence de disjonction s'accroît avec l'âge de la mère. Mikkelsen et Stene (1970) montrent que le risque d'avoir un enfant avec un syndrome de Down passe de 1 sur 1.500 en-dessous de 30 ans à 1 sur 130 entre 40 et 44 ans.

Les deux autres types d'aberrations chromosomiques entraînant un syndrome de Down contribuent chacune à environ 5 % de l'incidence. Il s'agit du *mosaïcisme* et de la *translocation*. Le mosaïcisme, c'est-à-dire une partie des cellules du corps avec 3 chromosomes 21 et l'autre partie avec 2 chromosomes 21, résulte d'une distribution erronée survenant après la fertilisation. Les individus porteurs d'une mosaïque tendent à présenter les signes physiques du syndrome de manière moins marquée et un degré d'arriération moins sévère. L'autre type est très important car il comporte un risque potentiellement plus élevé de réapparition dans la fratrie d'un enfant affecté. Une translocation signifie que l'ensemble ou une partie d'un chromosome est attachée à une partie ou à la totalité d'un autre chromosome. Ce type de syndrome de Down ne peut être identifié que par des études chromosomiques. Dans le type le plus courant (translocation entre les chromosomes 21 et 14), la probabilité d'avoir un enfant porteur du syndrome est égale à 15 % des grossesses lorsque la mère est porteuse de la translocation et à 5 % lorsque le père est porteur (Robinson et Robinson, 1976).

Syndrome du « cri du chat »

Il s'agit d'une délétion partielle du chromosome 5, rare, et toujours associée à une arriération mentale sévère ou profonde.

b) *Aberrations touchant les chromosomes sexuels*

Contrairement aux déficits sévères accompagnant les atteintes des autosomes, les aberrations touchant les chromosomes sexuels se caractérisent par une variété de degrés de handicaps relativement peu prononcés. Les plus fréquents dans la littérature sont *le syndrome de Turner* — caractérisé par une petite taille, des troubles du développement sexuel — et *le syndrome de Klinefelter* — accompagné, chez les individus mâles, d'un hypogonadisme, mais dans lequel l'arriération mentale sévère n'est pas le facteur prédominant.

II. SYNDROMES DUS A DES ALTERATIONS DES GENES DOMINANTS

La plupart de ces syndromes sont très rares pour plusieurs raisons. En effet, bon nombre d'individus atteints meurent durant la vie intra-utérine ou avant d'être capables de procréer. De plus, à l'âge adulte, les survivants sont le plus souvent stériles ou trop gravement handicapés pour engendrer. Les syndromes décrits dans la littérature, et que l'on rencontre parfois dans de grandes institutions accueillant des arriérés sévères et profonds, sont *la sclérose tubéreuse* — accompagnée d'arriération mentale sévère et de tumeurs fibreuses cutanées —, *la neurofibromatose* — caractérisée par des tumeurs des nerfs et de la peau (fréquence: 1/3000) —, *le syndrome de Sturge-Weber* — atteintes vasculaires faciales et cérébrales et calcification intracrânienne — et *le Syndrome d'Alpert* — acrocéphalie, exophtalmie et généralement hypertension intracrânienne.

III. SYNDROMES DUS A DES ALTERATIONS DES GENES RECESSIFS

a) *Troubles métaboliques*

Le nombre de troubles métaboliques identifiés est sans cesse croissant. Ces désordres se caractérisent par une absence partielle ou totale d'enzymes spécifiques nécessaires à la transformation d'acides aminés. Les conséquences de cette carence enzymatique pour l'individu sont variables. Nous ne citerons que les plus connues.

La phénylcétonurie

Il s'agit certainement d'une des découvertes médicales les plus spectaculaires dans le domaine de l'arriération mentale. En 1934, Fölling décrit 10 sujets arriérés mentaux caractérisés par une excrétion anormale d'acide phénylpéruvique dans les urines. L'incidence de ce trouble, consistant en une incapacité de transformer la phénylalanine en tyrosine, qui est un acide aminé indispensable au développement, est de 1 cas sur environ 15.000 naissances. En 1963, Guthrie et Susi mettent au point un test permettant d'identifier chez les nouveaux-nés la présence du trouble. Nous reviendrons sur ce point à propos de la prévention (chapitre 4). Retenons que chez les sujets atteints et non traités, la limite supérieure des QI observés est égale à 50 (Knox, 1972).

La galactosémie

Ce trouble se caractérise par un désordre au niveau du métabolisme des glucides: l'enzyme transformant le galactose en glucose est absent. Le nouveau-né ne peut métaboliser le galactose; il en résulte une accumulation toxique d'un dérivé du galactose au niveau du cerveau, du foie et d'autres tissus. Les sujets atteints ne présentent pas un syndrome marqué d'arriération mentale. Dans l'étude de Kalckar et al. (1973), la grande majorité des sujets observés présentent un QI moyen égal à 91.

Le syndrome de Tay-Sachs

Il s'agit d'un trouble du métabolisme des lipides: les sujets accumulent des quantités anormales de lipides non transformés au niveau intercellulaire. Comme dans la majorité des autres désordres métaboliques, les tissus les plus sensibles à cette accumulation de substance toxiques sont le cerveau et les récepteurs visuels. L'incidence de ce trouble est rare (50 à 60 nouveaux cas chaque année aux Etats-Unis; Sloan et Fredrickson, 1972). Cliniquement, le syndrome apparaît vers l'âge de six mois accompagné de difficultés d'alimentation, d'hypotonie, de spasticité et de troubles visuels. La cécité s'installe entre 12 et 18 mois. En général, l'issue du syndrome est fatale vers 3 ans.

Le syndrome de Lesch-Nyhan

Ce syndrome consiste en une accumulation d'acide urique dans le sang et dans diverses parties du corps où ils s'agglutinent en cristaux. Les sujets atteints sont apparemment normaux à la naissance et durant les premiers mois de vie. Les anomalies les plus précoces sont d'ordre moteur: perte d'équilibre et du tonus, mouvements anormaux. Une caractéristique générale du syndrome est la présence de comportements d'auto-mutilation très graves.

b) L'hypothyroïdisme

Trouble congénital touchant la synthèse et le fonctionnement de l'hormone thyroïdienne, le déficit s'installe généralement in utero ou à la naissance et entraîne des troubles du développement cérébral. Un traitement précoce a souvent des conséquences développementales favorables, à condition que l'hypothyroïdisme ne soit pas complet. Dans ce dernier cas, l'arriération mentale est présente.

c) La microcéphalie

La forme première de la microcéphalie — réduction très importante du périmètre crânien — survenant en l'absence de toute cause environnementale, est invariablement accompagnée d'une arriération mentale sévère ou profonde.

B. Facteurs environnementaux

Un grand nombre d'agents d'origine environnementale sont les causes de types pathologiques de l'arriération mentale. L'influence de certains d'entre-eux comme condition étiologique certaine est dûment établie, tandis que l'action d'autres reste avancée, encore aujourd'hui, à titre d'hypothèse. Il est d'usage de différencier les facteurs environnementaux selon une séquence temporelle : avant, pendant et après la naissance.

I. CAUSES PRE-NATALES

Une série de facteurs opérant durant la vie intra-utérine peuvent avoir des conséquences dramatiques sur le développement d'un enfant. Trois difficultés rendent ardue l'étude de l'étiologie pré-natale. En premier lieu, l'influence d'agents intra-utérins peut ne pas être évidente dès la naissance; cela est particulièrement vrai pour les formes de handicaps légers. Ensuite, certaines causes, comme la carence alimentaire ou l'irradiation massive, peuvent s'être développées chez la mère longtemps avant la grossesse. La troisième difficulté réside dans le manque général d'informations directes sur les conditions de vie in utero. Néanmoins, un certain nombre de relations causales ont été mises en évidence au cours de ces vingt dernières années.

a) La toxoplasmose

La toxoplasmose est une infection causée par un protozoaire qui, chez l'adulte, n'entraîne pratiquement aucune conséquence. Par contre, le fœtus est sensible à la maladie qui se caractérise par une inflammation de la rétine, une calcification cérébrale, la présence d'hydrocé-phalie, de microcéphalie et d'un accroissement du tonus musculaire. Les conséquences de la toxoplasmose congénitale sont extrêmement lourdes pour l'individu; Sever (1970) note que 85 % des survivants sont des arrié-rés mentaux et que les autres présentent des séquelles organiques graves.

b) La syphilis congénitale

Longtemps considérée comme une cause importante de l'arriération chez les enfants issus de mères atteintes, la syphilis se caractérise par des troubles durant la gros-sesse et des anomalies chez l'enfant : arriération, cécité, surdité, épilepsie et paralysie. Grâce aux progrès médi-caux, l'incidence de ce trouble a été fortement réduite jusqu'il y a quelques années : de 4 % enregistrés en 1938 dans une population d'arriérés mentaux, l'incidence est passée à 0,6 % en 1959 (Berg, 1974). Robinson et Robin-son (1976) insistent toutefois sur le fait que de nouveaux cas apparaissent et selon eux, la fréquence du trouble se-rait en accroissement.

c) La rubéole

Gregg (1941) fut le premier à mettre en évidence des séquelles laissées chez les nouveaux-nés par une atteinte rubéolique contractée par la mère durant la grossesse. La symptomatologie est caractéristique et toujours dominée par des troubles de l'audition : atteinte des récepteurs vi-suels, troubles permanents de la croissance et lésions os-seuses. Le rôle du virus dans le développement de formes modérées et légères de l'arriération mentale est moins clair. Le risque de séquelles est très élevé lorsque la rubéole survient durant les premiers mois de la gros-sesse.

d) L'irradiation

L'exposition massive aux rayons X durant le début de la grossesse est clairement établie comme un facteur responsable de l'arriération. Les données les plus importantes sur d'autres types de radiations sont fournies par Wood et al. (1967) sur les survivants d'Hiroshima.

e) L'incompatibilité Rhésus

Une incompatibilité sanguine entre la mère (Rh—) et le fœtus (Rh+) résulte dans la formation chez la mère d'anticorps. Cette immunité maternelle survient au cours d'une grossesse sur 200 et entraîne chez le fœtus des lésions des ganglions de la base et d'autres parties du cerveau. Les nouveaux-nés affectés présentent une jaunisse importante à la naissance et les survivants une arriération mentale, un syndrome choréoathétosique, une spasticité et divers degrés de surdité. Le niveau intellectuel varie de l'arriération profonde à la normalité inférieure. Sur 800 arriérés sévères au Fontain Hospital à Londres, 1,4 % présentent une étiologie d'incompatibilité Rhésus (Berg, 1974).

f) Les drogues

L'absorption de substances chimiques sous la forme de médicaments, de produits alimentaires, ainsi que de nombreuses formes de pollution sont endémiques dans nos sociétés industrielles. A côté de l'action pathogène dûment établie pour certaines substances (thalidomide, doses importantes d'insuline), il n'est pas possible à l'heure actuelle de déterminer avec précision les conséquences de l'absorption d'un grand nombre de composés chimiques avant ou pendant la grossesse. Des recherches intensives sont menées en divers endroits pour clarifier ces effets et en particulier ceux des drogues comme l'héroïne, le LSD ainsi que des pilules contraceptives.

II. CAUSES PERI-NATALES

Les deux événements principaux qui, à la naissance, peuvent être mis en relation avec l'installation d'une arriération mentale sont le traumatisme cérébral dû à des causes mécaniques et l'anoxie. En réalité, ces deux conditions sont étroitement liées et il est difficile dans la pratique clinique de différencier le rôle de chacune d'elles.

Le terme *traumatisme néonatal* recouvre les effets combinés de l'anoxie et du traumatisme mécanique. Towbin (1970) présente une revue des types de lésions cérébrales causées par ces accidents. A côté de l'action dévastatrice de moyens d'accouchement actuellement plus ou moins délaissés (forceps, ventouses), l'anoxie néonatale reste malheureusement présente dans certains cas. Les effets permanents de l'anoxie sur le développement sont encore controversés. Une donnée constante se rencontre dans la littérature : le risque de traumatisme néonatal est accru chez les enfants prématurés (Berg, 1974). A cette période également, l'utilisation de produits chimiques peut entraîner des lésions graves. Un rapport récent de Shuman et al. (1974) montre les séquelles laissées par l'utilisation de savon contenant de l'hexachlorophrène dans les cas de prématurés.

III. CAUSES POSTNATALES

Un grand nombre d'événements anormaux et de maladies trouvant leur origine dans l'environnement après la naissance peuvent être responsables d'un certain degré d'arriération mentale. La variabilité interindividuelle des effets est élevée. L'arriération mentale, lorsqu'elle est présente, peut revêtir différentes formes.

Les causes postnatales les plus citées dans la littérature sont la *méningite tuberculeuse* — actuellement assez rare —, les *méningites* et les *encéphalopathies* d'origine bactérienne ou virale, et les *lésions cérébrales*. Nous reviendrons ci-dessous sur les diverses formes de lésions touchant le cerveau. Une cause, dont l'importance a été mise en évidence ces dernières années, est *l'empoisonnement par le plomb*. Le plomb, contenu principalement dans de nombreuses peintures pour murs et certains jouets, constitue un poison responsable de lésions cérébrales chez les très jeunes enfants. Les manifestations cliniques aiguës peuvent entraîner l'installation du coma. Parmi les anomalies présentes chez les survivants, Berg (1974) décrit l'arriération mentale, les paralysies des membres et la cécité associée à une atrophie optique.

2. SYNDROMES GENERALEMENT ASSOCIES A L'ARRIERATION MENTALE

A. Troubles psychiatriques

Divers troubles comportementaux graves allant de la réaction épisodique à l'état permanent peuvent se rencontrer chez des individus arriérés mentaux comme dans toute autre partie de la population normale. Si l'on observe des caractéristiques communes chez les arriérés mentaux sévères et profonds — mouvements stéréotypés et comportements d'automutilation —, chez la plupart des autres sujets arriérés, il n'existe aucun syndrome psychiatrique spécifique associé au retard intellectuel (Rutter, 1961).

Bon nombre de confusions existent cependant sur les relations entre des syndromes psychiatriques habituellement rencontrés durant l'enfance et l'arriération mentale.

L'autisme infantile précoce est une illustration du débat centré autour des rapports entre handicap intellectuel et inadaptation émotionnelle. Nous croyons souhaitable de nous attarder sur ce syndrome pour deux raisons. En premier lieu, il existe actuellement une tendance auprès des spécialistes de l'enfant à rechercher contre vents et marées un syndrome psychiatrique chez tout enfant présentant des troubles graves de l'adaptation. De cette optique risquent de découler des diagnostics erronés, le plus souvent par manque d'informations sur la nature des divers syndromes. En second lieu, l'évaluation monolithique des sujets — à savoir le seul niveau intellectuel — largement répandue chez les professionnels, a pour résultat d'orienter sans discrimination vers les mêmes institutions ou écoles des enfants autistes, psychotiques ou arriérés mentaux. S'agit-il d'enfants pouvant être exposés aux mêmes procédures d'apprentissage? En quoi un autiste se différencie-t-il d'un arriéré mental? Le diagnostic est-il possible dans tous les cas? Nous allons tenter d'apporter des éléments de réponses à ces questions à partir de données récentes.

Il existe tout d'abord un problème de terminologie. Comme le souligne Ajuriaguerra (1971), le problème nosographique est actuellement loin d'être clair: le terme de psychose infantile recouvre un ensemble de syndromes à symptomatologie différente. Si certains auteurs classent l'autisme dans la psychose infantile (aux Etats-Unis, le terme de schizophrénie est très largement utilisé comme synonyme de psychose), d'autres comme Rimland (1971) distinguent nettement l'autisme de la psychose infantile. Pour des facilités d'exposé, nous reprendrons la distinction proposée par Ajuriaguerra (1971) entre désordres psychotiques précoces dans lesquels il classe l'autisme,

et les troubles psychotiques apparaissant après l'âge de
5 ans. Cette dernière entité est dénommée schizophrénie
infantile par les anglo-saxons. Etant donné l'âge d'apparition relativement tardif, on peut s'attendre à ce qu'une
anamnèse correcte effectuée par un spécialiste de la psychologie de l'enfant permette de différencier un syndrome psychotique s'installant après 5 ans d'une arriération mentale. Le problème est cependant plus complexe
en ce qui concerne les formes précoces et en particulier
l'autisme.

Caractéristiques de l'autisme

Décrit pour la première fois en 1943, l'autisme infantile
précoce, ou syndrome de Kanner, doit actuellement être
considéré comme une entité séparée des troubles de la
première enfance. Le tableau clinique est complexe et
l'accord est loin d'être unanime entre les auteurs sur la
valeur à accorder aux divers symptômes. Plusieurs caractéristiques se retrouvent cependant énoncées dans différents ouvrages (Rimland, 1971; Rutter, 1971; Ajuriaguerra, 1971; Wing, 1976). En premier lieu, les manifestations
comportementales anormales sont très précoces, en général entre le sixième et le douzième mois. Bien qu'à ce
moment il soit presque impossible de porter le diagnostic
d'autisme, l'anamnèse des parents révèle la présence de
certains «comportements-problèmes» chez l'enfant: absence de mouvements anticipateurs avant d'être pris au
bras, «habitudes motrices» se manifestant sur un fond
d'apathie et de désintérêt envers autrui et réponses
anormales à diverses stimulations sensorielles. C'est
principalement entre 1 et 5 ans que ces comportements
prennent toute leur importance. Parmi ceux-ci, les principaux sont: retard important au niveau du langage expressif, utilisation stéréotypée des objets, réponses de

persévération dans l'utilisation de certaines modalités sensorielles, mobilisation stéréotypée des membres et en particulier des mains et accentuation du retrait, anomalies de l'exploration visuelle et déficits du contrôle moteur.

Au niveau du pronostic, la majorité des spécialistes sont d'accord pour affirmer que l'absence de réponses aux sons durant la première enfance et l'absence de langage expressif aux environs de 5 ans sont corrélés avec un devenir très défavorable, c'est-à-dire le plus souvent une incapacité presque totale d'adaptation sociale et le placement en institution pour une durée indéterminée.

Les théories explicatives de l'autisme restent un énorme sujet de controverses; les thèses faisant appel à un déterminisme purement affectif côtoient les hypothèses envisageant une étiologie essentiellement organique. Le lecteur désirant obtenir un aperçu des grandes théories en présence lira avec profit Ajuriaguerra (1971) et Wing (1976).

Enfin, la fréquence de l'autisme est estimée à 4 ou 5 cas sur 10.000 enfants (Wing, 1976). Lorsque l'on dénombre les enfants classés actuellement comme autistes dans des écoles spéciales ou des institutions, on se retrouve devant des données 10 fois plus importantes que celles rapportées dans la littérature. En effet, selon l'avis d'experts, on devrait rencontrer 2 fois plus de sujets arriérés mentaux profonds (QI inférieur à 25) que d'autistes. Selon nous, cet état de fait résulte de confusions au niveau du diagnostic différentiel entre autisme et arriération mentale.

Autisme et arriération mentale

Le problème d'une association entre l'autisme et l'arriération ne sera jamais résolu si l'on s'en tient de manière rigide aux deux critères de l'arriération mentale, la déficience intellectuelle et l'inadaptation sociale. En effet, si comme l'observe Wing (1976) l'autisme peut survenir à tous les niveaux intellectuels mesurés par les tests, on enregistre cependant une grande proportion d'enfants autistes présentant des QI inférieurs. Par exemple, Lotter (1966) observe que 22 autistes sur 32 obtiennent un QI inférieur à 55. Rutter (1971) note que sur 63 enfants autistes, 45 ont des QI situés entre 50 et 70. Dans ces deux études, tous les sujets ayant des niveaux intellectuels faibles présentent également des déficits dans l'adaptation sociale. Faut-il dès lors identifier l'autiste à un arriéré mental modéré, sévère ou profond? Pour nous, la réponse est négative. Deux types de données confirment cette position.

En premier lieu, l'installation même du syndrome autistique contraste fortement avec celle d'une arriération mentale sévère ou profonde. En effet, l'autiste présente un développement apparemment normal durant les premiers mois de la vie. Comme nous l'avons souligné, les caractéristiques conduisant au diagnostic d'autisme ne sont généralement considérées comme valides qu'aux environs de la seconde année. Par opposition, l'arriéré mental sévère ou profond présente un retard comportemental global dès les premiers stades du développement. Si l'on observe chez de nombreux arriérés mentaux profonds des comportements que l'on qualifie généralement d'autistiques (retrait de l'environnement, fuite du regard, stéréotypies gestuelles), une anamnèse approfondie et une connaissance de la symptomatologie de l'autisme infantile précoce suffisent pour établir le diagnostic différentiel. Nous reconnaissons que la distinction est moins aisée entre arriéré mental modéré et autiste. Il apparaît cependant possible de déterminer ces différences en faisant appel à d'autres disciplines que la psychologie; l'attention doit être attirée sur le fait que l'autisme ne s'accompagne généralement pas d'une atteinte organique évidente.

Le second type de données permettant de dissocier l'autisme de l'arriération mentale nous sont fournies par une série d'études expérimentales dans lesquelles les performances d'autistes à diverses épreuves sont comparées à celles d'enfants arriérés mentaux. Nous ne citerons que les travaux de Hermelin et O'Connor (1970) comme prototypes d'un courant de recherches récent apportant une vérification à l'existence des deux pathologies comme entités distinctes. Ces deux auteurs montrent que les autistes se différencient des sujets arriérés mentaux, appariés sur la base de l'âge chronologique et du niveau intellectuel, au niveau de la hiérarchisation des intégrations sensorielles et de l'utilisation des signaux moteurs dans les performances discriminatives. Une revue complète des résultats est présentée par Lambert (1974a). Ces observations, qui ont actuellement dépassé le stade des hypothèses (O'Connor et Hermelin, 1971), ont des implications éducatives évidentes.

S'il se révèle que les autistes présentent des déficits comportementaux caractéristiques, non identifiables à ceux rencontrés chez les arriérés mentaux, au niveau de l'intégration sensorielle et des réponses au milieu, ils doivent faire l'objet d'une éducation différente de celle des arriérés. Bon nombre de lecteurs marqueront vraisemblablement leur accord avec cette proposition. Au risque d'apparaître nous-même stéréotypé dans nos remarques, nous voudrions pour terminer mettre en garde contre les

abus existant actuellement dans le «dépistage» des enfants autistes. Etant donné une conjoncture favorable —
normes administratives moins lourdes, taux d'encadre-
ment élevé et subsides souvent disproportionnés ac-
cordés aux diverses institutions soi-disant spécialisées
dans le traitement de l'autisme — il y a une tendance très
nette à classer parmi les autistes bon nombre d'enfants
arriérés mentaux sévères et profonds afin de «remplir»
une institution. On ne peut que s'interroger sur les bénéfices que retireront à la fois les enfants autistes et arriérés
mentaux d'une telle pratique. Peut-être serait-il urgent de
se pencher sur ce problème et de permettre aux arriérés
sévères et profonds de bénéficier de structures d'accueil
comparables à celles réservées aux «autistes». Sous-
tendant cette question, un fait s'impose : seule une formation spécialisée, couvrant à la fois le diagnostic et le traitement, permettra de modifier la situation actuelle.

B. Les lésions cérébrales

Malgré la variété de symptômes et de handicaps présentés par des enfants porteurs de lésions cérébrales, il y
a peu de types cliniques spécifiques pouvant être clairement définis chez les enfants arriérés mentaux. Les lésions cérébrales peuvent être présentes chez un enfant à
différents moments de son développement. En général,
lorsque la lésion s'installe après les premières années,
l'arriération mentale peut accompagner le tableau clinique, mais ne constitue pas un élément diagnostique ni
une caractéristique générale. Lors du premier chapitre,
nous avons souligné les dangers que comporterait l'assi-
milation totale d'enfants cérébro-lésés à des enfants arriérés mentaux, surtout lorsque l'atteinte survient après

plusieurs années de développement normal. Ajoutons encore qu'à l'heure actuelle, dans nos sociétés développées, les deux principaux facteurs responsables de lésions graves chez les jeunes enfants sont les accidents de la route et les abus physiques perpétrés par les parents (Robinson et Robinson, 1976).

Les lésions cérébrales survenant durant le développement d'un être humain peuvent contribuer à la présence d'une infinité d'anomalies comportementales. Dans certains cas, les conséquences d'une lésion peuvent être difficilement identifiables : les parties intactes du cerveau compensent les destructions et les déficits comportementaux peuvent n'apparaître que lors d'activités spécifiques, comme les apprentissages scolaires. Dans les cas extrêmes, les lésions empêchent l'individu de mener une vie autonome, et cela durant toute son existence. S'il est hautement probable que la quasi totalité des arriérés mentaux profonds, modérés et sévères présentent des lésions cérébrales massives d'étiologies diverses, le problème est différent en ce qui concerne les arriérés légers. Comme nous le verrons, chez ces derniers l'identification d'une étiologie précise s'estompe et la notion de lésion cérébrale est souvent inférée, rarement démontrée.

La neuropsychologie est la science qui étudie les relations entre des atteintes du système nerveux central et le comportement. L'adulte est le sujet privilégié de son champ d'investigation. Mis en présence d'un individu qui, après un développement normal, est victime d'une lésion cérébrale, le neuropsychologue évalue les déficits au niveau des grandes fonctions (langage, praxies, gnosies, processus mnésiques et intellectuels). Divers facteurs dont l'importance peut être évaluée sont inclus dans l'analyse; les principaux sont : le fonctionnement de l'individu avant la lésion, le site, la nature et l'étendue de celle-ci. Chez l'enfant, l'identification de déficits comportementaux résultant d'une atteinte cérébrale est une tâche ardue. Face à un organisme en développement, il est difficile de faire la part entre déficit comportemental et non acquisition d'une fonction. En outre, la plasticité d'un cerveau en maturation permet de nombreuses vicariances, réduisant ainsi les conséquences lésionnelles. Il faut également souligner que la neuropsychologie infantile manque actuellement de données permettant de fournir une idée précise du développement et de la structuration des grandes fonctions ainsi que des effets des lésions à différents âges. Comme nous l'avons observé, la notion de lésion cérébrale chez l'enfant reste très souvent inférée à partir de traits comportementaux, principalement lorsque l'anamnèse ne permet pas d'identifier précisément un traumatisme antérieur ([1]). Par l'absence de développement normal dès la naissance, l'importance et la diffusion des lésions cérébrales, l'arriéré mental modéré, sévère ou profond constitue certainement un terrain peu favorable à l'investigation neuropsychologique. Les seuls travaux réalisés jusqu'ici dans ce domaine sont essentiellement de nature psychométrique et intéressent les arriérés mentaux légers. C'est ainsi que Reitan (1966) applique une batterie de tests afin d'isoler des comportements spécifiques associés à des lésions cérébrales. Outre le fait que ce travail porte sur des sujets adultes dont l'étiologie n'est pas toujours clairement précisée, on peut s'interroger sur l'utilité d'une telle démarche et de ce qu'elle apporte sur le plan fonctionnel. En effet, devant la multitude des facteurs entrant dans le jeu complexe des interactions organisme-environnement, les résultats obtenus à une dizaine de tests (dont on ne peut préciser pour bon nombre d'entre eux les fonctions précises auxquelles ils font appel) ne peuvent, dans les cas les plus favorables, dépasser le stade purement descriptif. Nous nous sommes limité à présenter deux types de lésions cérébrales massives généralement rencontrés chez des individus arriérés mentaux : la paralysie cérébrale et les atteintes du tube neuronal.

La paralysie cérébrale

La paralysie cérébrale est une catégorie, non un diagnostic, englobant un groupe hétérogène de troubles caractérisés par un dysfonctionnement moteur et dont l'origine est une atteinte cérébrale survenue à la naissance ou durant les premiers temps de la vie. Les modalités de lésions du système nerveux central sont nombreuses : malformations, maladies dégénératives, processus infectieux ou traumatiques et anoxie néonatale.

Bien que les lésions cérébrales ne soient généralement pas évolutives, les manifestations de la paralysie cérébrale dépendent du degré de maturation du système nerveux et l'expression des troubles se modifie durant l'enfance (Robinson et Robinson, 1976).

Environ 65 % des enfants paralysés cérébraux ont un ou plusieurs membres immobilisés de manière rigide par des contractions musculaires constantes. Ce groupe spastique est habituellement identifié sur la base du nombre de membres atteints : monoplégie, hémiplégie ou quadriplégie. Un second groupe, environ 30 % des cas, présente des dyskinésies ou anomalies des types d'activités motrices. Il comprend les syndromes choréiques — mouvements involontaires, rapides et désordonnés — et athétosiques — mouvements amples, lents, désordonnés et exagérés lors d'activités volontaires —. Ces symptômes dépendent à la fois du site et de l'étendue de la lésion cérébrale. La spasticité se rencontre généralement lors de lésions des faisceaux pyramidaux, tandis que l'athétose est plus susceptible de résulter de lésions extra-pyramidales.

Les relations entre l'arriération mentale et la paralysie cérébrale constituent très souvent une source de débats engendrés par les formes que revêt l'évaluation du handicap. C'est ainsi que des auteurs mettent l'accent sur les troubles moteurs et laissent au sujet évalué un bénéfice du doute en le supposant capable de meilleures performances que celles obtenues aux tests développementaux. Pour d'autres cependant, les normes développementales sont appliquées en incluant les déficits moteurs et réduisant ainsi sensiblement les résultats. Dans une revue exhaustive des relations entre paralysie cérébrale et arriération mentale, Stephen et Hawks (1974) concluent que 40 à 50 % des individus paralysés cérébraux ne sont pas des arriérés mentaux. Parmi ceux-ci, 25 % atteignent des QI situés entre 70 et 90 et le reste se classe dans la normale ou au-dessus.

Soulignons qu'une terminologie différente tend à être appliquée à l'ensemble des sujets présentant une intelligence normale : ils sont regroupés sous le terme d'infirmes moteurs cérébraux (IMC). Les sujets dont le QI est inférieur en général à 70 portent alors la dénomination paralysés cérébraux ([2]). Au-delà de ces termes, les paralysés cérébraux constituent une partie non négligeable des individus accueillis par les centres de jour ou institutions destinés aux arriérés mentaux sévères et profonds, individus chez qui il est nécessaire d'intervenir. Selon Wright et Nicholson (1972), une intervention précoce, sous la forme d'une kinésithérapie spécialisée, installée entre 6 et 12 mois d'âge, peut être efficace pour réduire l'importance du handicap.

Les atteintes du tube neuronal

Divers déficits embryologiques peuvent toucher le système nerveux central au niveau du cerveau ou de la moelle épinière. *L'anencéphalie* consiste en une interruption du développement et une dégénérescence du cerveau antérieur. L'issue est presque toujours fatale durant les premiers jours après la naissance.

Autre atteinte trouvant son origine *in utero* ou étant causée par un traumatisme ou une maladie infectieuse, *l'hydrocéphalie* consiste en un accroissement anormal du volume du liquide céphalo-rachidien (LCR) intracérébral. Les causes de l'accroissement du volume de LCR sont nombreuses: déficit dans la fermeture du tube neuronal, troubles de la résorption du LCR ou blocage dans la circulation. Etant donné l'accumulation de LCR au niveau des ventricules cérébraux, ceux-ci augmentent de volume et repoussent le manteau cérébral vers les parois du crâne, provoquant ainsi des lésions. L'intervention neurochirurgicale consiste à dériver le trop-plein de LCR, généralement dans la circulation sanguine, à partir d'un cathéter introduit au niveau des ventricules.

Un déficit de fermeture de la colonne vertébrale au niveau lombaire ou thoracique entraîne la formation d'un *myéloméningocèle* ou présence externe de la moelle et des méninges. Cette affection est plus connue sous le nom de *spina bifida*. Les sujets atteints présentent très souvent des paralysies des membres inférieurs et une absence de contrôle sphinctériel. Dans la grande majorité des cas, l'hydrocéphalie est une séquelle très probable. C'est la raison pour laquelle un système de dérivation ventriculo-cardiaque est installé chez bon nombre de ces enfants, avant même que l'hydrocéphalie ne s'installe.

Cette prévention est bénéfique pour le développement ultérieur des sujets.

Dans un travail récent, Lambert et Seron-Meuris (1977) évaluent le niveau développemental de 34 enfants traités dans un service de neurochirurgie, âgés de 11 mois à 9 ans. Sur les 30 survivants, 19 ont une hydrocéphalie primaire et 11 présentent un spina bifida. Dans ce dernier groupe, 9 portent une dérivation ventriculo-cardiaque. La proportion d'enfants obtenant aux tests de Brunet-Lézine ou au Terman un âge mental correspondant à l'âge chronologique est plus élevée dans le groupe spina bifida : 6 sujets sur 11, contre 6 sujets sur 19 dans le groupe d'hydrocéphales. L'étude montre la multitude des variables à prendre en considération avant de pouvoir isoler les effets spécifiques d'une intervention neurochirurgicale. Parmi les plus importantes, signalons l'âge de l'enfant à l'intervention, l'étiologie de l'hydrocéphalie, le milieu socioculturel, le type d'interventions ultérieures et surtout la durée de l'hospitalisation durant les premiers mois de la vie.

NOTES

([1]) Un exemple particulièrement illustratif de cette démarche est la notion de *lésion cérébrale minimale* (Minimal Brain Damage). Dans un livre remarquable consacré à ce sujet, Kalverboer (1975) souligne que cette notion est un fourre-tout pseudo-scientifique, dont le seul résultat est de masquer les bénéfices d'une analyse comportementale. En effet, ce concept sert de catégorie nosologique pour une variété de troubles comportementaux présents chez des enfants d'intelligence normale à l'âge de l'école primaire, troubles généralement décrits comme suit : difficultés d'apprentissage, hyperactivité, labilité de l'attention, irritabilité, impulsivité, déficits de structuration temporo-spatiale, etc. Ces étiquettes purement descriptives n'ont aucun statut explicatif, mais représentent en fait des comportements qu'il importe d'observer et de préciser.

(²) On ne peut pas, malheureusement, passer sous silence la ségrégation qu'entraîne l'utilisation de cette double terminologie. En effet, les associations s'occupant d'enfants IMC assimilent la paralysie cérébrale aux formes sévères et profondes de l'arriération mentale et refusent le plus souvent de subvenir aux besoins des enfants infirmes moteurs cérébraux graves.

CHAPITRE 3

LA PREVENTION

En 1963, une réunion d'experts américains concluait un rapport adressé au Président Kennedy (Président's Panel on Mental Retardation) par ces termes : « Si nous pouvions appliquer toutes les connaissances disponibles sur l'arriération mentale, son incidence pourrait être réduite de moitié; si nous accélérions nos efforts, nos capacités préventives pourraient être significativement plus élevées ». Formulée il y a plus de dix ans, cette proposition, bien que non réalisée pour les diverses raisons que nous allons exposer ci-dessous, contenait une référence explicite à la prévention comme but ultime de l'action en arriération mentale. Nous distinguons deux types de préventions. Le premier est d'ordre médical; il concerne l'élimination des causes organiques susceptibles d'entraîner la présence d'arriération. Le second est comportemental; il englobe l'ensemble des mesures éducatives devant être prises dès le plus jeune âge pour réduire les effets de conditions à la fois organiques et environnementales responsables de l'arriération. Le souci de prévention comportementale sera présent tout au long de cet ouvrage. Au cours de ce chapitre, nous n'aborderons que le volet médical. Etant donné qu'il s'agit d'un domaine différent de celui de la psychologie, nous nous limiterons à exposer l'impact de découvertes récentes.

« L'incidence de l'arriération mentale pourrait être réduite de moitié. » Pourquoi cet objectif, quelque peu prophétique, n'a-t-il pas encore été atteint à l'heure actuelle ? Quelles sont les causes de cet échec ? Quel est l'état de nos connaissances en matière de prévention ? Avant d'apporter des éléments de réponses à ces questions, il faut insister sur les énormes difficultés rencontrées pour réunir des données numériques fiables. Cela est dû à l'utilisation des deux dimensions inclues dans la définition même de l'arriération mentale, le niveau intellectuel et l'adaptation sociale. La comparaison de données récentes avec les résultats d'études plus anciennes ne prenant en considération qu'un critère de la définition apparaît malaisée, sinon impossible. A défaut d'analyser les effets de la prévention « par les chiffres », nous devons nous contenter d'inférer à partir d'observations isolées. En prenant l'article important de Begab (1974) comme modèle, nous abordons trois thèmes: les facteurs accroissant l'incidence, l'état des connaissances et les limites de la prévention.

1. FACTEURS ACCROISSANT L'INCIDENCE

Il peut paraître paradoxal de débuter un chapitre consacré à la prévention par l'exposé des causes susceptibles d'entraîner une augmentation de l'incidence. Cependant, comme nous l'avons signalé dans l'étude des étiologies, notre société moderne contient, dans les multiples facettes de son développement, une série de facteurs pouvant influencer plus ou moins directement l'incidence de l'arriération. Dans l'état actuel des connaissances, certains de ces facteurs peuvent être considérés uniquement comme suspects, tandis que d'autres ont un impact plus certain.

Parmi les agents suspects, les drogues et autres substances pharmacologiques occupent une place de choix. Si l'on a pu observer la présence de syndromes de retrait prononcé vis-à-vis de l'environnement chez des enfants nés de mères héroïnomanes, la causalité univoque de la drogue n'est pas clairement démontrée. En effet, il est malaisé d'isoler les effets directs de la drogue sur le système nerveux central de l'ensemble des conditions de soins pré- et post-natales délivrées par des mères droguées. Selon Begab (1974), l'action du LSD pourrait être encore plus dangereuse étant donné les troubles de la méiose chromosomique induits par la drogue. L'impact potentiel de substances pharmacologiques reçoit une attention soutenue depuis plusieurs années. Bien qu'il n'existe encore aucune preuve directe de l'action d'un produit entraînant l'arriération mentale, le drame de la thalidomide ne peut faire ignorer les conséquences possibles de l'absorption de médicaments par des femmes enceintes.

Un second ensemble de facteurs liés à l'environnement commence aujourd'hui à faire l'objet d'observations précises. Il s'agit des diverses formes de pollution. Byers (1959) fut le premier à démontrer les risques réels d'encéphalopathie et d'arriération mentale chez les jeunes enfants mis en contact permanent avec des peintures murales et des jouets saturés en plomb. Au niveau de la pollution atmosphérique, Thomas et al. (1967) ont relevé, chez des personnes vivant à proximité d'autoroutes, des taux de plomb anormaux au niveau sanguin. Il est possible que dans ce dernier cas l'accumulation progressive de plomb entraîne à long terme des effets analogues à ceux décrits par Byers. Une conséquence de la pollution des mers est actuellement bien établie dans l'étiologie de l'arriération. Takeuchi et Matsumoto (1969) ont observé la présence de paralysie cérébrale et d'arriération mentale chez des enfants japonais nés de mères se nourrissant exclusivement de poissons pêchés dans des cours d'eau pollués par le mercure. Enfin, Seveso n'est peut-être que le prélude à d'autres « accidents » du même type.

La contribution des pratiques obstétricales à un accroissement de l'incidence n'est pas établie, mais doit cependant être posée. Il est incontestable que les progrès réalisés dans les techniques d'accouchement et de réanimation néonatale réduisent le nombre de nouveau-nés cérébro-lésés. Le perfectionnement technologique possède cependant son revers. En effet, parmi les enfants présentant tous les signes d'une atteinte cérébrale à la naissance, un nombre de plus en plus important est amené à survivre, grâce aux soins intensifs délivrés dans des unités spécialisées. Sommes-nous actuellement préparés à prendre en charge ces êtres durant toute leur existence ? La prolongation de la vie d'un nouveau-né présentant de graves séquelles d'un traumatisme cérébral peut-elle être décidée sans tenir compte des réalités sociales ? La société est-elle prête à s'occuper d'êtres chez qui existent des destructions cérébrales causées par une anoxie néonatale prolongée et qui resteront en état de dépendance totale durant toute leur vie ? La réduction du taux de mortalité infantile est un indice de développement d'une société. On peut cependant s'interroger si elle doit être acquise à n'importe quel prix. Il s'agit là de problèmes éthiques, trop souvent abordés avec un halo émotionnel tel qu'il rend impossible toute recherche de solutions adéquates. Ne serait-il pas urgent de disposer d'informations permettant d'évaluer scientifiquement dans certains cas les effets des pratiques de réanimation néonatale?

2. CONNAISSANCES ACTUELLES

Faire le point sur l'avance des connaissances en matière de prévention est certes malaisé, étant donné l'hyperspécialisation exigée par la prise d'informations dans de nombreux domaines médicaux, et en particulier ceux de la génétique et de la biochimie humaines. Nous nous proposons d'illustrer un volet récent de la prévention résultant des progrès de la recherche génétique: le diagnostic prénatal des atteintes congénitales.

Entre la quatorzième et la seizième semaine après les dernières menstruations, une amniocentèse est réalisée sous anesthésie locale. La ponction est habituellement effectuée après — ou même sous — le contrôle par ultrasons permettant de localiser le fœtus et le placenta. 10 à 20 ml de liquide amniotique contenant des cellules de la peau et des membranes muqueuses du fœtus sont recueillis. 15 à 20 % de ces cellules sont viables et, en utilisant des techniques spéciales de culture *in vitro*, certaines de ces cellules se diviseront. Après 10 à 20 jours de culture, il existe généralement un nombre suffisant de cellules divisées pour permettre une préparation chromosomique. C'est à ce stade que les aberrations chromosomiques peuvent être identifiées, dont la plus importante est le syndrome de Down ou mongolisme. La culture du liquide amniotique peut se poursuivre jusqu'à la présence d'un nombre suffisant de cellules disponibles pour une analyse biochimique. Cette procédure permet la détection prénatale des erreurs innées du métabolisme, dont le déficit biochimique se caractérise par une déficience enzymatique ou une concentration de métabolites spécifiques (Milunsky, 1973).

Galjaard et Niermeijer (1975) soulignent qu'actuellement plus de 40 troubles métaboliques peuvent être identifiés; parmi eux, citons la galactosémie, différents types de mucopolysacharidoses et le syndrome de Lesch-Nyhan.

L'utilisation de l'amniocentèse pose tout le problème des indications du diagnostic prénatal. Jusqu'ici, plus de 3.000 diagnostics ont été réalisés aux Etats-Unis, en Angleterre, dans les Pays Scandinaves et aux Pays-Bas. Au travers de ces séries, Milunsky (1973) observe que la ponction du liquide amniotique n'entraîne pas de complications chez la mère, tandis que les risques pour le fœtus sont de l'ordre de 1 %. Les indications de l'amniocentèse utilisées par les différents centres sont présentées au tableau 1.

L'amniocentèse ne constitue pas à elle seule un facteur permettant d'accroître la prévention de l'arriération mentale. Elle doit être inclue à la fois dans une démarche de conseil génétique et dans la recherche d'une solution après la découverte d'une atteinte spécifique chez le fœtus. Le premier volet dans lequel doit s'inscrire l'amniocentèse, le conseil génétique, consiste principalement à avertir les parents des risques statistiques de donner

TABLEAU 1
Indications de l'amniocentèse
(d'après Galjaard et Niermeijer, 1973)

Type d'analyse	Groupe d'indications
Analyse chromosomique	- Age maternel supérieur à 40 ans. - Enfant né auparavant porteur d'une aberration chromosomique (la plupart, syndrome de Down) chez les mères âgées de moins de 30 ans. - Un des parents porteur d'une translocation chromosomique. - Risque d'une aberration liée aux chromosomes sexuels.
Analyse biochimique	- Parent(s) porteur(s) d'un trouble métabolique récessif lié au chromosome X ou aux autosomes. - Risque accru de lésion du tube neuronal; c'est-à-dire présence dans la famille d'un enfant anencéphale ou spina-bifida.

naissance à des enfants déficients. Une limitation majeure du conseil est qu'à l'heure actuelle il s'applique, dans la plupart des cas, chez des parents ayant déjà un enfant handicapé. Le second volet du processus est l'aspect thérapeutique. La mise en évidence d'une anomalie génétique chez le fœtus n'a de sens que si elle débouche sur une intervention, à savoir l'interruption de la grossesse. Il est évident que nous entrons là dans un domaine où les problèmes éthiques sont posés avec le plus d'acuité.

Certains rétorqueront que le diagnostic prénatal sanctionné par un avortement thérapeutique ne constitue pas la solution unique à la prévention de l'arriération. Nous ne le nions nullement. Il faut cependant souligner son importance dans la réduction future de l'incidence de certains syndromes. Les données les plus illustratives concernent le syndrome de Down. Les femmes âgées de plus de 35 ans forment le meilleur exemple d'un groupe vulnérable dans l'étiologie du syndrome. L'incidence de malformations chromosomiques chez les enfants nés de ces femmes est située entre 1 et 2 % (Lubs et Ruddle, 1970). Ce groupe, comptant moins de 13 % du nombre total des grossesses, donne naissance à la moitié des enfants atteints de mongolisme (Begab, 1974). L'application des procédures de diagnostic prénatal et l'intervention chez ce groupe réduiraient à elles seules l'incidence du mongolisme de 50 %.

Parallèlement aux recherches sur l'amniocentèse, des progrès sont réalisés chaque année dans le traitement des troubles métaboliques. Une forme d'intervention directe est la manipulation diététique des anomalies biochimiques (Goodman, 1972). Le traitement de la phénylcétonurie est le plus connu. Le succès d'une diététique initiée durant la première année de la vie est actuellement très documenté, bien que l'incertitude subsiste quant à la présence de séquelles mineures résiduelles. Dans d'autres cas, les effets d'un traitement par installation d'un régime approprié sont moins spectaculaires. Ce type d'intervention reste actuellement très astreignant par sa durée et son coût. De plus, il n'est indiqué que dans les cas où les composantes métaboliques ne peuvent être synthétisées par l'organisme.

A côté de cette prévention presque exclusivement médicale, une prophylaxie doit être connue et appliquée par tous. Elle englobe les connaissances relatives à l'âge de la procréation, le contrôle médical durant la grossesse, la vaccination anti-rubéolique durant l'adolescence chez les

filles et les informations sur la qualité des services hospi-
taliers offrant toutes les garanties de soins modernes durant et après l'accouchement.

3. LIMITES A LA PREVENTION

Avant de s'interroger sur les barrières existant à l'installation d'une prévention efficace, peut-être est-il nécessaire de répondre plus en détail à une question posée lors
du chapitre consacré aux études de fréquences. Le nombre d'arriérés mentaux modérés, sévères et profonds est-
il en diminution ou bien en accroissement?

Dans un article important consacré à ce sujet, Kushlick
et Blunden (1974) comparent diverses études épidémiologiques menées en Grande Bretagne (Goodman et Tizard,
1962; Kushlick et Cox, 1968) avec les données enregistrées par Lewis en 1929. Les résultats montrent que la
fréquence de l'arriération d'étiologie pathologique reste
constante pour les âges situés entre 15 et 40 ans. De plus,
la fréquence globale des adultes arriérés modérés, sévères et profonds est susceptible de s'accroître durant les
prochaines années. Les effets de la mortalité sur les fréquences futures de l'arriération mentale sont calculés à
partir du taux de mortalité observé durant quatre ans et
demi. Kushlick et Blunden suggèrent que la fréquence
sera en augmentation, principalement pour les adultes arriérés modérés. Enfin, Stein et Susser (1971) considèrent
l'évolution de l'incidence et de la fréquence. Pour toutes
les formes d'étiologie pathologique, ils concluent à une
diminution de l'incidence et à un accroissement de la fréquence dû à une réduction de la mortalité en bas âge. Ces

perspectives, somme toute peu encourageantes, posent le problème de la prévention. Pourquoi, contrairement aux propositions énoncées en 1963, l'incidence de l'arriération mentale n'a-t-elle pas été réduite de moitié?

Deux grandes catégories de limitations nous paraissent expliquer ce qui, jusqu'ici, peut être considéré comme un échec. Les premières barrières à la prévention sont d'ordre scientifique. Si l'on considère, par exemple, les conditions biologiques de l'arriération, on s'aperçoit que dans la majorité des anomalies biochimiques, la déficience enzymatique est aujourd'hui connue. Cette connaissance n'est cependant qu'à son point de départ. Avant l'application thérapeutique des informations, de nombreux progrès doivent être réalisés sur le plan purement scientifique: isolation et purification des enzymes, connaissance des chaînes de transformation biochimique, développement des méthodes d'infusion, etc. Ces processus sont coûteux en temps et en argent. Et ici viennent se greffer des problèmes de société, et plus particulièrement d'investissements dans la recherche fondamentale. A la limite, ne pourrait-on pas baser une argumentation destinée à fournir des moyens corrects à la recherche sur le simple fait que l'investissement ne représente qu'une fraction infime du coût imposé à la société par la prise en charge d'un arriéré durant toute une vie?

La seconde limitation à l'installation d'une prévention efficace ressortit au domaine éthique. Il suffit de parcourir la littérature consacrée aux méthodes de dépistage prénatal et aux interventions proposées durant la grossesse pour se rendre compte que les données scientifiques sont obscurcies par les débats philosophico-religieux. Au-delà des principes déclarant la souveraineté du choix individuel, ne faudrait-il pas élever le problème au plan de la société dans son ensemble, et se demander, ici également, quelles sont les priorités et les obligations auxquelles doit faire face la société moderne? Si certains déclarent qu'une société doit être jugée sur les services qu'elle développe pour ses membres handicapés, ne pourrait-on pas renverser l'argument et s'interroger sur la valeur d'une société qui, en ayant les possibilités de réduire le nombre de ses sujets handicapés, s'y refuserait en se retranchant derrière un ensemble de considérations étrangères à son devenir?

Et si un jour nous disposons de tous les moyens pour supprimer l'incidence de l'arriération mentale? Cet objectif de science-fiction, qui n'est pas prêt d'être atteint, ne toucherait qu'environ 10 % du nombre d'arriérés mentaux présents dans une société. Tout d'abord, le nombre d'arriérés mentaux à étiologie non pathologique resterait pratiquement inchangé. Ensuite, même au niveau du déterminisme pathologique, il faudrait toujours compter sur le rôle joué par le hasard dans l'étiologie génétique. C'est pourquoi, même si des progrès considérables en matière de prévention médicale devaient être accomplis durant les prochaines années, les notions de prévention comportementale et de technologie éducative spécialisée garderaient toute leur signification, à la fois pour prendre en charge les nouveaux cas et poursuivre l'éducation des sujets arriérés mentaux durant toute leur existence.

CHAPITRE 4

L'ARRIERATION MENTALE LEGERE

Comme nous l'avons vu lors de l'étude des étiologies, une distinction peut être opérée entre les processus organiques pathologiques et l'interaction d'influences environnementales et génétiques dans le déterminisme de l'arriération. Ce dernier type de facteurs, qui généralement ne sont pas responsables de troubles organiques spécifiques, sont cependant suffisants pour entraîner un dysfonctionnement intellectuel. Le diagnostic d'arriération mentale légère sanctionnera alors ce dysfonctionnement lorsqu'il s'accompagne d'un déficit de l'adaptation sociale.

L'arriération légère est un vaste domaine d'études dont l'importance se situe à deux niveaux. En premier lieu, elle constitue la frange de l'arriération la plus étendue quant au nombre d'individus regroupés sous l'étiquette « arriérés mentaux » : 85 % de l'ensemble de l'arriération mentale. Deuxièmement, elle pose le problème des interactions génétiques et environnementales dans le développement intellectuel d'un individu, terrain privilégié des débats animant la psychologie depuis plus de 50 ans.

Bien que l'ensemble de cet ouvrage soit consacré à l'arriération mentale d'étiologie pathologique, regroupant les formes modérée, sévère et profonde du syndrome, il nous est apparu nécessaire de présenter l'arriération légère, ne serait-ce que pour mieux situer ce problème qui, rappelons-le, touche la majorité des enfants accueillis dans l'enseignement spécial[1].

Nous ne prétendons nullement, au cours de ce chapitre, exposer l'arriération légère de manière exhaustive. Nous nous bornerons à situer les questions soulevées par l'existence même du handicap et à illustrer les tendances actuelles de son approche éducative.

1. PROBLEMES DE DEFINITION

En reprenant les déterminants de l'arriération mentale, Clarke (1969) propose une double étiologie dans l'arriération mentale légère. D'une part, il suggère qu'une proportion des arriérés mentaux légers — inconnue quant à son importance numérique — doit son statut à des variations génétiques normales. Cette partie des individus représente en fait la portion inférieure de la distribution normale de l'intelligence. D'autre part, un groupe de sujets présente des retards que l'on attribue généralement à des conditions socioculturelles défavorables. Ces sujets sont regroupés sous le terme «arriération socioculturelle». Pour chacune de ces deux populations, les critères de diagnostic restent malaisés à cerner. Assez paradoxalement, c'est à partir d'une définition de l'arriération socioculturelle que l'on parvient à délimiter le mieux l'arriération légère d'origine génétique, ou supposée telle.

Si l'on se réfère à la définition proposée par l'American Association on Mental Deficiency (Grossman, 1973), cinq critères doivent être présents pour poser le diagnostic d'arriération d'origine socioculturelle chez un sujet :

- retard intellectuel mesuré par un test standardisé (QI entre 50 et 75),
- déficit d'adaptation sociale,
- évidence d'un retard intellectuel au sein de la famille [parent(s) et/ou fratrie],
- absence d'atteinte cérébrale,
- appauvrissement du milieu : conditions matérielles inadéquates.

Sur ce tableau peut évidemment venir se greffer une histoire médicale de prématurité ou d'infections et accidents fréquents. Aucun de ces facteurs organiques ne doit cependant être à lui seul suffisamment important pour expliquer le retard.

Comme nous le voyons, le diagnostic d'arriération mentale d'origine socioculturelle repose principalement sur l'absence de symptômes organiques et sur l'approche du milieu familial. Il s'agit plus d'une supposition que d'un diagnostic positif.

En partant de cette définition, caractériser l'arriération légère non socioculturelle revient à restreindre le nombre des symptômes à la présence d'un retard intellectuel et d'une inadaptation sociale, sans l'intervention de conditions familiales défavorables. Il reste enfin une catégorie d'individus chez qui l'existence d'une pathologie cérébrale est inférée à partir de vagues signes cliniques (hyperactivité, hyperréflexie diffuse, immaturité électro-encéphalographique). Ces sujets, souvent regroupés sous le terme « minimal brain damage » (cfr p. 59) peuvent également présenter les deux critères suffisants pour l'établissement d'un diagnostic d'arriération mentale légère.

Dans la pratique, le libellé « arriération mentale légère » constitue un fourre-tout regroupant tous les individus qui, pour une raison ou l'autre, présentent un retard à un moment de leur existence. Et c'est précisément la donnée la plus pertinente qui permette de poser un diagnostic différentiel entre l'arriération légère et les autres formes de handicap plus graves. En effet, le diagnostic d'arriération mentale légère est rarement porté avant l'entrée à l'école primaire. C'est à ce moment que le retard intellectuel constitue un problème, lorsque l'on demande à des enfants de maîtriser les mêmes tâches que d'autres non retardés. La notion d'inadaptation sociale prend ici toute sa signification : un enfant peut très bien être considéré comme arriéré mental léger uniquement durant la scolarisation. Avant et après cette période, l'éventail des possibilités d'adaptation est plus vaste et un individu peut parvenir à un degré d'adaptation socioprofessionnelle adapté à son niveau intellectuel, et ne plus être considéré comme un arriéré mental, comme cela a été le cas durant sa scolarité. La boutade « arriéré mental six heures par jour » contient une allusion explicite aux difficultés d'adaptation rencontrées par un enfant uniquement pendant la durée d'une journée scolaire; le reste du temps, cet enfant peut parfaitement être intégré dans son milieu physique et social.

Quoi qu'il en soit, la notion d'arriération socioculturelle (ASC) n'est apparue que très récemment dans le domaine de l'arriération mentale, et c'est principalement depuis la fin de la seconde guerre mondiale que son incidence et sa fréquence sont posées avec le plus d'acuité dans nos sociétés industrialisées. C'est entre 1950 et 1960 que l'on reconnaît la relation entre des conditions socio-économiques défavorables et les limites présentées par des individus sur le plan de leur intégration scolaire ou professionnelle. Parmi tous les rapports mettant cette relation en évidence, ceux provenant en Grande Bretagne du National Children's Bureau sont certainement les plus complets. En prenant comme base de référence l'étude longitudinale de 16.000 enfants nés durant une semaine de mars 1958 en Angleterre, Ecosse et Pays de Galles, Davie et al. (1972) présentent les résultats de leurs travaux au moment où leur population a atteint l'âge de sept ans. Les auteurs indiquent que, dès cet âge, les différences entre enfants provenant de milieux normaux et ceux issus d'environnements défavorisés sont très marquées et constituent les bases des orientations futures quant à l'intégration scolaire ou professionnelle. En approfondissant certains aspects de cette enquête, qui reste jusqu'ici un exemple inégalé, Wedge et Prosser (1973), sous le titre «Nés pour échouer?», analysent les conditions environnementales dans lesquelles sont élevés les enfants. Parmi celles-ci, la composition de la famille, les revenus, les conditions d'habitation, les soins médicaux, le type d'écoles fréquentées et les aspirations parentales constituent certains des facteurs déterminant la présence d'ASC ([2]).

Si l'amélioration des conditions de vie et le combat contre la pauvreté constituent les fers de lance de nos gouvernements, nous sommes en droit de nous demander s'il s'agit là des seules mesures susceptibles de réduire efficacement l'inégalité entre les classes sociales et leurs membres. L'ASC est-elle, comme son nom l'indique, uniquement due à des facteurs environnementaux? C'est ce problème que nous allons aborder ci-dessous à partir de diverses expériences menées au cours de ces dernières années.

2. HEREDITE - ENVIRONNEMENT.
   QUELQUES DONNEES

La controverse « nature - nurture » a débuté vers les années 30 selon une optique « tout ou rien », avec les partisans du déterminisme héréditaire d'un côté et les tenants d'une influence environnementale totale de l'autre. Aujourd'hui, le débat, peut-être plus subtil dans sa formulation — tout le monde s'accorde en effet à se déclarer interactionniste, c'est-à-dire partisan d'une action conjuguée des deux types de déterminants — n'a pas perdu de son actualité et influence en permanence l'action éducative entreprise dans le domaine de l'ASC.

Dans une revue exhaustive consacrée aux modèles expérimentaux ayant abordé les interactions génétiques et environnementales, Clarke et Clarke (1974) distinguent les manipulations théoriques, irréalisables pour des raisons éthiques, des expériences possibles ou déjà menées à bien. Si l'ensemble des données disponibles à ce jour ne permettent pas de clore le débat, elles offrent cependant certaines directions de recherches dont les implications éducatives sont évidentes.

A. Facteurs génétiques

La manipulation des variables génétiques dans le déterminisme des caractéristiques comportementales d'un individu se heurte à deux types de difficultés. En premier lieu, pour des raisons éthiques aisément identifiables, il n'est pas possible d'isoler des individus dès leur naissance en les plaçant dans des milieux déterminés et principalement dans des systèmes de privation. De même, la répartition d'individus nés avec un potentiel héréditaire identique — les jumeaux homozygotes — dans des environnements enrichis ou appauvris n'est guère plus soutenable. En second lieu, toutes les études sur l'hérédité requièrent la mesure précise des caractéristiques prises en considération. S'il est relativement aisé de mesurer certains aspects de l'organisme, comme la taille ou le poids, l'évaluation des variables psychologiques est très difficile. Les mesures les plus utilisées sont les tests d'intelligence, avec ce qu'ils comportent d'imprécisions. Trois types principaux de données sont disponibles: les corrélations de QI entre parents et enfants, les études sur les jumeaux et les effets de l'institutionnalisation.

I. CORRELATIONS PARENTS-ENFANTS

Erlenmeyer-Kimling et Jarvik (1963) résument 52 études de corrélations entre les QI d'individus et ceux des membres de leurs familles. Les données, portant sur les QI médians, sont les suivantes: enfants adoptifs provenant de familles différentes, mais élevés ensemble: .23; parents adoptifs-enfants: .20; parents-enfants: .50; frères et sœurs élevés séparément: .40; jumeaux monozygotes élevés ensemble: .87; jumeaux monozygotes élevés séparément: .75. Les dispersions des valeurs par rap-

ports aux QI médians sont considérables et peuvent refléter à la fois des différences dans la méthodologie des études et dans les variables environnementales et génétiques
impliquées. En effet, l'interprétation des chiffres peut
être menée dans une optique favorisant chacun des deux
types de variables. Suivant l'hypothèse environnementale, on doit s'attendre à trouver une corrélation faible entre parents éloignés et une corrélation très importante entre des jumeaux monozygotes élevés ensemble. D'autre
part, les corrélations faibles entre parents adoptifs et enfants sont en faveur de l'hypothèse génétique.

La corrélation des QI entre mères et enfants est établie
à .50 (Clarke et Clarke, 1974). La célèbre étude de Skodak et Skeels (1949) portant sur 100 enfants provenant de
milieux défavorisés et adoptés par des familles de haut
niveau socioculturel, montre qu'il est également possible
d'interpréter les données en prenant en considération
l'une ou l'autre variable. En effet, le QI obtenu chez les
enfants varie entre 70 et 154 (QI moyen des mères adop-
tives supérieur à 100) et à l'âge de 13 ans, la corrélation
entre les QI des enfants et ceux de leurs mères naturelles
est égale à .44.

II. ETUDES SUR LES JUMEAUX

La découverte universelle portant sur les corrélations
très élevées entre les QI de jumeaux monozygotes a été
acceptée comme une évidence irréfutable du rôle de l'hérédité dans le déterminisme de l'intelligence. Mittler
(1971) fournit une revue des méthodes statistiques utilisées pour déterminer la proportion de la variance interindividuelle pouvant être attribuée aux facteurs génétiques.
En dépit de l'importante littérature consacrée à ce pro-

blème, des sources possibles d'erreurs subsistent dans l'interprétation des études sur les jumeaux vrais (Robinson et Robinson, 1976).

Les données les plus intéressantes sont enregistrées sur les jumeaux monozygotes séparés très précocément et élevés dans des milieux différents. Burt (1966) observe une corrélation très élevée entre les QI de tels jumeaux, en dépit des différences entre classes sociales; ce fait tendrait à démontrer le rôle prépondérant des facteurs génétiques. Cependant, l'étude de Burt soulève toute une série de critiques purement méthodologiques, critiques reprises par Clarke et Clarke (1974, p. 170). Malgré les objections formulées à l'égard des recherches sur les jumeaux, il est impossible aujourd'hui de nier l'importance du rôle joué par les facteurs génétiques dans le déterminisme de l'intelligence.

III. L'INSTITUTIONNALISATION

Les institutions offrent habituellement une uniformité environnementale caractérisée par la pauvreté des relations entre le personnel soignant et les patients. Le placement d'enfants, même normaux, dans de tels milieux devrait amener une égalisation du fonctionnement intellectuel après une résidence prolongée. La plupart des études montre cependant le maintien des différences individuelles au travers de l'impact d'une institutionnalisation prolongée (Clarke et Clarke, 1974). De même, les observations réalisées chez des adultes arriérés mentaux profonds placés en institution depuis de nombreuses années témoignent de l'irréductibilité des variations interindividuelles, même au niveau de comportements très peu différenciés comme les stéréotypies gestuelles (Cobben, 1976).

B. Facteurs environnementaux

Dans l'étiologie de l'arriération mentale, des manifestations telles que le traumatisme cérébral néonatal, la rubéole ou la toxoplasmose, n'entraînent pas de controverses quant à leur origine purement environnementale. Cette section englobe cependant sous le terme « environnement » des conséquences moins directes, plus difficilement tangibles au niveau de leur déterminisme. Environnemental doit être pris ici comme synonyme des conditions autres que génétiques qui affectent un individu à un moment de son existence. La distinction reste cependant difficile à maintenir. En effet, si l'on accepte la théorie évolutionniste, il est impossible de concevoir un comportement qui ne possède pas de bases biologiques, c'est-à-dire en dernière analyse, une base héréditaire. C'est en gardant à l'esprit cette interaction constante entre l'inné et l'acquis dans le développement d'un individu que nous aborderons brièvement les diverses données visant à démontrer l'importance des facteurs environnementaux. Parmi ces études, trois types retiendront particulièrement notre attention : les corrélations entre classes sociales, les modifications radicales de l'environnement et les programmes « Head-Start ».

I. CORRELATIONS ENTRE CLASSES SOCIALES

Outre le travail de Jensen que nous analyserons en détail ci-dessous, plusieurs recherches ont tenté de décrire les différences existant entre classes sociales au sein d'une même culture. A partir d'interviews et d'évaluations diverses de 163 mères de race noire, provenant de classes sociales différentes, et de leurs enfants âgés de 4 ans, Hess et Shipman (1965) mettent en évidence des

écarts importants dans le contenu verbal des interactions
mère-enfant. Ces différences portent à la fois sur le
nombre des émissions verbales et leur contenu — appré-
cié par l'utilisation de mots abstraits et la complexité des
structures syntaxiques — et sont étroitement corrélées à
la classe sociale dont font partie les mères. De plus, les
résultats des enfants à diverses épreuves cognitives montrent également une différenciation corrélée avec leur
provenance sociale; les enfants de familles de la classe
moyenne obtiennent des scores plus élevés que ceux issus de familles pauvres. Les auteurs définissent un état
de déprivation culturelle en termes de la signification cognitive du système de communication mère-enfant.
L'évaluation de différences entre classes sociales pose le
problème de la mesure même de ces différences. S'il est
certain qu'il n'existe pas de différenciation nette entre les
enfants âgés de 15 à 18 mois issus de milieux divers, cela
n'est plus vrai dès l'âge de 3 ans où des écarts marqués
s'observent entre les QI moyens (Hindley, 1965). Schaefer (1970) suggère que l'explication réside au niveau du
contenu des tests eux-mêmes, et en particulier dans le
remplacement d'items sensori-moteurs par des épreuves
à contenu linguistique. Les observations de Hess et
Shipman sont confirmées par Lawton (1968) chez des
garçons âgés de 12 à 15 ans et provenant de classes
moyennes et ouvrières. Si l'appauvrissement du milieu
linguistique est une voie privilégiée pour la transmission
des effets liés à des classes sociales défavorisées, on devrait s'attendre à ce que des programmes de stimulation
verbale comblent les différences entre classes sociales. Il
n'existe actuellement aucune donnée permettant de répondre à cette hypothèse, étant donné que les programmes d'enrichissement linguistique sont rarement appliqués seuls, mais font le plus souvent partie d'un vaste

ensemble de mesures éducatives regroupées sous le terme «éducation compensatrice». Il n'est guère possible de présenter ici la somme des recherches montrant l'existence d'une corrélation positive entre classe sociale et intelligence mesurée par des tests ou par les résultats scolaires. Retenons que cette relation est loin d'être univoque. En effet, le niveau moyen atteint par chaque classe sociale s'accompagne d'une très grande variabilité parmi ses membres.

S'il est vrai que «les facteurs les plus importants expliquant les différences entre enfants dès l'âge de 7 ans sont à trouver dans l'environnement familial» (Davie et al., 1972), la situation à l'intérieur d'une même classe sociale n'est pas uniforme; des influences cumulatives multiples, à la fois génétiques et environnementales, s'exercent durant tout le développement d'un individu.

II.   MODIFICATIONS RADICALES DE L'ENVIRONNEMENT

Dans un passage d'une précision remarquable, Clarke et Clarke (1974, pp. 179-186) analysent en détail l'ensemble des rapports illustrant les effets de transformations environnementales importantes sur le développement intellectuel. Ils appuient leur discussion sur les rapports de Skeels (1966), Skodak (1968) et Koluchova (1972). Etant donné que nous présentons ci-après le travail de Heber, qui peut être considéré comme un exemple-type de ce genre d'étude, nous nous limiterons à fournir ici les conclusions proposées par les spécialistes britanniques.

Pour Clarke et Clarke (1974, p. 200), il est clairement établi qu'il existe d'énormes différences entre le développement intellectuel d'enfants élevés dans des institutions inadaptées et celui d'enfants qui ont été retirés de ces institutions et placés dans des milieux normaux. Dans le travail de Skeels, par exemple, deux groupes d'enfants âgés de 7 à 30 mois et présentant un retard marqué (QI moyen = 64) sont comparés; l'un restant dans l'orphelinat où les enfants furent placés dès la naissance, l'autre bénéficiant d'une série d'expériences scolaires au niveau de l'école maternelle et primaire. Durant l'expérience, les gains observés au niveau du QI moyen des enfants du second groupe se situent entre 7 et 58 points, tandis qu'une perte moyenne de 26 points est enregistrée au niveau des QI des enfants du premier groupe. Vingt ans après, Skeels (1966) et Skodak (1968) notent le maintien de la différenciation chez les sujets des deux groupes, tant au niveau des statuts éducationnel et occupationnel atteints, que sur le plan du style général de vie.

Commentant cette recherche et d'autres du même type, Clarke et Clarke font appel à la notion de « seuil d'influences environnementales » proposée par Jensen (1969). Pour Jensen, il n'existe aucun doute que « transférer des enfants d'un environnement extrêmement pauvre en stimulation vers des conditions éducatives normales peut entraîner un accroissement de 20 à 30 points au niveau du QI. D'autre part, des enfants élevés dans des circonstances normales ne montrent pas de gains appréciables au niveau du QI lorsqu'ils sont placés dans un environnement culturel plus riche. Cela suggère que la qualité de l'environnement et son influence sur le développement intellectuel n'est pas une fonction linéaire. En dessous d'un certain seuil d'adéquation environnementale, la déprivation peut avoir un effet réducteur marqué sur l'intelligence. Mais au-delà de ce seuil, les variations environnementales n'entraînent que des différences relativement minimes sur le plan intellectuel. » Par ces termes, Jensen suggère que l'environnement social a une influence importante sur le développement intellectuel, mais uniquement dans des conditions extrêmes. Or, dans la plupart des cas, les facteurs socioculturels dans lesquels évoluent les classes sociales les plus défavorisées ne correspondent nullement à l'état de déprivation grave tel qu'il est décrit dans les études de Skeels et Skodak.

III. LES PROGRAMMES « HEAD-START »

A partir des études de Kirk (1958), Skeels (1966) et bon nombre d'autres auteurs, un courant prit naissance aux Etats-Unis, courant destiné à mettre sur pied de vastes programmes d'intervention éducative auprès d'enfants issus de classes sociales culturellement défavorisées. Ainsi furent développés les programmes « Head-Start » portant sur l'éducation préscolaire. Des revues exhaustives de ces programmes ont été réalisées par Bereiter et Engelmann (1966) et Jensen (1969).

Pour Clarke et Clarke (1974), trois erreurs méthodologiques très importantes, issues de conceptions psychologiques, philosophiques et éducationnelles naïves, ont entaché dès le départ la réalisation des programmes « Head-Start ». En premier lieu, on a espéré qu'une exposition brève d'un enfant à un programme de stimulation intense, durant les quelques mois précédant son entrée à l'école, lui permette de récupérer un déficit cognitif. Dans de telles études, aucun effort n'a été tenté pour prendre en considération l'environnement global de l'enfant, y compris le milieu familial. Deuxièmement, une ignorance totale a prévalu quant à la nécessité de poursuivre les efforts entrepris durant une courte période. Enfin, bon nombre de ces programmes n'ont pas reçu de contenu éducatif proprement dit; le plus souvent, ils se sont contentés de fournir à l'enfant ce qu'il possédait déjà: les activités libres.

L'approche générale des programmes «Head-Start» peut se résumer en un mot: enrichissement. Cette stratégie implique que l'enfant retardé socioculturellement soit exposé aux mêmes stimulations qu'un enfant provenant d'un milieu normal. Deux erreurs sous-tendent cette approche. D'une part, elle constitue une course contre le temps, une course perdue d'avance, car, comme le soulignent Clarke et Clarke (1974), «tandis que l'enfant désavantagé est soumis au programme, l'enfant normal poursuit son développement. Un tel programme peut tout au plus comporter 500 heures d'apprentissage. Qu'est-ce que cela représente par rapport aux 20.000 heures de retard accumulées jusque-là?» La seconde erreur est plus subtile, mais comme nous aurons l'occasion de la souligner lors de l'exposé des thèses de Jensen, soulève des problèmes au niveau de la société globale. Il s'agit de la croyance largement répandue selon laquelle les enfants issus de milieux désavantagés doivent avoir les mêmes types d'expériences que les enfants provenant de milieux normaux.

Dans une critique importante de ces programmes, Jensen (1969) conclut que les gains des programmes «Head-Start» sont pratiquement nuls au niveau du fonctionnement intellectuel tel qu'il est mesuré par les tests. Les gains les plus spectaculaires, poursuit Jensen, se situent au niveau des performances scolaires, principalement lorsque les méthodes sont centrées sur l'apprentissage spécifique d'une discipline comme la lecture ou le calcul. L'échec presque total des programmes «Head-Start», ou programmes dits d'éducation compensatrice, est actuellement une constatation courante. Cependant, avant de conclure comme Jensen que l'explication de l'échec doit être recherchée au niveau génétique, nous suivrons Clarke et Clarke (1974) lorsqu'ils insistent sur les variables importantes à prendre en considération afin d'obtenir des effets à long terme au niveau des programmes d'éducation compensatrice. Parmi ces variables, citons: la qualité de l'environnement de départ, son degré de modification, la durée du changement, les méthodes d'intervention, la qualité et la durée du renforcement et la durée du follow-up. Peut-être serait-il possible de tenter à nouveau, mais de manière isolée afin d'éviter un gaspillage en temps et en moyens financiers, les expériences d'éducation compensatrice en procédant à une expérimentation contrôlée de l'effet de chacune de ces variables.

3. DEUX ILLUSTRATIONS DU DEBAT HEREDITE - ENVIRONNEMENT

A. Jensen

C'est en 1969 que Jensen publie dans le «Harvard Educational Review» un article traitant des résultats de l'éducation compensatrice et des facteurs héréditaires déterminant le QI. Dès sa parution, l'article soulève une tempête de critiques. La majorité de celles-ci (cfr par exemple, Lewontin, 1970) refuse l'argument de Jensen selon lequel les différences dans les distributions de QI enregistrées chez des populations blanches et noires reposent, dans leur plus grande partie, sur des facteurs génétiques. Au-delà du débat déclenché par les travaux de Jensen, il existe une réalité tangible, que même les plus farouches détracteurs de Jensen doivent admettre: aux résultats des tests de QI, la population noire dans son ensemble présente une distribution des scores inférieure de 15 points à la distribution obtenue par une population blanche dans une même région géographique. Pour Jensen (1970, a), cette différence est d'origine génétique, étant donné qu'une portion substantielle de la variance au sein de la population blanche, et probablement au sein de la population noire, peut être attribuée à des facteurs génétiques. Selon une analyse mathématique développée par DeFries (1972), cette affirmation de Jensen ne peut être actuellement acceptée ou rejetée, étant donné que l'hérédité entre les groupes ne peut être directement dérivée de l'hérédité à l'intérieur d'un groupe. Le débat reste donc entier quant à la nature des facteurs permettant de rendre compte des différences interraciales observées.

Dans le domaine qui nous préoccupe ici, l'arriération socioculturelle, Jensen (1970, b), dans un article intitulé «Une théorie de l'arriération socioculturelle primaire et secondaire», a analysé en détail les bases des différences observées entre classes sociales au niveau du développement intellectuel, tel qu'il est mesuré par les tests de QI. Dès le départ, Jensen exclut de son argumentation l'arriération mentale de QI inférieur à 50 dont le déterminisme est pathologique. Il centre essentiellement son analyse sur l'arriération mentale légère. Il écarte la notion selon laquelle les corrélations observées entre le QI et le niveau socio-économique (NSE) seraient déterminées culturellement et suggère que la cause principale de ces différences doit être recherchée au niveau génétique.

Jensen propose que les capacités mentales d'un individu sont en relation hiérarchisée les unes avec les autres. Selon lui, il est évident qu'il existe un ordre naturel d'acquisition des capacités, de sorte que la présence de la capacité B suggère que la capacité A est également présente, mais non l'inverse. Une déficience d'une capacité inférieure impliquera toujours le déficit d'une capacité supérieure. Si l'apparition de certaines capacités est due à l'apprentissage, l'acquisition d'autres ne peut être expliquée en ces termes, mais uniquement par la maturation cérébrale. La caractéristique essentielle décrivant les niveaux d'une maturation mentale hiérarchisée est le degré de correspondance entre les processus de prise d'information (« input ») et les mécanismes de sortie de l'information (« output »). Les niveaux inférieurs de la hiérarchie des capacités requièrent peu de transformation de l'input informationnel (par exemple, le temps de réaction, le conditionnement pavlovien). Par contre, les capacités de niveau supérieur reposent sur une transformation complexe de l'input et sur les comparaisons avec l'information précédemment stockée (par exemple, les analogies verbales et les Matrices de Raven) (Jensen, 1970, b, p. 52).

Jensen propose que l'ensemble des tâches peuvent être rangées sur un continuum. Ce continuum est le résultat de deux types de capacités: le Niveau I, ou capacités « associatives » et le Niveau II, ou capacités « cognitives ». La théorie des deux aspects de l'arriération mentale légère se raccroche directement à ces deux niveaux: l'arriération primaire se réfère à une déficience du Niveau I l'arriération secondaire à une déficience du Niveau II. Cette distinction est, pour Jensen, très importante dans le domaine de l'ASC. L'ensemble des recherches de Jensen montre que les différences entre classes sociales, ou différences entre NSE, s'observent au Niveau II. Jensen postule l'existence de mécanismes génétiques différents sous-tendant les capacités de Niveaux I et II. Selon lui, l'expérience et l'apprentissage sont nécessaires, mais insuffisants pour rendre compte du développement des capacités de Niveau II. L'idée que les différences interindividuelles au Niveau I sont déterminées par des facteurs environnementaux est contredite par l'évidence sur l'hérédité intellectuelle, basée sur les résultats aux tests qui mesurent les fonctions du Niveau II. En dernière analyse, Jensen propose que les différences observées au niveau des classes sociales sont déterminées en grande partie par des facteurs génétiques.

Nous ne nous étendrons pas plus longuement sur la théorie de Jensen. Soulignons toutefois qu'elle a fait l'objet d'une levée de boucliers au sein du monde scientifique et politique. Ces oppositions, pour la plupart outrancières, considérèrent Jensen comme un nouveau Hitler et réfutèrent les travaux en bloc pour des raisons rarement basées sur une analyse scientifique. Nous conseillons au lecteur de s'en référer aux analyses sérieuses et approfondies menées par Clarke et Clarke (1974, pp. 175-179 et 195-197) et De Fries (1972) qui portent à la fois sur les modèles statistiques utilisés par Jensen et les bases théoriques d'une hiérarchie des capacités.

Victimes comme bon nombre d'autres avant eux d'une sorte de terrorisme intellectuel sévissant dans certains milieux ([3]), les travaux de Jensen ont été rejetés, parfois même par des personnes qui n'avaient pas fait l'effort de les lire en entier (cfr « IQ and Social Class », manifeste du Progressive Labor Party, 1976), et ce n'est que très récemment que certains auteurs « osent » les présenter dans des ouvrages consacrés à l'arriération mentale (cfr par exemple, Clarke et Clarke, 1974; Robinson et Robinson,

1976). Tout lecteur qui entreprend l'étude de l'article de Jensen (1970 b) sans a priori sera intéressé par ses implications éducatives.

Que dit Jensen? Essentiellement deux choses. En premier lieu, le système scolaire traditionnel a été incapable d'apprendre aux enfants ayant un QI peu élevé, mais possédant des capacités de Niveau I normales. Bon nombre de ces enfants n'ont pas maîtrisé les disciplines scolaires de base à l'âge de 12 ans. Pour Jensen, cela s'explique par le fait que la scolarité est généralement orientée vers l'acquisition des capacités de Niveau II. La brillance cognitive étant considérée comme le but à atteindre, les enseignants sont braqués sur l'apparition des comportements de Niveau II, tandis que les fonctions de Niveau I sont considérées comme inférieures et leur présence n'est pas renforcée. En second lieu, Jensen propose que l'on commence à tenir compte, dans le système éducationnel, des différences interindividuelles existant au niveau du fonctionnement intellectuel. Pour les sujets chez qui les capacités de Niveau II ne pourront jamais atteindre leur épanouissement à cause de limitations d'ordre génétique, Jensen demande que des recherches intensives soient menées pour donner à ces sujets toutes les possibilités d'utiliser leurs capacités du Niveau I dans l'acquisition des comportements de base et dans l'achèvement de buts éducationnels et vocationnels réalistes. Somme toute, que peut-on reprocher à Jensen, sinon d'avoir attiré notre attention sur le fait que les individus naissent et se développent avec des potentiels génétiques différents dont il faut tenir compte si l'on désire mettre au point des systèmes d'enseignement efficaces?

B. Heber

Heber et ses associés (Heber et al., 1968: Heber et Garber, 1971) sont les auteurs de l'étude la plus importante et la mieux construite permettant de tester l'hypothèse de la privation culturelle. C'est à partir de l'article de Heber et Garber (1975) que nous présenterons ces travaux, mieux connus sous la dénomination de « Milwaukee Project ».

La première étape consista en une enquête menée dans un faubourg de Milwaukee caractérisé comme ayant la plus forte densité de population, le plus faible revenu économique par famille et le plus haut pourcentage de taudis. Le résultat principal de l'enquête montra que l'intelligence maternelle était le meilleur prédicteur du niveau intellectuel observé chez les enfants : 80 % des enfants ayant un QI inférieur à 80 étaient issus de mères ayant également un QI inférieur à 80.

A partir d'interviews et de tests administrés à domicile, 40 mères ayant un QI inférieur à 75 furent sélectionnées et réparties au hasard dans deux groupes : un groupe expérimental comprenant un programme de stimulation pour les enfants et un programme de réhabilitation maternelle, et un groupe contrôle ne subissant aucune intervention.

Dès l'âge de 3 mois, les enfants fréquentèrent un centre où ils eurent chacun un enseignant jusqu'à l'âge de 15 mois. A ce moment, les enfants furent progressivement mis au contact d'autres enseignants. Par groupes de trois, ils suivirent un programme d'apprentissage préscolaire regroupant l'ensemble des activités exigées pour l'entrée dans une scolarité normale. Le langage reçut une attention particulière, de même que le développement cognitif.

Parallèlement à ce programme de stimulation, une intervention en deux étapes fut mise en place auprès des mères. Dans la première partie, elles reçurent une préparation vocationnelle visant à leur apprendre les tâches ménagères. Dans la seconde, un ensemble de méthodes les amenèrent à accroître la qualité de l'éducation de leurs enfants.

A l'âge de 5 ans, Heber et ses collaborateurs observèrent une différence moyenne de 26 points au niveau du QI en faveur des enfants du groupe expérimental. Des différences semblables furent obtenues aux tests de langage. Ces données montrent donc une amélioration sensible du développement des enfants du groupe expérimental. De plus, leurs performances sont relativement homogènes, ce qui contraste avec les variations observées chez les sujets du groupe contrôle (QI moyen à 5 ans : inférieur à 90).

Heber reste très prudent quant à l'interprétation de ces résultats. En particulier, il se demande si les enfants du groupe expérimental n'ont pas tout simplement profité d'apprentissages spécifiques, directement en rapport avec le contenu des tests à partir desquels ils ont été évalués.

Bien que le plan général de Heber et la somme des recherches menées à partir de techniques expérimentales dûment contrôlées soient impressionnants, deux types de difficultés surgissent quant à la signification réelle de cette étude. En premier lieu, et la question est importante sur le plan théorique, qu'est-il advenu des enfants à l'entrée de l'école primaire ? Si, dès la fin de l'expérience, les enfants du groupe expérimental sont à nouveau plongés dans leur milieu socioculturel, on peut se demander si les différences observées entre les groupes ne s'estomperont pas. C'est en réalité ce qui s'est passé. Clarke et Clarke (1974) signalent que dans des rapports récents, Heber rapporte un déclin du niveau général des performances chez les sujets du groupe expérimental, à l'âge de 7 ans — le programme a cessé lorsque les enfants atteignirent l'âge de 5 ans —, bien que l'écart avec le groupe contrôle reste plus ou moins constant. Pour Clarke et Clarke (1974), les différences seront complètement estompées vers l'âge de 20 ans car, selon eux, Heber a négligé un aspect important dans son étude. Et c'est ici que surgit le second problème posé par l'expérience de Milwaukee. Le travail de Heber repose sur des bases théoriques floues, et en particulier sur une acceptation totale de la notion de période critique. Quand bien même cette notion aurait des bases certaines — et actuellement, le fait de parler de périodes critiques chez l'humain est constamment remis en question — pourquoi Heber a-t-il sous-estimé la nécessité d'une expérience enrichie durant la « période critique » du développement humain qui s'étend de 5 à 20 ans ? (Clarke et Clarke, 1974). Et si malgré tout, les différences observées entre les deux groupes soumis à des conditions environnementales différentes se maintenaient, les résultats ne pourraient être interprétés comme une preuve de l'égalité du potentiel génétique. En effet, comme le souligne Eysenck (1971): « Les résultats de Heber montrent les effets d'un environnement auquel les enfants de cet âge n'avaient jamais été exposés. Il resterait à voir ce que seraient les effets d'une intervention identique auprès d'enfants issus de parents présentant un QI élevé ».

A notre avis, le travail de Heber présente une lacune très grave: l'absence de données complètes permettant d'évaluer le programme lui-même. Excepté des rapports stéréotypés et la répétition de la même publication à deux reprises (Heber et Garber, 1971; 1975), il n'existe, à notre connaissance, aucune synthèse globale permettant d'analyser en détail la méthodologie et les résultats. Le projet a-t-il été un échec? C'est en tout cas la thèse que soutient Page (1975) qui n'hésite pas à mettre en doute l'expérience dans son ensemble. On regrettera que le projet mis au point par Heber et son équipe ne puisse être accepté comme tel, simplement parce que nous ne possédons pas les éléments indispensables à une analyse scientifique des faits.

Quelle est l'importance respective des facteurs génétiques et environnementaux dans l'ASC? On ne peut que reprendre la question posée au départ. Le débat reste entier. Actuellement, aucune donnée ne permet de le résoudre. L'étiologie de l'ASC ne peut plus être posée en termes de «tout-ou-rien». Les déterminants sont à la fois d'ordre génétique et environnemental. Cette constatation lapidaire a cependant des implications au niveau éducatif. Si, dans un élan humanitaire parfaitement compréhensible, on a cru que la seule transformation du milieu allait balayer le problème posé à nos sociétés par l'ASC, il a fallu très vite se rendre à l'évidence. L'échec relativement important de nombreuses tentatives d'éducation compensatrice doit constituer une mise en garde contre une approche environnementale naïve. Eliminer systématiquement toute référence au rôle joué par les déterminants génétiques constitue en dernier ressort un refus d'accepter un être humain tel qu'il est, c'est-à-dire fondamentalement différent d'un autre être humain. Le développement d'un système éducationnel doit tenir compte de cette réalité. La plus grande inégalité dans le monde ne consiste-t-elle pas à convaincre les hommes qu'ils sont nés égaux ?

4. QUEL TYPE D'EDUCATION POUR LES ARRIERES LEGERS ?

Le chapitre 12 sera consacré à l'enseignement dit « spécial ». Nous n'aborderons pas ici le contenu que doit adopter l'enseignement pour arriérés mentaux légers. En effet, il s'agit d'un domaine qui, actuellement, reste peu structuré et dans lequel la variété et l'absence de référents communs constituent les caractéristiques principales. Le contenu de l'éducation est étroitement lié aux formes que revêt l'enseignement. Les problèmes de structures sont au cœur d'un débat récemment introduit dans le champ de l'arriération mentale. La question centrale est aisée à formuler : faut-il mettre en place pour les arriérés légers des structures éducatives spécifiques, différentes de celles existant pour les normaux ? Les réponses à cette interrogation, thème dominant du principe de normalisation (cfr Chapitre 11), ne peuvent être fournies sans analyse des différents points de vue en présence.

A. La situation actuelle

Créé officiellement en Belgique en 1970, le réseau d'enseignement spécial prévoit une organisation spécifique pour les arriérés mentaux légers, sous la dénomination « enseignement spécial de Type I ». Peuvent et doivent fréquenter l'enseignement de type I, les sujets qui présentent un QI situé entre 50 et 70 et dont l'intégration dans l'enseignement traditionnel, soit a entraîné un ou plusieurs échecs successifs, soit est jugée comme prématurée ou inopportune. Le lecteur peut aisément imaginer l'hétérogénéité extraordinaire des élèves du Type I. En effet, le critère d'entrée dans l'enseignement spécial est tellement vague qu'il ne faut pas s'étonner que l'on rencontre dans les classes de Type I un mélange de handicaps dont la diversité empêche dès le départ toute approche sérieuse d'une définition d'objectifs éducationnels, et par là même, d'une méthodologie appropriée. Certains, et principalement les psychologues, nous rétorqueront que «l'examen d'entrée» à l'enseignement spécial fait l'objet d'une attention particulière de la part des services responsables. Nous voulons bien les croire, mais comment peuvent-ils dès lors expliquer le tableau que bon nombre d'enseignants ont quotidiennement sous les yeux? Arriérés mentaux légers correspondant à la définition psychométrique, enfants issus de milieux socioculturels défavorisés, fils et filles d'immigrés, enfants provenant de milieux familiaux inadéquats, élèves présentant des troubles comportementaux, retardés pédagogiques et, lorsque le type d'enseignement n'existe pas pour eux dans la région, enfants présentant des déficits sélectifs de l'apprentissage de certaines disciplines scolaires que la mode actuelle dénomme «les instrumentaux»: voilà la réalité qui ne manquera pas de frapper tout observateur introduit dans une école spéciale de Type I. Peut-on dès lors incriminer les enseignants qui, en dehors de leur bonne volonté, sont trop souvent démunis pour faire face de manière adéquate aux multiples problèmes soulevés par la prise en charge de telles classes? Nous aurons l'occasion de revenir longuement sur les enseignants et leur formation lors du chapitre 12.

Sur le plan des structures, il n'est pas exagéré d'affirmer que l'enseignement de Type I est une copie conforme du système traditionnel. Excepté le fait qu'il n'existe pas d'enseignement gardien de Type I pour les enfants «arriérés mentaux légers», l'enseignement primaire couvre les âges entre 6 et 13 ans et est suivi d'un enseignement technique spécial pouvant être fréquenté jusqu'à l'âge de 21 ans. Un certificat d'aptitudes professionnelles sanctionne la fin de la scolarité secondaire.

Actuellement, nous manquons d'études fondamentales sur l'enseignement spécial pour arriérés mentaux légers. Parmi les nombreux thèmes de recherches à proposer, évoquons-en quelques-uns, essentiels à nos yeux, sous forme de questions. Qui fréquente ce type d'enseignement spécial? Quels sont les objectifs? A quoi correspond en réalité le découpage de la scolarité en secteurs primaire et secondaire? Au niveau secondaire, quelles sont les bases logiques d'une répartition des activités quotidiennes sur le système horaire du modèle traditionnel? Quels sont les critères orientant la formation professionnelle dans le secondaire? Que deviennent les élèves sortis du secondaire avec un certificat? Existe-t-il des possibilités objectives de passage du spécial au traditionnel? Dans l'affirmative, combien d'élèves ont-ils pu en bénéficier? Où étaient les «arriérés mentaux légers» avant la création officielle de l'enseignement spécial? Autant de questions sur lesquelles nos responsables de l'éducation devraient se pencher, en laissant momentanément de côté leurs préoccupations bureaucratiques.

Afin de ne pas paraître nihiliste, nous nous tournerons vers des exemples provenant de l'étranger, et principalement des Etats-Unis et de l'Angleterre, où se pose actuellement le problème de l'existence même d'une structure pour arriérés mentaux légers.

B. Pourquoi un enseignement spécial?

A partir des articles de MacMillan (1973), Taylor (1973), Bruininks et al. (1974) et Robinson et Robinson (1976), quatre arguments principaux sont à l'origine de la création d'une structure d'enseignement spécial.

En premier lieu, on suppose qu'un enseignement adapté aux problèmes posés par l'éducation des arriérés mentaux légers est le plus apte à rencontrer des buts adéquats d'intégration vocationnelle et sociale. Le travail de Smicher et Bolm (cité par Robinson et Robinson, 1976) offre cependant une autre lecture du problème. Ces auteurs montrent qu'en dépit du développement d'un contenu et de méthodes spécialisées, un très grand nombre de classes spéciales suivent tout simplement un programme traditionnel mais selon des exigences réduites au niveau de la vitesse d'acquisition des disciplines scolaires. Le second argument consiste à créer des classes homogènes, réduisant les différences entre individus et donc plus susceptibles de fournir un enseignement adapté. Cette exigence est loin d'être rencontrée. Comme le montrent Bruininks et al. (1974), l'hétérogénéité prévalant au sein des classes spéciales est certainement aussi grande que celle des classes traditionnelles. Cette absence d'homogénéité, due aux corrélations imparfaites entre le QI (la base de la répartition par niveaux) et les comportements exigés par l'apprentissage scolaire, est accrue par la variation des âges chronologiques plus importante dans les classes spéciales. Le troisième argument a trait aux enseignants, et plus particulièrement à leur formation. S'il existe des enfants incapables de suivre un enseignement traditionnel, ils exigent dès lors des enseignants spécialisés. La création de classes d'enseignement spécial repose sur une dernière supposition : en faisant éclater les normes de fréquentation de l'enseignement traditionnel, le nombre réduit de sujets par classe spéciale devrait favoriser l'attention de l'adulte envers les enfants. Cette individualisation partielle de l'éducation serait plus profitable aux enfants.

Actuellement, aucun de ces arguments n'a été testé de manière rigoureuse. Et, comme c'est toujours le cas en l'absence de données précises, une nouvelle orientation a surgi récemment dans la philosophie de l'éducation pour arriérés mentaux légers. Il s'agit d'un courant orienté vers l'intégration des arriérés légers dans le système traditionnel. Connue aux Etats-Unis sous le nom de « mainstreaming », cette conception ne tardera pas à être importée chez nous, tant il est vrai que, face aux énormes difficultés présentées par notre système d'enseignement spécial, il existera des personnes réceptives à tout type d'innovation, même peu contrôlé. C'est pourquoi, nous terminerons ce chapitre par l'exposé des idées sous-jacentes au « mainstreaming ».

C. Ségrégation ou intégration ?

Comme nous venons de le souligner, les arguments sur lesquels repose la création de classes spéciales pour arriérés mentaux légers n'ont reçu aucune confirmation sur le terrain. Pour certains, la création de classes spéciales ne se justifie pas, car elles contribuent à accroître les discriminations entre les enfants handicapés et les autres. Contre cette tendance qu'ils jugent ségrégationiste, ils opposent une conception d'intégration des arriérés mentaux légers dans des classes ordinaires.

Avant d'exposer les thèses soutenues par les partisans du « mainstreaming », il est nécessaire de se tourner vers les travaux ayant comparé les effets respectifs des classes spéciales et traditionnelles sur l'éducation des arriérés légers. De l'avis même de Robinson et Robinson (1976, p. 379), « parmi les nombreuses études visant à comparer les effets de ces deux types de classes, peu d'entre elles méritent un résumé, étant donné la pauvreté de la méthodologie utilisée ». Seules de rares études échappent à cette critique. Goldstein et al. (1965) répartissent 126 enfants âgés de 6 ans (QI inférieur à 85) entre des classes spéciales et traditionnelles. A la fin des quatre années sur lesquelles porte l'expérience, les enfants placés en classe spéciale semblent présenter un ajustement comportemental plus adéquat. Sur le plan académique, le groupe de sujets ayant un QI supérieur à 75 et placés en classes traditionnelles présentent de meilleures performances. Par contre, les progrès les plus sensibles sont observés en classes spéciales pour les sujets ayant un QI inférieur à 75. Drews (1967) observe une réduction de la participation scolaire chez des sujets arriérés légers après leur transfert de l'enseignement spécial en classes traditionnelles. Ces résultats sont cependant trop peu généralisables et ne peuvent en aucune manière trancher le problème de la supériorité de l'un ou l'autre système.

Taylor (1973) présente les arguments sous-tendant l'intégration. En premier lieu, on suppose que l'ajustement académique et social s'améliorera si les enfants arriérés sont mis en présence de modèles — les enfants normaux — dont l'ajustement est supérieur au leur. Cet argument pose tout le problème de l'apprentissage chez les arriérés. Nous y reviendrons longuement au cours du chapitre 10. Deuxièmement, les partisans de l'intégration affirment que la classe traditionnelle offre une ressemblance plus grande avec le monde réel que ne le permet la classe spéciale. Le troisième argument consiste en une attaque de la classe spéciale, décrite comme isolationiste. Enfin, l'intégration prétend favoriser une plus grande acceptation des enfants retardés par les normaux. Actuellement, les études, trop peu nombreuses, ne permettent ni d'infirmer ni de confirmer ces propositions.

Comme dans de nombreux autres domaines, il apparaît que la distinction simpliste réalisée entre intégration et ségrégation ne peut constituer les éléments d'un choix. Les recherches aboutiront certainement à préconiser un modèle d'enseignement mixte dans lequel les arriérés mentaux légers pourront bénéficier à la fois de programmes spécifiques adaptés à leurs possibilités et d'expériences scolaires et sociales communes avec les enfants non handicapés. Certaines réalisations américaines comme « la classe spéciale mi-temps » (cfr Lambert, 1975) pourraient fournir un modèle d'expérimentation.

NOTES

[1] Les données du Ministère de l'Education Nationale, en Belgique, sont les suivantes (« Le point sur l'enseignement spécial », Ministère de l'éducation Nationale, 1975): enseignement primaire Type I (arriérés mentaux légers): 7.923 enfants; enseignement primaire Type II (arriérés mentaux modérés et sévères): 2.782 enfants.

[2] Outre les ouvrages de Davie et al. (1972) et de Wedge et Prosser (1973), le lecteur se référera avec profit au travail de Field (1974). Ces lectures sont indispensables pour quiconque est intéressé par les fac-

teurs liés à la privation socioculturelle. En outre, ils constituent un guide scientifique pour la maîtrise de la méthodologie liée à ce type de recherche.

(³) Un autre exemple est constitué par les violentes critiques dont Herrnstein (1973) fut l'objet, opposition menée par des «démocrates» et allant jusqu'à mettre en péril l'ensemble des travaux du laboratoire dirigé par Herrnstein à Harvard. A propos des différences observées entre classes sociales, le raisonnement tenu par Herrnstein est le suivant: si le QI est influencé en grande partie par des facteurs génétiques, et si la réussite scolaire est corrélée au QI de manière significative, et si le statut financier et social ultérieur est corrélé à la réussite scolaire, alors, dans une société ouverte, les individus ayant un QI supérieur devraient sans cesse améliorer leur statut, à l'inverse de ceux ayant un QI inférieur qui devraient sans cesse voir leur statut se détériorer. Peu de personnes ont voulu prendre en considération les implications de ce raisonnement pour notre société.

CHAPITRE 5

LES THEORIES
DE L'ARRIERATION MENTALE

Après plusieurs années de rassemblement de données, toute discipline scientifique est à la recherche d'une série de lois générales dont la cohérence peut déboucher sur la construction d'un modèle théorique. Actuellement, trois théories peuvent se dégager de l'ensemble des recherches en arriération mentale. Ces théories sont spécifiques, en ce sens qu'elles sont directement issues de l'expérimentation chez les arriérés mentaux. Bien que toutes trois soient encore à l'état embryonnaire, nous avons jugé utile de les présenter ici, non pour leur impact en tant que théories psychologiques générales, mais pour leur importance dans l'orientation du travail expérimental qui en découle.

1. LA THEORIE DEFICITAIRE

Selon cette théorie, l'arriéré mental diffère du normal à la fois quantitativement et qualitativement. La proposition de base est la suivante: les arriérés mentaux présentent un comportement retardé lorsqu'ils sont comparés à des sujets normaux d'âge chronologique identique. Les différences entre les arriérés et les normaux sont comportementales. La tâche de la recherche est de décrire ces différences. La plupart des chercheurs centrés sur l'approche déficitaire ont élaboré leurs propres modèles explicatifs, très souvent basés sur des analogies physiologiques (Luria, 1961; Zeaman et House, 1963). Tous considèrent que l'arriéré mental est différent du normal, quels que soient l'étiologie et le niveau intellectuel. L'ensemble de ces propositions demande quelques précisions. Celles-ci sont fournies par Ellis (1969), le chef de file de la théorie déficitaire.

Bon nombre de recherches traitent les arriérés mentaux comme un groupe homogène. Habituellement, le chercheur sélectionne les sujets à partir du QI (ou de l'Age Mental) et de l'Age Chronologique (AC). L'étiologie sert rarement de base à la sélection, étant donné la pauvreté des informations utilisables et les difficultés rencontrées dans l'établissement d'un diagnostic organique. Dans l'état actuel des connaissances, l'approche déficitaire préfère écarter toute préoccupation pour l'étiologie organique et se centrer uniquement sur l'hétérogénéité comportementale des arriérés mentaux. Ellis (1969) base son argumentation sur le fait que l'hétérogénéité comportementale ne peut être confondue avec l'hétérogénéité étiologique, l'une ne pouvant être inférée à partir de l'autre. A de rares exceptions près, les différences observées chez les arriérés mentaux se caractérisent par des étiologies différentes.

Le modèle expérimental sur lequel se fonde la théorie déficitaire est l'appariement sur la base de l'âge chronologique. La stratégie de l'AC est utilisée car elle concerne directement les caractéristiques primaires de l'arriération mentale : « Ce sont les différences dans le comportement adaptatif des personnes d'AC identique qui définissent l'arriération mentale » (Ellis, 1969, p. 563). Pour Ellis, l'AM (ou le QI) ne constitue pas une explication du comportement. Les différences existant entre un enfant de 3 ans et un autre âgé de 12 ans ne sont pas expliquées par le simple fait qu'il existe entre les deux un écart développemental. La démarche expérimentale proposée par Ellis est d'isoler les variables reliées à ces différences. La critique principale que nous adressons à la comparaison entre normaux et arriérés mentaux appariés sur la base de l'AC est l'importance des différences comportementales, qui très souvent exclut la mesure sur un référent identique. Les effets de « plancher et de plafond » sont familiers à ceux qui utilisent cette stratégie. Nous aurons l'occasion de les décrire lors du chapitre consacré à la méthodologie de la recherche. De l'avis même de Ellis (1969), il est probable que de nombreuses différences significatives rapportées avec le modèle d'appariement sur l'AC aient été simplement des artéfacts engendrés par l'importance de la variabilité interindividuelle.

2. LA THEORIE DEVELOPPEMENTALE

Pour cette théorie, la différence entre l'arriéré mental et le normal est essentiellement quantitative. La base de la formulation est la suivante : le développement cognitif de l'arriéré mental est caractérisé par une progression plus lente, mais identique à celle du normal, c'est-à-dire progressant selon la même séquence de niveaux cognitifs.

La position développementale émet l'hypothèse qu'il n'existe pas de différences dans le développement cognitif formel entre l'arriéré mental et le normal appariés sur la base d'un niveau cognitif général.

Deux points doivent être précisés afin de saisir les implications de cette théorie. Nous nous référons à Zigler (1969), le théoricien de cette approche. En premier lieu, sous la dénomination « arriéré mental », Zigler englobe uniquement l'arriéré mental léger qui doit son statut aux variations génétiques normales de l'intelligence. L'arriération mentale dont les déterminants sont pathologiques est donc exclue de la formulation théorique. Deuxièmement, le niveau cognitif général est mesuré par les tests d'Age Mental. De l'avis même de Zigler, les tests standardisés mesurant l'AM donnent des indications globales quant aux processus cognitifs nécessaires pour réussir les épreuves. Le modèle expérimental sur lequel se fonde la théorie développementale est l'appariement entre individus arriérés mentaux et normaux sur la base de l'AM. Nous reviendrons sur les problèmes posés par cette démarche lors du chapitre 7.

Selon Zigler (1969), les différences observées entre normaux et arriérés mentaux appariés sur la base de l'âge mental, différences allant généralement dans le sens d'une supériorité des normaux, ne sont pas le reflet de déficiences cognitives, mais doivent être interprétées au travers de variables comme la motivation et l'expérience. Nous soulignerons l'apport de la théorie motivationnelle lors de la partie consacrée à l'apprentissage. Notons encore que pour Zigler, la théorie développementale s'applique à l'arriération mentale légère, tandis que le modèle déficitaire serait approprié à l'arriération mentale d'origine pathologique.

Au-delà du débat théorique qui a opposé les partisans de l'une ou l'autre approche (cfr Ellis, 1969; Milgram, 1969; Zigler, 1969), Clarke et Clarke (1974) signalent qu'une différenciation définitive entre les deux théories ne repose pas actuellement sur des bases expérimentales précises. Nous devons cependant garder à l'esprit tout au long de l'ouvrage la distinction entre les deux modèles, et ce pour deux raisons. Tout d'abord, le point de rupture entre les deux approches réside dans le fait de savoir si la classification étiologique de l'arriération — pathologique et variation génétique normale — est une base scientifique suffisante pour installer une dichotomie entre arriérés mentaux. Comme nous l'avons signalé auparavant, cette distinction nous apparaît utile dans la mesure où elle est fonctionnelle, c'est-à-dire qu'elle différencie les individus à la fois sur le plan de leurs acquis et au niveau des méthodes éducatives à mettre en place afin qu'ils puissent répondre adéquatement aux exigences de l'environnement. D'autre part, toute description étiologique sert à la construction de nosographies; cette démarche est également importante si l'on aborde le volet médical de l'arriération, c'est-à-dire à la fois le traitement organique et la prévention. En dehors des optiques fonctionnelle et médicale, toute dichotomie nous semble reposer actuellement sur des données peu précises, et ce n'est certainement pas la mesure d'un score à un test d'intelligence qui peut fournir à elle seule un critère de classification. La seconde raison justifiant une référence quasi permanente aux deux modèles exposés ci-dessus est leur impact dans la recherche. Comme nous le verrons, l'adoption d'un modèle particulier a une influence directe sur la méthodologie de la constitution des groupes et en particulier sur le choix des critères d'appariement. En outre, le problème de savoir si les différences observées entre sujets normaux et arriérés mentaux sont d'ordre quantitatif et/ou qualitatif se retrouve posé dans l'ensemble des travaux en arriération. Déficit spécifique ou développement normal retardé? Telle est la question que nous illustrerons tout au long de la partie expérimentale.

3. LE MODELE COMPORTEMENTAL

Dérivée de l'analyse expérimentale du comportement développée par Skinner, ou conditionnement operant, le modèle comportemental, ou behavioriste, de l'arriération mentale a été élaboré par Bijou (1963; 1966). La position comportementale ne se pose nullement comme une alternative entre les théories déficitaire et développementale, mais bien comme une approche différente possédant ses concepts et modalités d'intervention propres. Bien que jusqu'ici aucun rapprochement théorique n'ait été formulé entre les trois positions, les behavioristes n'ignorent nullement la richesse des apports de Ellis et de Zigler, et en pratique, bon nombre de travaux de l'école operante intègrent des données provenant de l'une ou l'autre théorie.

L'optique behavioriste est importante à prendre en considération, non pour son efficacité à décrire l'étiologie de l'arriération mentale, mais pour son approche fonctionnelle du comportement retardé, approche ayant entraîné la mise au point d'un courant d'intervention — appelé Modification du Comportement ou Behavior Modification — et qui s'affirme aujourd'hui comme un des plus utiles pour l'éducation des arriérés mentaux.

L'approche behavioriste définit l'arriéré mental comme

celui qui présente un répertoire comportemental limité (Bijou, 1966). Il nous apparaît toutefois nécessaire d'apporter une précision à cette définition. En effet, prise à la lettre, cette approche englobe l'ensemble des individus qui, pour une raison ou une autre, ne possèdent pas un répertoire de conduites adéquat. Afin de différencier l'arriéré mental de toute autre personne handicapée, il est important d'ajouter à la définition de Bijou la notion de globalité du retard, c'est-à-dire touchant tous les aspects du comportement. Le répertoire retardé est le résultat des interactions entre l'individu et les conditions environnementales constituant son histoire. L'arriération n'est donc plus considérée comme un symptôme. La tâche de la recherche est d'investiguer les conditions observables pouvant produire un comportement retardé. Les variables soumises à l'étude sont les interactions biologiques, physiques et sociales, passées et présentes.

Afin de mieux saisir l'originalité de l'optique comportementale, il est nécessaire de se référer aux modèles explicatifs traditionnels de l'arriération. Le premier est la notion d'arriération en termes d'intellect défectueux; le second modèle est la conception médicale du syndrome.

Définir l'arriération en tant que symptôme comportemental requiert le recours à un construct hypothétique : l'intelligence déficitaire. Les services que peut rendre un tel construct à l'avancement d'une analyse du trouble reposent sur la manière dont le terme est défini. Or, le recours à un construct entraîne presque exclusivement deux types de démarches : la précision du construct et la perte d'intérêt pour les conditions observables dans lesquelles évolue un organisme. Dire qu'un individu est arriéré mental parce qu'il n'est pas intelligent ne constitue nullement une explication du comportement. D'autre part, le construct hypothétique n'est pas observable: il s'agit d'une entité située quelque part à l'intérieur de l'individu. L'objet de l'analyse étant exclusivement la précision du construct, le comportement n'est plus considéré que comme un épiphénomène; ce qu'il importe de découvrir, ce sont les structures profondes de l'individu. Une telle démarche est également utilisée par l'approche psychodynamique qui s'efforce de rechercher dans le psychisme du sujet retardé les causes de son état. Comme nous le soulignerons plus loin, le refus de recourir à une explication basée sur un construct ne signifie nullement le rejet de toute préoccupation pour les comportements émotionnels. En effet, tout comme chez le normal, ces comportements font partie du répertoire de l'arriéré et à ce titre doivent être abordés comme n'importe quel autre comportement.

Le second modèle explicatif réfuté par l'optique behavioriste est la conception médicale du syndrome. Nous avons eu l'occasion d'expliquer pourquoi le modèle médical est inadéquat pour expliquer le comportement, tout en reconnaissant son utilité dans le traitement et la prévention des causes pathologiques. Le lecteur désireux de trouver une explication plus détaillée des différents modèles explicatifs utilisés pour le comportement humain se référera à l'ouvrage de Seron et al. (1977).

La différence entre l'approche behavioriste et les conceptions traditionnelles réside dans le rôle attribué aux variables biologiques, physiques et sociales. Dans l'optique behavioriste — également appelée fonctionnelle —, le comportement est fonction de conditions observables ayant le statut de variables indépendantes. Dans les autres approches, l'arriération est causée par des constructs qui à leur tour sont déterminés par l'hérédité et modifiables dans certaines limites par l'environnement. Le schéma ci-dessous offre une vue d'ensemble des différentes approches.

approches traditionnelles:

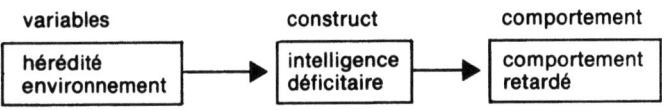

approche behavioriste ou fonctionnelle:

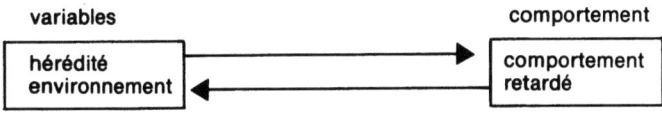

CHAPITRE 6

1. L'EVALUATION

1. CONSIDERATIONS GENERALES

Dans un article remarquable sur les buts et les principes de l'évaluation, Mittler (1973) écrit : « L'évaluation de l'arriéré mental est intimement liée au testing psychologique. La croissance de la demande pour une évaluation adéquate des arriérés mentaux doit forcer les psychologues à reconsidérer leur monopole traditionnel du testing psychologique ». Dans ce passage, Mittler décrit à la fois les problèmes rencontrés dans l'évaluation de l'arriération mentale, à savoir la confusion entre évaluation et testing psychométrique, ainsi que les solutions exigées par une approche adéquate de l'arriéré : l'élargissement de l'utilisation des instruments de mesure à d'autres professions. Avant même de proposer des alternatives, il est nécessaire de répondre à plusieurs questions. Qu'est-ce que évaluer ? Quels sont les instruments actuellement disponibles ? Quels sont les avantages et limites de ces instruments ?

Que ce soit à l'école, dans un centre spécialisé ou encore en pratique privée, on demande au psychologue mis en présence d'un enfant arriéré mental de porter un diagnostic. Sans préjuger de la valeur du psychologue, il nous apparaît important d'éliminer dès le départ une demande formulée en termes de diagnostic. En effet, la dénomination «diagnostic» est liée à une pratique médicale. Plusieurs symptômes sont identifiés, regroupés en syndromes, puis le diagnostic est posé, revisable ou non selon les indices apportés par l'évolution du syndrome. Le diagnostic médical se base sur plusieurs a prioris qui sont autant de certitudes : un symptôme doit être nécessairement rattaché à une ou plusieurs causes; ces causes sont pathologiques : il s'agit d'un dérèglement physiologique; le diagnostic entraîne généralement un pronostic et l'installation d'un traitement. Le modèle médical n'est pas approprié à l'arriération mentale envisagée sous l'angle comportemental et ce, pour trois raisons. En premier lieu, le comportement de l'arriéré, la seule entité observable, peut difficilement être considéré comme le symptôme d'un dysfonctionnement intérieur, sous peine de faire appel à des constructs hypothétiques qui ne sont d'aucune utilité pour l'intervention. Deuxièmement, les données actuellement disponibles en arriération ne permettent pas d'établir des liaisons univoques entre un déficit organique et un comportement retardé. La troisième raison concerne le passage du diagnostic au pronostic; l'individu arriéré devant être approché en termes d'interactions avec l'environnement, la marge des modifications comportementales possibles demeure très vaste et réduit ainsi la valeur du pronostic. C'est pourquoi, nous écartons le terme «diagnostic» et préférons le remplacer par celui plus large «d'évaluation». L'évaluation consiste en la collection systématique, l'organisation et l'interprétation des informations disponibles sur un individu à un moment donné de son développement. Ce rassemblement de données constitue le premier volet de l'évaluation. Afin de garantir l'efficacité du processus, l'évaluation doit contenir une seconde dimension : permettre l'émission d'hypothèses qui, non seulement préciseront les classifications, mais orienteront l'intervention. Ce second volet ne signifie pas qu'un pronostic doit être émis, mais bien que soit répondu aux exigences éducatives à court et à moyen terme posées par l'arriéré. Cette dernière dimension, que l'on peut qualifier d'évaluation continue, sera abordée dans le chapitre 12. Nous nous limiterons ici à l'évaluation globale qui doit nécessairement être conduite à un moment donné chez tout individu présentant un handicap.

Classiquement, le recueil de données est mené à partir d'un entretien anamnestique et de l'administration de tests. Dans le domaine de l'arriération mentale, deux grandes catégories d'épreuves sont utilisées afin de répondre aux exigences mêmes de la définition : les tests d'intelligence et les échelles d'adaptation sociale. Avant de décrire en détail ces deux types d'épreuves, il convient d'insister sur deux aspects particulièrement importants de l'évaluation : la valeur de l'anamnèse et la fidélité des scores initiaux dans la passation d'un test.

A. L'anamnèse

Deux types de problèmes surgissent quant au statut des données recueillies par le biais de l'anamnèse. En premier lieu, l'anamnèse est le plus souvent conduite sous la forme d'une interview et comporte à ce titre tous les aléas d'une méthode basée sur des échanges verbaux.

Deux aspects doivent en effet être pris en considération. Tout d'abord, le rapport verbal est généralement peu indiqué pour permettre une description précise des comportements. Le compte rendu contient le plus souvent soit des termes généraux, soit des interprétations psychologiques qu'il importe d'analyser afin d'isoler les comportements qu'ils recouvrent. Dire qu'un enfant est « apathique » ou « agressif » ne donne aucune indication sur la nature des comportements regroupés sous cette étiquette et encore moins sur les conditions d'apparition de ces conduites. Le second aspect limitant la valeur de l'interview est l'importance accordée à la mémoire dans la relation des événements. La qualité des processus mnésiques d'évocation d'un individu est difficilement contrôlable. Cela entraîne généralement des distorsions dans les données qui rendent caduque toute hypothèse de travail formulée à partir de l'entretien.

Le second problème posé par l'anamnèse est spécifique à l'arriération mentale. En effet, dans la presque totalité des cas, le recueil des données anamnestiques ne peut être conduit directement avec le sujet arriéré mental. Une tierce personne doit jouer le rôle d'intermédiaire entre l'arriéré et le psychologue : les parents ou quiconque ayant la charge du handicapé. Cette situation n'a trop souvent d'autre effet que renforcer les limitations inhérentes à toute anamnèse basée sur le rapport verbal. Chez bon nombre d'adolescents et adultes arriérés sur lesquels nous désirons obtenir des renseignements, l'institution a remplacé la famille. En règle générale, le dossier accompagnant l'arriéré contient très peu de renseignements détaillés sur son histoire antérieure. Et ce n'est certainement pas à travers l'interview de l'assistante sociale de l'institution que nous pouvons reconstruire cette histoire. L'anamnèse menée à partir de l'entretien avec les parents se heurte à deux difficultés. La première est l'impact affectif de la présence d'un enfant handicapé dans la famille. Nous aurons l'occasion de revenir longuement sur les multiples facettes comportementales que revêt cette situation. L'interview des parents requiert une compétence particulière. A côté de la relation relativement fidèle de certains événements, il est très souvent nécessaire d'écarter les exagérations ou les propos incohérents qui tendent à minimiser ou à aggraver la réalité. L'ensemble des réactions parentales peut évidemment s'expliquer au travers du halo émotionnel que représente l'existence même de l'enfant handicapé. Il est cependant toujours malaisé, quelle que soit la compétence de la personne qui conduit l'anamnèse, de faire définitivement la part du réel dans les rapports verbaux. La seconde difficulté tient à la nature du but poursuivi par l'anamnèse. En présence d'un arriéré mental, il est indispensable de retracer les grandes étapes de son développement. Le psychologue se heurte ici aux obstacles engendrés par l'évocation de repères temporels. En outre, la conduite d'un questionnaire destiné à préciser les moments d'apparition de séquences développementales requiert une connaissance parfaite à la fois de l'évolution attendue chez l'enfant normal et de la valeur à accorder à la présence de certains comportements chez l'arriéré mental. Par exemple, une étude récente de Schmitt et Erikson (1973) menée chez 454 enfants âgés de 5 mois à 12 ans montre qu'il n'existe aucune corrélation entre un retard ultérieur et la présence ou l'absence à un moment déterminé de deux comportements de la petite enfance : sourire et s'asseoir seul.

L'extrait de l'anamnèse présenté ci-dessous illustre les difficultés que nous venons de signaler.

Madame L, 30 ans, infirmière, accompagne sa petite fille âgée de 3 ans et demi et présentant un syndrome de Down. Sa fille, M, est la cadette de trois filles (âges : 6 et 8 ans). Le diagnostic posé dès la naissance a été présenté directement aux parents, sans aucune explication. La mère consulte afin d'obtenir un avis quant à la fréquentation possible par l'enfant d'un enseignement gardien traditionnel.

Question : «Comment M se comporte-t-elle en famille ?»

Mme L : «A la maison, M est très gentille. Elle n'est vraiment pas difficile. Parfois, elle se fâche, mais cela ne dure pas longtemps. Elle reste seule, ne joue pas beaucoup avec ses sœurs. Un rien l'occupe : une boîte, un livre, la TV. Parfois, elle se balance d'avant en arrière.»

Q : «Cela arrive-t-il souvent ? A quels moments de la journée ?»

Mme L : «Uniquement quand elle s'ennuie. Elle ne pleure pas plus que mes autres enfants. Ce qui est difficile, c'est de l'intéresser à quelque chose qui pourrait lui faire du bien pour l'intelligence. Par exemple, je lui ai acheté un jeu où elle doit mettre des formes dans des boîtes. Elle en met une, puis ne s'occupe plus du jeu. J'ai essayé de la faire dessiner, mais elle n'est pas intéressée.»

...

Q : «Mange-t-elle seule avec une cuillère ?»

Mme L : «Oui... Cela dépend quoi... Mais il faut l'aider. Je ne sais pas vous dire, je n'ai pas beaucoup insisté là-dessus. Là, il y a quand même un retard. Mais est-ce important ? A l'école on lui donnera à manger, j'espère.»

...

Q : «Depuis quand M marche-t-elle seule ?»

Mme L : «Je m'étais dit que je le noterais, mais vous savez, on oublie toujours. Je crois que c'était plus tard que mes deux autres filles, mais pas beaucoup. 15 mois, peut-être? Je me rappelle que toute petite, elle ne savait pas s'asseoir, mais je ne sais plus quand... Attendez... Oui, ce n'est pas à 15 mois, mais plutôt à 2 ans. Maintenant elle n'est pas encore sûre d'elle-même. Si elle court trop vite, elle tombe. Mais je dirai à l'institutrice de faire attention dans la cour de récréation avec les autres.»

...

Q : «Lorsque vous dites: M, donne-moi la tasse ou montre-moi la poupée, que fait-elle?»

Mme L : «Cela dépend. Parfois, elle répond. Parfois, elle n'a aucune réaction. Mais vous savez, ce n'est pas parce qu'elle ne comprend pas, mais simplement parce qu'elle n'a pas envie. Elle a son petit caractère. Elle est capricieuse. Nous sommes peut-être trop peu sévères avec elle. Mais vous comprenez bien pourquoi. L'école lui fera le plus grand bien pour lui apprendre à obéir.»

Nul besoin de commentaires pour affirmer que ce rapport verbal est peu utile si nous voulons préciser le comportement de l'enfant et avoir des indications sur son développement. Dans ce cas, comme dans bien d'autres, nous préférons renoncer à poursuivre l'entretien dans une orientation de recueil de données et y suppléer par l'observation directe de l'enfant en situation d'activité libre ou en réponse à des échelles standardisées.

B. La fidélité des scores initiaux

C'est Clarke et Clarke (1973) qui les premiers, dans un article intitulé «Evaluation et prédiction chez les arriérés mentaux sévères», mirent l'accent sur les difficultés d'interprétation des données obtenues aux tests classiques administrés à des arriérés mentaux. Leur argumentation porte principalement sur la valeur prédictive de la performance initiale. Généralement, toute évaluation comprend la mesure d'un ou de deux essais sur une variable particulière. A partir du score obtenu, une prédiction est réalisée. C'est ainsi qu'à partir d'un test de dextérité manuelle, l'adulte arriéré mental sera orienté ou non vers un atelier protégé. Si cet exemple est caricatural, il n'en reflète pas moins la réalité. Nous connaissions en effet une handicapée qui, dans un atelier protégé, a été soumise à une méthode de sélection « appropriée aux arriérés mentaux ». Examinée de plus près, cette méthode consiste en un rapport d'appréciation subjective dressé par une assistante sociale et à la mise au travail sur n'importe quelle tâche pendant une demi-journée. A la fin de cette période, des personnes « compétentes » jugent si oui ou non l'adulte arriéré mental est apte à travailler dans l'atelier. Certains rétorqueront qu'en général la sélection est réalisée à partir d'une batterie de tests mesurant les comportements exigés pour une intégration adéquate. Notre propos n'est pas d'exposer les bases théoriques sous-tendant la mise au point de telles batteries, mais bien d'étudier la valeur de la performance initiale.

L'expérience rapportée par Clarke et Hermelin (1955) peut servir de toile de fond à la discussion. Utilisant des sujets arriérés mentaux sévères (NB: la dénomination anglaise « sévère » s'applique à la fois aux arriérés mentaux modérés, sévères et profonds), les auteurs enregistrent leurs performances sur trois tâches proposées en atelier protégé : couper un fil électrique en longueurs égales, souder quatre fils à une fiche TV et assembler une pompe de vélo. Après une première administration des épreuves, les auteurs entreprennent une expérience d'apprentissage. Pendant la durée de cette formation, les arriérés mentaux sont amenés à effectuer correctement les discriminations et les séquences gestuelles requises pour la réalisation des tâches. Les épreuves sont ensuite réadministrées à tous les sujets. Le tableau 2 résume les principaux résultats.

TABLEAU 2
Résultats aux trois taches
(d'après Clarke et Clarke, 1973)

Epreuves	Performance initiale	Durée de la formation	Performance finale
Fil électrique	15-40 fils en 5 min	2 fois en 1 heure	35-37 fils en 5 min
Soudure	4 à 15 min par fiche	34 essais	1 min 30 à 3 min 30 par fiche
Pompe de vélo	4 à 10 mn par assembl.	30 essais	54 sec. à 1mn 50 par assembl.

Dans tous les cas, la performance au premier essai — référence habituelle prise en considération — est très faible. Elle ne fournit aucune indication quant au niveau final d'amélioration. De plus, la performance initiale n'est plus corrélée avec le niveau final. Si le premier essai avait été utilisé à des fins d'évaluation, on aurait conclu que ces sujets se situaient nettement en dessous des normes attendues, et étaient donc incapables d'une production rentable. Des résultats allant dans le même sens sont fournis par Clarke et al (1970). L'exemple ci-dessous confirme les observations précédentes. Lambert (1976 b) présente à une arriérée mentale sévère (AC = 28 ans; QI = 32) une tâche de discrimination de couleurs consistant à trier, par mise en correspondance à un modèle, des perles de six couleurs différentes durant cinq minutes. Après le premier essai, la tâche est retirée au sujet, puis représentée après 10 minutes. Entretemps, le sujet n'est soumis à aucun exercice de discrimination de couleurs. Ce processus est répété à cinq reprises. La cotation comprend le nombre de perles correctement triées durant 5 minutes ainsi que le nombre d'appariements erronés (fig. 2).

L'accroissement du nombre de perles correctement triées s'accompagne d'une réduction des erreurs. Dans ce cas également, toute prédiction quant aux performances de discrimination du sujet aurait été fausse sur la seule base des résultats au premier essai.

Figure 2. Résultats aux cinq passations (Lambert, 1976 b)

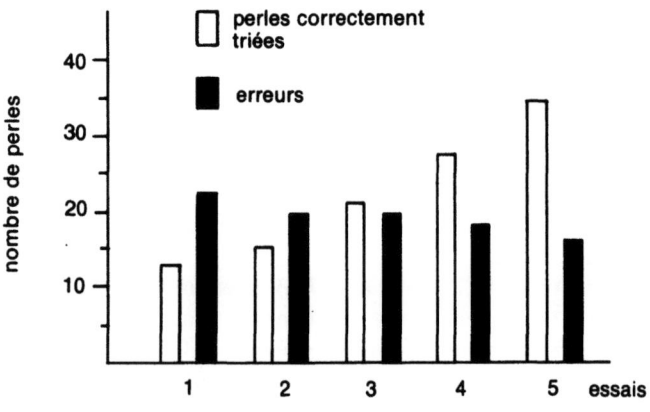

Ces données soulèvent deux types de problèmes. Le premier est d'ordre méthodologique. Etant donné la faible valeur prédictive des scores initiaux, il est nécessaire de trouver des alternatives à l'évaluation psychométrique traditionnelle. La dernière partie de ce chapitre est consacrée à l'exposé des méthodes actuellement disponibles. Le second problème posé est théorique. Deux grandes hypothèses, nullement exclusives, peuvent être avancées pour tenter d'expliquer ces observations, l'une cognitive, l'autre environnementale.

Discutant des relations entre compétence et performance, Bortner et Birch (1970) écrivent: «Notre analyse de la relation entre la capacité cognitive et la performance cognitive chez des arriérés mentaux nous permet de tirer une conclusion générale. Il apparaît clairement que les niveaux de performance obtenus dans des conditions particulières ne sont que des indicateurs fragmentaires de la capacité de l'individu.» A partir de la revue d'une série d'études développementales, les auteurs distinguent la capacité, c'est-à-dire le potentiel de l'individu, de la performance, ou le niveau auquel l'individu répond. La performance d'un sujet n'apparaît pas refléter directement sa capacité, mais en représente plutôt une partie qui est en accord avec les conditions particulières de la demande. Appliquée à la performance initiale des arriérés mentaux, cette distinction opérée entre compétence et performance peut signifier deux choses: soit la demande (le test) n'est pas une mesure adéquate de la compétence, soit les conditions d'évaluation ne permettent pas une actualisation complète des potentialités. Dans ces deux cas, c'est la nature de la tâche qui est en cause, et non la compétence. C'est précisément la critique majeure que nous adressons à cette hypothèse explicative. En définitive, qu'est-ce que la compétence cognitive? Il est certes plus aisé d'affirmer que les arriérés mentaux la possèdent que de répondre à cette question ou à d'autres portant sur la nature des bases développementales fixant un niveau de compétence donné ou les limites de la compétence des arriérés. Ou bien le dualisme compétence-performance est une réalité, directement mesurable au niveau comportemental, ou bien il s'agit d'une interprétation destinée à masquer l'imprécision des moyens dont nous disposons pour évaluer et expliquer le comportement ([1]). Prétendre que les arriérés mentaux sont dotés d'un ensemble de potentialités internes qu'ils ne peuvent actualiser parce que l'environnement ne leur en fournit pas l'occasion, c'est nier un ensemble de données expérimentales démontrant la présence de limites dans le répertoire des arriérés, et d'autre part, c'est retomber dans une attitude passive, Car, à la limite, pourquoi encore parler d'éducation chez les arriérés mentaux puisqu'en dernière analyse, c'est l'ensemble des méthodes éducatives qui sont incompétentes pour «faire sortir» la compétence interne. Bortner et Birch (1970) restent toutefois lucides sur les conséquences d'un tel raisonnement poussé à l'extrême. En conclusion de leur article, ils insistent sur l'importance des conditions d'exécution de la performance chez les arriérés mentaux en des termes qui nous permettent d'introduire la seconde hypothèse explicative: «Il est évident que nous venons seulement de commencer à investiguer tout le domaine des conditions de l'apprentissage et de l'exécution de la performance qui facilitent au mieux l'expression des potentialités d'adaptation des enfants arriérés mentaux. En réalité, l'aide la plus efficace au développement dépendra de notre talent à mettre de telles conditions au point.»

Au lieu d'utiliser la notion de compétence, l'hypothèse environnementale s'attache à rechercher dans le milieu du sujet arriéré mental les variables susceptibles d'expliquer les données exposées ci-dessus. Toute tâche requiert la structuration d'un ensemble de comportements : prise de l'information, transformation des données, comparaison des exigences avec les acquis antérieurs et réalisation selon le mode de réponse approprié. Outre ces comportements, d'autres variables comme l'état général du sujet, le système motivationnel en vigueur et les conditions générales du milieu doivent être prises en considération. L'explication du faible niveau des performances initiales chez l'arriéré doit tenir compte de ces facteurs. Chacune de ces conditions peut être manipulée afin de déterminer son impact sur la performance. Ainsi, dans l'expérience relatée plus haut, il aurait été intéressant de poursuivre le nombre des essais, de modifier le matériel tout en exigeant le même type de discrimination ou encore de demander à une autre personne d'administrer l'épreuve. L'ensemble de ces modifications peut expliquer l'évolution des résultats obtenus sans nécessairement faire appel à la notion de compétence.

S'il faut tenir compte de la faible prédictivité des scores initiaux chez l'arriéré mental, cela ne signifie nullement qu'une multiplication des essais entraînera une réussite totale de la tâche. En effet, l'évaluation conduira à l'obtention d'un score plafond que seul l'apprentissage permettra de dépasser. Il serait vain d'espérer que dix répétitions d'un même item à un test de développement seront suffisantes pour acquérir la réponse appropriée. De plus, dans certains domaines de l'apprentissage, en particulier la discrimination, le fait de répéter plusieurs fois une épreuve d'évaluation peut entraîner la consolidation d'erreurs, très résistantes par la suite à l'extinction.

2. L'EVALUATION DU DEVELOPPEMENT INTELLECTUEL

La littérature relative à l'évaluation des individus arriérés mentaux est abondante. Notre propos n'est pas de passer en revue la somme des ouvrages consacrés à ce sujet, mais seulement de présenter quelques-unes des orientations actuelles. Le lecteur désireux de compléter son information examinera avec profit l'ouvrage édité par Mittler (1970), qui regroupe toutes les données disponibles sur l'évaluation psychologique des handicapés mentaux et physiques, ainsi que les revues de Clark (1974, a et b).

L'Age Mental (AM), le Quotient Intellectuel (QI) et le Quotient de Développement (QD) sont des notions véhiculées depuis plus de cinquante ans dans le domaine de la psychologie. Comme nous l'avons souligné précédemment, leur emploi a été très longtemps confondu avec la définition de l'arriération. Il est utile, croyons-nous, de rappeler à nouveau l'origine et la signification de ces notions. L'AM, introduit par Binet, est obtenu à partir de la passation d'une série d'épreuves différentes selon l'âge. Le QI, mesuré à partir des tests du type Binet-Simon, n'est rien d'autre qu'un rapport entre l'AM donné par l'épreuve et l'Age Chronologique (AC) du sujet. Dans les épreuves visant à évaluer le développement de la première enfance, le résultat obtenu est généralement exprimé sous la forme d'un QD. Le QD est obtenu en divisant l'âge atteint au test par l'AC du sujet. Précisons également que la notion de QI, telle qu'elle est fournie par les échelles de Wechsler, n'est pas un rapport entre un AM et un AC, mais bien un score standard, un rang obtenu dans une moyenne de réussites.

A. L'évaluation durant la première enfance

L'épreuve la plus utilisée en langue française est le test de Brunet-Lézine. Ce test suit les échelles mises au point par Gesell en répartissant les items en quatre catégories : motricité, adaptation, langage et socialisation. Le nombre d'items mesurant chacune de ces catégories varie avec les différents niveaux d'âges. A chaque tranche d'âge, des questions posées à la mère, ou à toute personne qui prend soin de l'enfant, complètent le score. Chacune des catégories peut être cotée séparément. Le score global permet le calcul d'un QD.

Ces dernières années ont vu un regain d'intérêt pour ce type d'épreuves appliquées à l'arriération mentale. Employé dans de nombreux services de pédiatrie ou dans des consultations postnatales, le Brunet-Lézine représente un instrument susceptible d'être intégré dans un processus d'intervention précoce. Avant d'examiner la valeur prédictive de ce type d'instrument, il est nécessaire de préciser les limites de l'utilisation du test en arriération mentale. En premier lieu, l'administration du test requiert une longue pratique, principalement avec les jeunes enfants. De plus, un facteur susceptible de modifier les résultats est la disponibilité du sujet. Avec de nombreux enfants, il est très souvent utile de morceler la passation en périodes relativement courtes afin de maintenir un niveau optimal de participation. Deuxièmement, le test est relativement discriminatif pour les âges allant de 1 à 12 mois. Au-delà, les exigences du test, principalement pour la motricité et le langage, sont moins progressives. Il en résulte qu'un enfant peut très bien avoir acquis de nouveaux comportements entre deux passations de l'épreuve, mais que ceux-ci ne soient pas enregistrés parce que ils ne répondent pas aux critères exigés par le test. Troisièmement, et cela est particulièrement vrai pour les sujets arriérés mentaux sévères et profonds, le simple fait de donner un QD peut masquer des différences importantes entre les diverses catégories comportementales. Il faut donc veiller à présenter les résultats à l'intérieur de chaque sphère comportementale afin de mieux préciser l'étendue des acquis et des faiblesses. Enfin, l'emploi du test chez des adolescents ou des adultes sévères et profonds nous paraît inadéquat pour deux raisons. D'une part, l'impact motivationnel attaché à des épreuves destinées aux jeunes enfants est très réduit, sinon quasi nul, chez des adultes. Peut-on s'attendre à ce qu'un adulte, mis en présence d'une tasse et de cubes, présente des conduites de transvasement? Si ce comportement n'est pas observé, s'agit-il d'un déficit ou, plus vraisemblablement, d'une réponse qui ne fait plus partie du répertoire de l'adulte et qui s'est transformée au cours des diverses manipulations avec l'environnement? D'autre part, on est en droit de s'interroger sur la signification d'un QD appliqué à des adultes. Comme nous aurons l'occasion de le souligner, face à un adulte sévère ou profond, l'important n'est pas la mesure de la gravité d'un déficit, mais bien l'évaluation du répertoire comportemental présent afin d'orienter l'intervention. Une étude préliminaire de Lambert et Vanderlinden (1977) tend à montrer la supériorité d'épreuves cognitives par rapport aux tests traditionnels dans l'établissement d'un profil d'acquisition chez des adultes institutionnalisés (cfr pp. 174).

Robinson et Robinson (1976) et Honzik (1976) présentent un ensemble de données relatives à la valeur prédictive des tests développementaux. Nous ne sommes pas en possession de résultats concernant le Brunet-Lézine. Nous nous tournons vers la littérature anglo-saxonne où les tests généralement utilisés sont le Cattell, la Bayley Scale et le Griffiths. Bien que ces instruments présentent entre eux des différences à la fois au niveau du contenu et sur le plan de la cotation, il nous paraît cependant légitime de les comparer à l'échelle française, tout en insistant sur le fait suivant: les résultats exposés ci-dessous ne peuvent être considérés comme des données directement transposables chez nous, mais plutôt comme des indices devant orienter les recherches qui, il faut l'espérer, ne tarderont plus à être entreprises avec les instruments étalonnés en langue française. Sur la valeur prédictive des tests développementaux, précisons dès l'abord que chez des groupes d'enfants normaux, la correspondance entre les scores à ces tests et les QI ultérieurs (Terman-Merrill, WISC) est très faible. Les tests administrés durant les six premiers mois de la vie sont particulièrement de faibles prédicteurs (Smith et al, 1972). Le tableau est cependant différent en présence de résultats inférieurs à la moyenne, comme c'est presque toujours le cas chez de jeunes enfants arriérés mentaux. Illingworth (cité par Robinson et Robinson, 1976) montre que dans un groupe de 192 enfants ne présentant aucune anomalie apparente, testés à l'âge de 5 mois et répartis en catégories « retardés », « suspects », « moyens » et « supérieurs à la moyenne », le QI moyen enregistré à l'âge de 7 ans est égal à 84 pour les « retardés », tandis que les autres groupes obtiennent respectivement des QI égaux à 100, 107 et 109. Werner et al (1968) observent, chez des enfants obtenant un QI inférieur à 80 à l'âge de 20 mois (Test de Cattell), une corrélation égale à 80 entre les résultats à 20 mois et le QI enregistré à l'âge de 10 ans. D'autre part, Robinson et Robinson (1976) soulignent que dans la plupart des études 20 à 25 % des enfants considérés comme arriérés mentaux entre 2 et 3 ans d'AC, ne présentent plus ultérieurement des résultats susceptibles de les ranger encore dans la catégorie «arriération mentale». Ces données et bien d'autres nous forcent à rester prudent sur la signification à apporter aux scores des tests de la première enfance. C'est pourquoi, nous refusons de considérer les résultats obtenus comme un indice diagnostique. En effet, le développement est fonction des interactions entre l'organisme et l'environnement. Le champ de celles-ci est très vaste et permet de nombreuses modifications. Les tests ne mesurent que le produit de quelques-unes des transformations survenant dans le décours du développement. Ce serait une erreur d'établir des liaisons entre le résultat à un test et une catégorie diagnostique quelconque. De plus, dans bon nombre de cas, le diagnostic d'arriération chez le jeune enfant est d'ordre médical et les tests ne représentent très souvent qu'une confirmation de l'existence d'un retard.

Outre les précautions à prendre dans l'utilisation des tests de la première enfance à des fins prédictives, notre refus de les considérer comme un instrument diagnostique vise à rendre aux épreuves leur fonction première : situer un individu par rapport à la moyenne des individus de son âge et préciser les acquis et les faiblesses. Nous faisons nôtre la démarche exprimée par Zazzo en ces termes : «Si j'établis avec un instrument sûr et dans des conditions convenables, qu'un enfant de 3 ans n'a que 2 ans de développement mental, je dois prendre l'indication au sérieux, en dépit du fait qu'à 3 ans le QI n'a pas une forte valeur prédictive. Des mesures sont à envisager, d'ordre thérapeutique ou d'ordre éducatif, pour modifier, pour tenter de «faire mentir» le résultat obtenu. (Zazzo,

1969, p. 20). Cette optique s'écarte radicalement d'une attitude répandue chez les psychologues et visant à accorder aux tests la valeur d'un diagnostic. Précisons enfin que des travaux sont actuellement menés afin d'étudier les relations entre les scores aux tests développementaux et une série de variables neurophysiologiques pré- et périnatales. Nous renvoyons le lecteur à la revue de Hunt (1976) pour l'étude des liaisons possibles entre les résultats aux tests et les facteurs médicaux associés à la prématurité et à diverses complications obstétricales.

B. Les tests d'intelligence

Dans la pratique quotidienne, les quatre tests d'intelligence les plus utilisés chez les individus arriérés mentaux sont: le Terman-Merrill, la WPPSI (Wechsler Preschool and Primary Scale of Intelligence), la WISC (Wechsler Intelligence Scale for Children) et la WAIS (Wechsler Adult Intelligence Scale). Notre but n'est pas de procéder à une description détaillée de chacune des épreuves (cfr Silverstein, 1970), mais de préciser leur utilisation en arriération. Tout d'abord, il est nécessaire d'insister sur le fait que l'administration adéquate de tous ces tests exige un répertoire minimal chez le sujet arriéré mental. C'est ainsi que la Terman-Merrill (TM) débute avec un âge mental égal à 2 ans et que les échelles de Wechsler ne permettent pas de calculer des QI inférieurs à 40. Dans les deux cas, une partie des individus arriérés mentaux, les sévères et les profonds, ne pourront obtenir le seuil inférieur des exigences du test. Il sera donc nécessaire de se tourner vers d'autres épreuves si l'on désire obtenir une évaluation chiffrée.

Tandis que certains psychologues préfèrent utiliser le

TM, principalement chez les jeunes arriérés, les échelles de Wechsler recueillent certainement la majorité des suffrages, peut-être tout simplement parce que la distinction entre les épreuves verbales et de performance semble offrir une description plus nuancée des comportements. Guertin et al (1966) pour la WAIS et Baumeister (1964) pour la WISC, ont présenté des revues complètes de leur emploi chez les arriérés mentaux. En outre, Silverstein (1970) a comparé la WISC et la WAIS au TM. En général, les corrélations entre le TM et les échelles verbales de la WISC et de la WAIS sont supérieures aux corrélations établies avec les échelles de performance. Notons également que le QI moyen obtenu au TM est inférieur aux QI calculés avec la WISC et la WAIS. Toujours d'après les travaux de Silverstein (1970), les corrélations ne sont pas suffisamment élevées pour démontrer une équivalence fonctionnelle entre les tests. Il en résulte que les résultats obtenus à un test, par exemple le WISC, ne peuvent être généralisés à un autre test, par exemple le TM. De nombreuses recherches ont visé à préciser l'ensemble des facteurs affectant les performances des arriérés mentaux aux tests d'intelligence (cfr Clark, 1970 a; Robinson et Robinson, 1976). Signalons par exemple qu'un travail de Goldman et Hartig (1976) montre que la WISC n'est pas un prédicteur valide des performances scolaires pour de jeunes enfants issus de minorités raciales et culturelles.

Etant donné que les tests d'intelligence requièrent très souvent un temps de passation relativement long qui peut désavantager les sujets, des auteurs ont proposé des formes abrégées, principalement pour la WISC et la WAIS. Finch, Ollendick et Ginn (1973) et Finch, Childress et Ollendick (1973) comparent plusieurs formes abrégées de la WISC avec la passation de l'échelle complète ([2]). Leurs résultats montrent que l'utilisation de formes abrégées entraîne des modifications des scores globaux telles que des sujets peuvent changer de catégorie dans la classification de l'arriération. Cela est particulièrement inadéquat lorsque les QI sont utilisés à des fins administratives ou, comme c'est le cas en Belgique, sont destinés à orienter les enfants vers un type précis d'enseignement spécial. Tipton et Stroud (1973), passant en revue les diverses formes abrégées proposées pour la WAIS, tirent les conclusions suivantes. Tout d'abord, la majorité des formes abrégées fournissent des scores différents des résultats obtenus avec l'échelle complète (de + 6 à — 18 points avec la forme la plus adaptée !). Ensuite, la pauvreté du répertoire comportemental de nombreux sujets arriérés mentaux entraîne rapidement des échecs dans les différents sous-tests, même au niveau des premiers items. La réduction du nombre d'items accroît la probabilité d'échecs et des corrélats émotionnels qui lui sont associés. Cette dernière conclusion est également vraie pour les formes abrégées de la WISC et devrait, selon nous, écarter l'utilisation des formes abrégées du testing psychologique.

A côté de ces considérations techniques, les deux problèmes les plus importants posés par les tests d'intelligence en arriération mentale sont ceux de la constance et de l'interprétation du QI.

La constance du QI

Cette question n'a certes pas fini d'animer les débats soit scientifiques, entre spécialistes de la psychologie différentielle, soit politiques, entre partisans et opposants du changement. Une discussion très fouillée des diverses thèses en présence est fournie par Zazzo (1969); elle constituera certainement un guide précieux pour le lecteur intéressé par ces problèmes. Deux questions sont centrales lorsque l'on aborde la constance du QI en arriération mentale. Quel est le développement et le déclin du QI tout au long d'une existence? Dans quelle mesure les arriérés mentaux conservent-ils leur statut respectif?

Traditionnellement, on a pensé que les AM des arriérés mentaux croissaient comme ceux des individus normaux, c'est-à-dire suivant une progression linéaire jusqu'à l'âge de 16 ans, mais à vitesse réduite. Des études récentes offrent une autre image de l'évolution des AM chez les arriérés. Signalons toutefois que la majorité de ces travaux se heurtent dès le départ à des difficultés d'interprétation: les populations testées sont institutionnalisées et présentent de ce fait des caractéristiques particulières. Il serait donc inopportun de généraliser les résultats aux arriérés non-institutionnalisés. L'étude de Fisher et Zeaman (1970) est certainement illustrative de l'ensemble des recherches visant à mesurer le développement et le déclin du QI. Selon une méthode semi-longitudinale, les auteurs testent plusieurs fois 1159 arriérés mentaux au moyen du Standford-Binet (Terman-Merill). Les résultats enregistrés sont les suivants:

- La croissance de l'AM est linéaire entre 5 et 16 ans d'âge chronologique. La vitesse de croissance est directement liée au niveau de l'arriération: plus l'individu est handicapé, plus cette vitesse est réduite.

- Chez les niveaux supérieurs (arriérés mentaux modérés et légers), la croissance de l'AM s'étend au moins jusqu'à 30 ans, de telle sorte que l'on enregistre des augmentations au niveau des QI entre 25 et 35 ans d'âge chronologique. La croissance de l'AM chez les niveaux inférieurs (arriérés sévères et profonds) se stabilise plus tôt.

- Entre 5 et 16 ans, la diminution des QI est très marquée, en dépit de l'accroissement linéaire de l'AM. Notons que l'explication de ce phénomène est simple : l'âge chronologique augmentant proportionnellement plus vite que l'AM, il est normal d'enregistrer une diminution du rapport entre les deux.

- Si le niveau de l'arriération est correctement contrôlé, des variables comme le sexe ou la catégorie diagnostique n'ont que très peu d'effets sur la croissance de l'AM.

Il est certain que dans des cas bien précis, des augmentations marquantes de scores peuvent s'observer chez de jeunes adultes placés dans la communauté après avoir fréquenté l'école spéciale. Robinson et Robinson (1976) avancent trois hypothèses pour expliquer ces gains. Tout d'abord, il est possible que la différence soit tout simplement due à un artéfact statistique : un groupe sélectionné sur la base de scores faibles atteindra, lorsqu'il est retesté, des scores se rapprochant plus de la moyenne de la population, des erreurs de mesure négatives ayant prédominé au moment du choix de la population. La seconde hypothèse concerne les possibilités de gains chez ces adultes durant des périodes plus longues que chez les individus non retardés, comme le révèle l'étude de Fisher et Zeaman (1970). Enfin, il est probable que l'école a entraîné une série d'expériences d'échec assez graves et que ces individus soient susceptibles de présenter un fonctionnement plus adéquat dès la fin de la scolarité.

Le problème de la constance du QI dépend évidemment de la fidélité des tests et de leur contenu d'un âge à l'autre. Il est toutefois admis que plus le QI est bas, plus sa stabilité dans le temps est importante (Ross et Boroskin, 1972). La stabilité des QI pour les autres niveaux de l'arriération est moins nette et des modifications importantes peuvent survenir au niveau des scores entre plusieurs administrations des épreuves. Ces modifications ont certainement une origine multiple : transformations de l'environnement, inadéquation des instruments de mesure, erreurs dans l'administration des épreuves, comportement de la personne qui présente les tests, ou encore état général des individus lors des testings.

En conclusion, la continuité du développement intellectuel et la constance du QI peuvent présenter des variations au cours de l'existence d'un individu. Cette marge de variation ainsi que sa fréquence sont cependant restreintes chez l'ensemble des individus arriérés mentaux, et principalement chez les arriérés sévères et profonds. Ces données ne doivent cependant pas être traitées en dehors du contexte global ; l'AM ou le QI ne représentent qu'un échantillon des comportements émis par un sujet. L'évaluation requiert la prise en considération de l'ensemble des variables affectant le comportement.

L'interprétation du QI

Bon nombre de rapports «psychologiques» se contentent de fournir un chiffre de QI afin de classer un individu dans une catégorie déterminée. Outre le fait qu'en elle-même cette démarche est à proscrire, deux règles doivent prévaloir à la remise d'un QI. Tout d'abord, le nom du test utilisé doit figurer sur le rapport. Il n'est pas inutile de rappeler que les corrélations entre les divers tests d'intelligence sont loin d'être parfaites ; afin d'obtenir une idée précise de l'évolution d'un sujet au cours de testings

successifs, la référence à l'épreuve administrée est indispensable. En second lieu, il est nécessaire de décrire les
résultats d'un sujet. Par exemple, le seul chiffre de QI
global obtenu à la WISC est insuffisant; une énumération
détaillée des notes enregistrées aux différents sous-tests
doit être exigée par la personne qui désire inclure le QI
dans un processus d'évaluation globale. Lorsque
l'épreuve administrée ne permet pas de fournir un chiffre
— c'est généralement le cas pour les sujets jeunes et les
arriérés sévères et profonds —, le recours à d'autres
épreuves plus discriminatives doit empêcher de conclure
un rapport par le libellé trop souvent rencontré: «sujet
intestable». Mittler (1970) écrit: «Lorsque nous sommes
en présence d'un rapport comportant la mention 'intestable', ce rapport nous apprend plus sur le psychologue
que sur l'enfant».

Malgré toutes les critiques que l'on peut adresser à son
égard, le QI obtenu au moyen d'instruments standardisés
doit être inclu dans l'évaluation de tout individu arriéré
mental comme un élément important. De nombreux travaux réalisés au cours des dernières années nous ont appris ce que nous pouvons attendre d'individus obtenant
des QI différents. Robinson et Robinson (1976) fournissent un résumé adéquat sur les lignes directrices de l'interprétation d'un QI. Bien que ce guide doive être adapté
à chaque cas individuel, il peut être utilisé avec profit au
niveau de groupes. Nous reprenons ci-dessous les points
centraux de la discussion proposée par les auteurs américains.

En premier lieu, plus le déficit intellectuel est important, plus il détermine l'étendue du répertoire comportemental. Par exemple, un enfant obtenant un QI égal à 20
est si déficient qu'aucun de ses autres comportements ne

pourra modifier significativement son statut. Par contre, un QI égal à 75 ne nous donne aucune indication sur la manière dont un enfant se comporte socialement, joue ou est adapté à certains apprentissages.

Deuxièmement, l'AM est un guide relativement fiable pour évaluer la maturation générale d'un individu au niveau des comportements sociaux et de communication. Un enfant âgé de 9 ans et présentant un QI égal à 40 ne pourra pas s'intégrer dans un enseignement traditionnel du niveau de la troisième année primaire. Un ensemble d'activités semblables à celles proposées dans des classes maternelles seront plus adaptées à ses acquis.

Troisièmement, moins le handicap intellectuel est prononcé, moins le déficit des comportements moteurs est important. La presque totalité des enfants arriérés légers et modérés présentent un développement moteur sensiblement identique à celui des enfants normaux de leur âge. Ils sont capables de performances motrices qui contrastent fortement avec les déficits observés dans d'autres domaines. Par contre, chez l'arriéré sévère ou profond, une atteinte du système nerveux central est le plus souvent présente et contribue à accroître le déficit moteur.

En résumé, les tests d'intelligence fournissent deux indices indispensables dans l'évaluation d'un individu arriéré mental : l'AM et le QI. L'AM mesure la maturation de certains comportements acquis par l'enfant ou l'adulte arriéré au moment où il est testé. Le QI est un indice de la vitesse de ses progrès et peut servir, dans certaines limites, comme un prédicteur de la vitesse de croissance dans le futur.

3. L'EVALUATION
DU COMPORTEMENT ADAPTATIF

Il est certain que l'adaptation sociale, second élément essentiel de l'évaluation en arriération mentale, est actuellement un domaine de recherches relativement peu exploré. Cette carence relative s'explique, non par l'introduction récente de cet aspect dans le champ de l'arriération mentale, mais bien par les difficultés méthodologiques liées à la précision même du contenu de ce que l'on nomme « le comportement adaptatif ». La définition de l'adaptation sociale est en effet dépendante d'un système culturel et, à l'intérieur d'une même société, chaque sous-culture possède en fait ses propres normes définissant l'adaptation. En conséquence, l'inadaptation sociale, caractéristique présente chez les arriérés mentaux suivant un continuum allant du moins au plus grave, est reliée aux critères fixant l'adaptation. Il serait fastidieux, et finalement peu enrichissant, de rapporter l'ensemble des définitions proposées dans la littérature pour cerner ce qui constitue le comportement adaptatif. Afin d'éviter des débats sans fin, nous reprendrons la définition de Nihira et al (1969) dont les travaux ont servi à la construction de l'échelle de comportement adaptatif publiée par l'American Association on Mental Deficiency. Analysant l'ensemble des instruments existants, les auteurs isolent 12 domaines principaux d'adaptation, allant de l'autonomie individuelle (manger seul, s'habiller) à la responsabilité sociale (respecter la propriété d'autrui). Nihira et al (1969) proposent la définition suivante: « l'adaptation contient trois facettes: 1. Le fonctionnement indépendant, c'est-à-dire les capacités qu'a un individu d'accomplir les tâches exigées par la société en rapport avec son âge. 2. La responsabilité personnelle: la volonté qu'a l'individu d'accomplir les tâches qu'il est à même d'effectuer et ses capacités à assumer une responsabilité personnelle dans son comportement. 3. La responsabilité sociale: les capacités à prendre ses responsabilités en tant que membre d'un groupe. Ce domaine est reflété par le niveau de conformisme, l'ajustement social et émotionnel, la responsabilité civique et l'indépendance économique totale ou partielle».

On imagine sans peine les difficultés que représente, sur le plan comportemental, la concrétisation d'un concept aussi vague groupant à la fois des conduites observables, dépendantes d'un apprentissage spécifique — l'autonomie — et des comportements difficilement objectivables — la responsabilité individuelle. Malgré ces écueils, des instruments destinés à mesurer le comportement adaptatif ont vu le jour au cours de ces dix dernières années. Avant de les analyser, rappelons que la définition de l'arriération mentale de l'AAMD (Grossman, 1973, p. 12) suggère que les déficits suivants soient pris en considération aux différents âges:

Enfance:

- Développement sensori-moteur.
- Comportements de communication verbaux et non verbaux.
- Conduites d'autonomie.
- Socialisation (capacité d'interaction avec autrui).

Scolarité et pré-adolescence:

- Application des acquis scolaires de base dans les activités quotidiennes.
- Application d'un raisonnement et d'un jugement appropriés dans la maîtrise de l'environnement.

- Conduites sociales (participation aux activités de groupe et relations interpersonnelles).

Adolescence et âge adulte :
- Responsabilité et performances vocationnelles et sociales.

A. Description des échelles

Parmi les épreuves, somme toute assez rares, auxquelles peut recourir le praticien, citons l'échelle de Vineland, le Progress Assessment Chart (PAC) (Gunzburg, 1969) et l'Adaptive Behavior Scale (ABS) (Nihira et al, 1969). Ce sont ces deux derniers instruments que nous analyserons. Notre choix est dicté par deux raisons. Tout d'abord, ces échelles ont été mises au point par leurs auteurs afin qu'elles puissent directement s'appliquer aux arriérés mentaux. En second lieu, et cette raison mérite d'être soulignée, l'adaptation en langue française de chacune d'elles existe (Magerotte et Fontaine, 1972; Magerotte, 1977) et doit permettre ainsi leur utilisation par toute personne impliquée à un moment donné dans un processus d'évaluation (psychologues, enseignants, parents, éducateurs, etc.).

Le PAC

Mis au point par Gunzburg en 1961, l'Inventaire des Progrès du Développement Social Forme 1 (PAC-1) (Magerotte et Fontaine, 1972) comprend un inventaire des conduites sociales divisé en 4 domaines : l'autonomie, la communication, la socialisation et l'occupation. Chacun de ces domaines est composé d'une série d'items répartis en plusieurs catégories comportementales. Par exemple, l'autonomie est divisée en domaines tels que les habitudes à table, la mobilité, la toilette et l'habillement. Les comportements sont rangés dans l'ordre de leur apparition au cours du développement. Chaque item est accompagné d'une lettre (A à G) qui indique la séquence approximative des étapes développementales dans chaque domaine.

La base de la cotation est l'observation du sujet dans son milieu habituel. Seule la présence de certains comportements ne peut être appréciée qu'après avoir demandé au sujet d'exécuter la performance en question. Les items sont reportés sur un graphique. Il est d'usage de hachurer les numéros correspondant aux items réussis afin de permettre une visualisation des acquis du sujet.

En règle générale, les évaluations doivent être répétées tous les six mois. La succession des examens est reportée sur un document annexe, l'Index pour l'Evaluation des Progrès, qui indique les niveaux moyens de réussite d'enfants arriérés mentaux âgés de 6 à 16 ans. Notons que ces niveaux sont établis à partir d'une population d'enfants anglais et ne peuvent donc servir de critères sûrs pour des enfants de milieux francophones.

Il existe un Inventaire des Progrès du Développement Social Forme 2 (PAC-2), spécialement adapté à des adolescents ou jeunes adultes arriérés mentaux. Signalons également que pour les jeunes enfants ou les arriérés sévères et profonds, l'utilisation du PPAC (Premier Inventaire) est plus appropriée. La structure de l'échelle, sa passation et son système de cotation sont semblables à ceux du PAC-1 et 2 (Magerotte et Fontaine, 1972).

L'ABS

L'Echelle de Comportement Adaptatif publiée par Nihira et al dans sa version définitive en 1974 et adaptée par Magerotte (1975) comprend deux parties. La première vise à évaluer des comportements adaptés; elle comporte l'autonomie, le développement physique, l'activité économique, le développement du langage, la connaissance des nombres et du temps, les tâches ménagères, l'activité professionnelle, la responsabilité et la socialisation. La seconde partie comprend les comportements inadaptés: comportements violents et destructeurs, comportements anti-sociaux, stéréotypies, autodestructions, etc.

La cotation se base sur l'observation du comportement de l'enfant dans son milieu habituel. L'échelle s'accompagne d'une fiche de notation des observations et d'une fiche de cotation des résultats. La présence (ou l'absence) d'un comportement est reportée soit sur un diagramme, soit sur un tableau donnant les niveaux de réussites en percentiles.

Une recherche précise de l'utilisation de l'ABS sur un échantillon de 428 écoliers arriérés mentaux, âgés de 6 à 13 ans et fréquentant l'enseignement spécial, est fournie par Magerotte (1976 a). L'étude fournit un étalonnage en percentiles par tranches d'âges et pour les différents niveaux de retard intellectuel.

B. Avantages et limites

Les deux échelles présentées ci-dessus comportent deux avantages majeurs dans l'évaluation d'un sujet arriéré mental. Le premier est lié à l'utilisation même de l'échelle par les personnes qui sont en contact permanent avec l'arriéré: les éducateurs, les enseignants ou les parents. Le niveau de spécialisation exigé par l'administration et l'interprétation des épreuves psychométriques, comme les tests de QI, ne doit pas être atteint pour entreprendre une observation précise d'un sujet dans son milieu. Ces échelles permettent de franchir une étape importante dans l'approche de l'arriération mentale: la collecte systématique de données sur le comportement social à tous les âges et tous les niveaux. La technique d'administration des échelles requiert un apprentissage relativement court, sous la supervision d'une personne habituée à manipuler ce genre d'épreuve. De plus, les techniques d'enregistrement et le report visuel des données sont aisément accessibles à tous, sans formation spéciale. Nous aurons l'occasion de revenir au cours des chapitres 12 et 13 sur l'intérêt considérable offert par la dissémination des moyens d'évaluation aux parents et aux professionnels partageant directement l'existence de l'arriéré mental. Le second avantage des échelles du comportement adaptatif est leur point de départ pour la démarche pédagogique. Le chapitre 12 comprendra une analyse détaillée des rapports étroits qui doivent exister entre l'évaluation et l'intervention.

L'ABS et le PAC recèlent cependant, au stade actuel de leur élaboration, deux inconvénients qui limitent leur champ d'application. En premier lieu, l'objectif même de ces épreuves rend difficile, sinon irréalisable, toute tentative d'étalonnages semblables à ceux que l'on utilise pour les tests de QI. On peut répondre à cette critique en insistant sur le fait que ces épreuves ne sont pas normatives, mais doivent être considérées comme la première étape de l'intervention. Nous acceptons cet argument, à condition que les auteurs abandonnent dès à présent tout souci d'étalonnage. Par exemple, Magerotte (1976, a) fournit des étalonnages sans préciser l'origine socio-culturelle de sa population qui, selon nous, représente une variable très importante dans les critères définissant l'adaptation sociale. De même, la validité concurrente de l'ABS — corrélation entre les résultats de l'ABS et ceux d'une autre échelle reconnue valide — et sa validité de contenu demeurent du domaine des suppositions. A notre avis, la difficulté majeure de ce type d'épreuve réside dans la précision de ses qualités de généralisation, c'est-à-dire dans quelle mesure l'instrument permet une description suffisamment stable du comportement d'un sujet, placé dans un environnement différent de celui dans lequel l'évaluation a été menée. La seconde limitation se situe au niveau de l'intervention. S'il est possible, et même souhaitable, d'utiliser l'ABS ou le PAC dans la définition des objectifs éducatifs (Magerotte, 1976 a et b), ces échelles ne donnent en elles-mêmes aucune indication sur deux aspects centraux de l'intervention: l'analyse des prérequis et la progression à respecter dans la mise en place des apprentissages. Dans l'ABS, par exemple, sous la rubrique «activité économique», un extrait de la hiérarchie des items de manipulation de l'argent est le suivant: 0. Ne fait pas usage de l'argent. 1. Emploie de l'argent, mais ne rend pas la monnaie convenablement. Dans le PAC, le domaine «langage» contient la succession suivante: 56. Est capable de définir des mots faciles. 57. Emploie des phrases complexes avec: parce que, mais, etc. Dans ces deux cas, le passage entre deux items requiert non seulement une analyse précise des comportements impliqués, mais l'introduction de méthodes d'apprentissage adéquates. Si les échelles peuvent être utiles pour décrire les acquis et les faiblesses de l'enfant, elles restent incomplètes au niveau de l'intervention. Ce point est important à souligner. En effet, chez des enseignants ou des parents mal informés des limites de l'instrument, l'évaluation peut devenir un but en elle-même. Les informations à ajouter aux échelles doivent provenir d'autres domaines de recherche (cfr chapitre 10). Ici également, tout comme pour les tests d'intelligence, nous sommes en présence de la règle d'or de l'évaluation : l'administration d'une épreuve donne des indications sur un échantillon de comportements qui, à lui seul, est insuffisant pour rendre compte du répertoire comportemental global.

Les deux limitations décrites ci-dessus ne constituent certainement pas des obstacles insurmontables pour une utilisation rationnelle des échelles de comportement adaptatif. Leur existence et leurs avantages ne devraient plus être ignorés par l'ensemble des professionnels inclus dans un processus d'évaluation en arriération mentale. Nous espérons qu'elles ne tarderont plus à être intégrées dans une pratique quotidienne afin de remplir leur rôle premier : l'analyse du second critère définissant l'arriération mentale.

Nous ne nous étendrons pas sur l'ensemble des techniques pouvant être utilisées dans l'évaluation d'autres sphères comportementales comme le développement grapho-perceptif, les acquis scolaires ou l'adaptation professionnelle. Tous les tests mis au point pour une population normale ont été administrés en arriération mentale. Les revues de Warren (1968) et Clark (1974 b) fournissent un aperçu général des types d'épreuves employées et leurs indications chez les arriérés mentaux.

4. ALTERNATIVES A L'APPROCHE PSYCHOMETRIQUE

Etant donné les limites inhérentes aux tests d'intelligence, ou à toute autre épreuve normative — limites aisément décelables chez les jeunes arriérés mentaux et aux niveaux sévère et profond —, plusieurs auteurs ont proposé des stratégies différentes dans l'évaluation du handicap.

La première est l'analyse de profils (Mittler, 1973). Les exemples les plus connus sont les tests de Frostig et l'Illinois Test of Psycholinguistic Abilities (ITPA) (Kirk et al, 1968). Ces épreuves ont été construites afin de fournir un lien direct entre l'évaluation et l'intervention. A partir du profil des acquis et des faiblesses d'un sujet dans un domaine particulier — la perception visuelle pour le Frostig et le langage dans le cas de l'ITPA —, il est possible de préciser un programme d'intervention, en collaboration directe avec les personnes ayant la responsabilité éducative de l'arriéré. Ces deux épreuves sont encore très mal connues en pays francophone. Peut-être y aurait-il à ce niveau à fournir un effort d'adaptation en tirant profit de l'abondante littérature anglo-saxonne qui leur est consacrée.

Une seconde alternative d'origine plus récente est l'utilisation d'épreuves génétiques issues de la théorie piagétienne (cfr chapitre 8).

Les travaux de Glaser et Nitko (1971) offrent une approche différente au testing traditionnel des acquis éducatifs. Ces auteurs utilisent des épreuves à références critérielles (par opposition aux épreuves à références normatives comme les tests d'intelligence) afin de formuler des objectifs spécifiques et d'évaluer les progrès d'un sujet au travers de ces objectifs. Cette approche ne requiert plus la comparaison à une norme moyenne, recueillie dans une population déterminée. Par exemple, afin d'évaluer si un jeune adolescent arriéré est prêt ou non à être intégré dans un enseignement professionnel, une série de comportements hiérarchisés sont identifiés, incluant les prérequis aux apprentissages ultérieurs. Différentes épreuves sont ensuite administrées afin de préciser si le sujet atteint les critères exigés par l'entrée en formation professionnelle. Les échelles de comportement adaptatif, et en particulier l'ABS, offrent plusieurs points communs avec des tests à référence critérielle. Les recherches détermineront s'il s'agit là d'une utilisation adéquate des épreuves, auquel cas les critiques qui leur sont adressées sur un plan psychométrique, l'absence de référence normative, ne seraient plus justifiées.

La dernière alternative est l'utilisation de méthodes expérimentales (Mittler, 1973; Clarke et Clarke, 1973). L'expansion rapide des travaux en psychologie de l'enfant fournit un répertoire de techniques d'évaluation qui resteront à être appliquées. L'expérience de «mini-apprentissage» de Clarke et Clarke (cfr p. 123) est un exemple permettant d'étudier dès le départ n'importe quel processus mis en jeu dans une épreuve, de même que les modifications obtenues par des formes particulières d'apprentissage structuré. Cette démarche permet de spécifier le point d'arrivée et donc aussi l'objectif de l'apprentissage. Nous aurons l'occasion d'illustrer abondamment cette stratégie d'évaluation lors du chapitre consacré à l'approche behavioriste.

Nous concluerons ce chapitre comme nous l'avons commencé, en citant Mittler (1973) qui décrit les objectifs de l'évaluation chez l'arriéré mental en ces termes : « A ce stade des connaissances, il est nécessaire de construire une combinaison entre la tradition normative et d'autres méthodes qui nous renseignent plus sur l'individu. Les tests d'intelligence classent de manière fiable et valide les individus et, dans certaines limites d'erreurs, constituent d'assez bons prédicteurs de l'ajustement éducatif ou occupationnel. Mais ils ne nous donnent que très peu d'informations sur le sujet arriéré en tant qu'individu... Cet équilibre nécessaire entre l'approche normative et individuelle requiert l'introduction de personnes autres que les psychologues dans le processus d'évaluation ».

NOTES

(¹) Une discussion détaillée du débat compétence-performance est fournie par Richelle (1971) dans le domaine du langage.

(²) Un exemple de WISC abrégée est la Devereux Short Form of the WISC for Retarded Children (Finch et al, 1973). Le nombre d'items à l'intérieur de chaque sous-test est présenté de la manière suivante :

Echelle verbale		Echelle de performance	
Information	1 item sur 3	Complètement Images	1 item sur 3
Compréhension	Items impairs	Arrangement Images	Items impairs
Arithmétique	Inchangé	Cubes	Items impairs
Similitudes	Items impairs	Assemblage Objets	Items impairs
Vocabulaire	1 item sur 3	Code	Inchangé

Les scores obtenus sont ensuite multipliés par un facteur particulier à chaque sous-test.

CHAPITRE 7

PROBLÈMES METHODOLOGIQUES DANS L'EXPERIMENTATION

L'accroissement des recherches en arriération mentale au cours des deux dernières décennies est illustré par Clarke et Clarke (1974): en 1959, 14 % des travaux étaient consacrés à l'expérimentation; ce chiffre est passé à 38 % en 1970. Par contre, cet essor des préoccupations de la part des chercheurs ne s'accompagne pas d'un mouvement semblable dans le domaine éducatif: si en 1959, 17 % des travaux étaient centrés sur l'intervention, en 1970, Clarke et Clarke ne dénombrent que 5 % des études possédant cet objectif. S'il est vrai que les études expérimentales ont tendance à dépasser le nombre des travaux destinés à mettre au point des méthodes d'intervention, cela ne doit pas nous amener à rejeter la recherche fondamentale en prétextant qu'elle est stérile et ne répond pas aux besoins éducatifs. En effet, depuis 1959, la spécialisation des diverses disciplines touchant l'arriération a nécessité une diversification des efforts. A cette période, il était possible pour une seule personne de maîtriser les différents aspects d'un domaine très vaste et d'intervenir de manière adaptée. Diverses données issues des progrès réalisés en psychologie de l'apprentissage, en psycholinguistique ou dans les modèles de simulation mnésique, font qu'aujourd'hui cette personne ne peut être à la fois spécialisée dans le domaine du langage et de la mémoire. Comme nous aurons l'occasion de l'illustrer dans les chapitres suivants, la notion de recherche fondamentale reste intimement liée à celle de recherche appliquée. La seule différence entre la situation de 1959 et celle de 1978 est essentiellement d'ordre temporel: les données issues de l'expérimentation exigent plus de traitement et prennent plus de temps pour s'intégrer dans un processus d'intervention.

L'expérimentation se heurte constamment à divers obstacles à la fois théoriques et méthodologiques. Il est important de différencier plusieurs difficultés liées à la recherche en arriération afin de permettre au lecteur qui, dans son activité professionnelle, souhaiterait soumettre son intervention au contrôle expérimental, d'éviter certaines embûches pouvant annihiler ses efforts.

1. LA COMPARAISON ENTRE ARRIERE MENTAL ET NORMAL

Nous avons exposé le débat qui oppose partisans d'une théorie déficitaire et tenants d'une approche développementale. Ce débat se prolonge dans l'adoption d'une base pour l'appariement de populations. Pour Zigler, la comparaison entre normaux et arriérés mentaux doit reposer sur l'Age Mental (AM), reflet du développement cognitif. Par contre, Ellis propose de retenir l'Age Chronologique

(AC) comme base d'appariement. Dans un article théorique important, Zeaman (1965) pose le problème de l'expérimentation en arriération mentale en ces termes: « Deux attitudes sont possibles: soit trouver les principes qui gouvernent le comportement de l'arriéré mental, soit trouver les lois uniques de ce comportement par rapport au normal. La première attitude peut éviter la comparaison avec une population normale. Par contre, la seconde démarche impose le recours à un groupe contrôle composé d'individus normaux. Cette comparaison est très difficile. En effet, si vous appariez vos groupes sur la base de l'AM, vous négligez l'AC, et vice-versa. Si vous dites que l'AC n'est pas important, vous mettez de côté les variables telles que la durée de l'institutionnalisation, l'expérience scolaire, etc. ». Et Zeaman de conclure: « Face à ces obstacles, la recherche doit se centrer sur les principes qui gouvernent le comportement de l'arriéré mental ». Ces remarques amènent la question suivante: est-il possible d'introduire dans l'expérimentation une comparaison entre les deux populations ?

La meilleure contribution théorique à ce problème est celle de Baumeister (1967; 1968). Pour lui, le problème fondamental devant sous-tendre la comparaison est de s'assurer que la tâche proposée soit une mesure équivalente du même processus psychologique pour les deux populations. Par exemple, si le chercheur étudie certains processus cognitifs et s'il rapporte des différences, il doit s'assurer que ces différences ne sont pas liées à des processus de perception, des performances mnésiques non contrôlées ou des facteurs motivationnels spécifiques. L'importance de ces diverses variables est trop souvent négligée et des erreurs d'interprétation des données peuvent en résulter. Cela est particulièrement vrai pour les

études faisant intervenir des arriérés mentaux institutionnalisés. Une étude préliminaire de Lambert (1976 b) illustre ce problème. Les performances d'enfants normaux
(AC = 5 à 6 ans) dans une tâche de discrimination complexe de stimuli associant formes et couleurs sont comparées avec celles de jeunes adultes arriérés sévères, institutionnalisés (AC = 18 à 20 ans). L'appariement est réalisé sur la base de l'AM. Les résultats montrent une supériorité très significative du groupe normal. Cependant,
la même étude reproduite cette fois avec un groupe d'arriérés mentaux fréquentant l'enseignement spécial secondaire (AC = 18 à 20 ans; AM = 5 à 6 ans) ne donne plus
de différences significatives entre les arriérés mentaux et
les normaux. Les arriérés scolarisés obtiennent des résultats supérieurs aux arriérés institutionnalisés. De plus,
dans ce dernier groupe, la présence d'erreurs est directement proportionnelle à la durée de l'institutionalisation.
Pour Baumeister (1968), si après un appariement sur la
base de l'AM on obtient des différences au niveau des
performances, le chercheur n'a pas identifié une différence due à l'âge mental lui-même: « En effet, on peut
toujours prétendre que les écarts proviennent de facteurs
autres que ceux mesurés par le QI, que le QI ne mesure
pas tous les comportements adaptatifs, etc. Trop souvent, le chercheur n'a rien fait d'autre qu'identifier un
autre moyen de diagnostiquer l'arriération mentale ».
L'AM est un composé de plusieurs variables, le résultat
des interactions entre un sujet et une tâche. Comme nous
l'avons souligné, il n'a pas de valeur explicative quant
aux différences observées.

Baumeister (1968) propose une démarche différente
dans la comparaison entre normaux et arriérés mentaux.
Pour lui, cette comparaison est plus appropriée lorsque

les comportements des deux groupes sont observés en fonction de variations systématiques de la tâche ou d'autres variables environnementales. Cette démarche exige l'utilisation d'un modèle multiple dans lequel les caractéristiques du sujet sont manipulées conjointement aux variables expérimentales. Il ne s'agit plus ici de se demander si l'arriéré mental est inférieur au normal — ce qui est vrai par définition —, mais bien de contrôler si des manipulations identiques de l'environnement entraînent un ajustement comportemental semblable dans les deux groupes.

Baumeister (1968) note également que l'attention portée par les chercheurs à l'AM — et, ajouterons-nous, à l'AC si l'on se place dans une optique déficitaire — a masqué l'importance d'autres variables comme l'histoire de renforcement, la compréhension des consignes et les processus perceptivo-moteurs dans l'explication des différences entre normaux et arriérés mentaux. En fait, tout comme Zeaman, il conclut que la compréhension du comportement de l'arriéré mental passe tout d'abord par l'étude du comportement de l'arriéré mental. La comparaison avec le normal ne nous apportera que très peu de données pour la connaissance de l'arriéré. Nous faisons nôtre cette proposition. Toutefois, comme dans de nombreux autres domaines de l'arriération, il est nécessaire de nuancer cette position de principe en ajoutant que toute étude en pathologie doit avoir un référent: le normal. Actuellement, il importe de savoir si la comparaison systématique arriéré - normal n'est pas prématurée; nous ne disposons pas encore de toutes les données permettant de caractériser les diverses formes de retard et nos systèmes de contrôle des variables influençant le comportement d'un individu ne répondent pas encore parfaitement aux besoins de l'expérimentation.

Un dernier type d'obstacles survenant dans les comparaisons entre populations normale et arriérée sont les limites imposées par les comportements du sujet en relation avec les tâches proposées. Ces limites sont de deux ordres: minimales, l'effet «plancher» — lorsque le sujet ne peut acquérir une tâche — et maximales, l'effet «plafond» — lorsque le sujet ne peut plus progresser dans la maîtrise d'une tâche. Deux exemples permettent d'illustrer ces effets. La majorité des épreuves piagétiennes se heurtent, chez les arriérés modérés et sévères d'âge scolaire, a un effet «plancher»: ces individus ne possèdent pas les prérequis cognitifs permettant d'observer leurs comportements face à des épreuves telles que la conservation du volume. L'effet «plafond» s'observe chaque fois que les sujets ne peuvent améliorer leurs performances, soit parce que la tâche est trop simple, soit parce que les limites individuelles empêchent tout progrès. Cet effet est très fréquent dans toute une série de tâches d'apprentissage comparant des groupes appariés sur la base de l'AC — bon nombre d'individus normaux atteignent plus rapidement une performance optimale que les arriérés —, ainsi que dans les épreuves motrices comparant des groupes sur la base de l'AM — un enfant normal âgé de 6 ans améliorera certainement plus ses performances motrices dans une épreuve de course qu'un arriéré âgé de 12 ans et ayant un QI égal à 50. Ces effets sont courants en expérimentation. Il importe de ne pas négliger leur présence et leur impact sur l'interprétation des résultats lorsque l'on tente d'établir des comparaisons entre groupes.

2. LA VARIABILITE INTERINDIVIDUELLE

Quiconque est entré dans une classe spéciale ou une institution a été frappé par les variations cliniques et comportementales présentes au sein d'un groupe d'arriérés mentaux. Face à des enfants normaux, le chercheur a appris que les différences individuelles rencontrées dans une population pouvaient être traitées statistiquement en examinant la déviation par rapport à la moyenne ou au moyen de l'analyse de la variance. Une telle supposition ne tient plus avec des sujets arriérés mentaux. Un échantillon typique d'arriérés modérés et sévères comprendra 30 à 50 % de syndromes de Down; les autres sujets présenteront des syndromes cliniques différenciés, une partie aura des handicaps associés et, bien entendu, il y aura l'échantillon « sans étiologie connue » (Mittler, 1973). Et, poursuit Mittler, bien que cette réalité soit observable par tous, il existe encore de nombreux chercheurs qui tentent de définir les lois de l'apprentissage de L'Arriéré Mental. Il faut voir là une persistance du modèle médical s'attachant à découvrir une cause à un symptôme.

Il est certain que le diagnostic clinique n'est pas la seule source de variation. Les différences interindividuelles peuvent être reliées à une série de facteurs comme l'occasion d'acquérir des expériences, les variables motivationnelles, l'expérience antérieure à la réussite ou à l'échec, la durée de l'institutionnalisation, la qualité des expériences préscolaires, le milieu familial, etc. De plus, il existe une interaction complexe de telles variables et la personnalité totale de l'enfant (Mittler, 1973). Il apparaît que les différences individuelles chez les arriérés mentaux n'ont pas encore fait l'objet d'une analyse systématique, peut-être tout simplement par manque de modèle théorique adéquat (Lambert, 1976 a). Cette situation devrait cependant se modifier au cours des prochaines années sous l'impulsion de travaux tels que ceux entrepris sous la direction de Mittler au Hester Adrian Research Centre de Manchester, plaçant l'étude des variations entre individus au centre des préoccupations expérimentales.

Actuellement, deux données peuvent être avancées comme certaines: la variabilité des performances chez les arriérés mentaux est supérieure à celle des normaux et, d'autre part, plus un sujet est arriéré, moins il est comparable à un autre (Baumeister, 1968; Mittler, 1973). Quels sont les moyens dont nous disposons pour affronter le problème de la variabilité interindividuelle?

Le premier, et incontestablement le plus sûr, consiste à préciser les variables et à limiter leur nombre dans la constitution de l'échantillon expérimental. Il est toujours possible d'éliminer au maximum des sources importantes de variations comme les différences d'âges, la durée de l'institutionnalisation ou l'environnement socioculturel. Si je désire étudier les caractéristiques du comportement adaptatif des enfants arriérés modérés d'âge scolaire, je peux supposer que je contrôlerai mieux la variabilité interindividuelle si je réduis mon étude, dans un premier temps, aux réponses adaptatives des enfants âgés de 6 à 7 ans et issus de milieux socioculturels semblables.

La seconde solution réside dans la manipulation des variables expérimentales. Lambert (1976 b) présente à 6 arriérés mentaux âgés de 15 à 17 ans (QI Terman = 35 à 51) une tâche de discrimination de couleurs. La consigne est la suivante: « Tu vois ce tas de cartes. Tu dois mettre

ensemble celles qui ont la même couleur». Dix essais,
comprenant chacun 9 cartes de couleurs différentes, sont
présentés en succession. Le tableau 1 indique le nombre
d'erreurs (cartes mal classées). Devant ces résultats, une
conclusion possible consiste à dire que 4 sujets n'ont pas
acquis la discrimination des couleurs. La seconde solution consiste à rechercher la cause de la variation interindividuelle. L'expérimentateur propose ensuite aux mêmes sujets une tâche identique en introduisant une modification dans la présentation du matériel. Pour chaque essai, il dispose devant le sujet un modèle de la classification (par exemple, une carte rouge, brune et verte) et
donne la consigne suivante: «Tu vois ce tas de cartes.
Tu dois les mettre ensemble comme ici» — il montre
successivement les 3 modèles. Les résultats (tableau 3)
indiquent qu'une explication de la variabilité interindividuelle enregistrée lors de la tâche 1 réside dans la consigne. Lorsque la consigne est plus simple, les différences
s'estompent. Tous les sujets ont en fait acquis la discrimination des couleurs, mais 4 d'entre eux ont encore besoin d'un support visuel pour réussir la tâche.

TABLEAU 3
Nombre d'erreurs de classement
(Lambert, 1976 b)

Sujets	Tâche 1 consigne verbale	Tâche 2 support visuel
1	12	1
2	3	0
3	18	2
4	9	0
5	2	0
6	11	0

L'approche longitudinale constitue un autre moyen permettant de cerner les variations interindividuelles. Cette démarche reste toutefois pratiquement inexplorée en arriération mentale. Outre le fait qu'elles exigent un arsenal méthodologique très lourd à manipuler, les études longitudinales se heurtent aux difficultés de dépistage précoce de nombreux syndromes d'arriération. En effet, excepté certains groupes d'enfants chez qui le diagnostic peut être posé dès la naissance, la plupart des niveaux de handicaps ne peuvent être précisés qu'à un moment de la vie où l'intrication des facteurs susceptibles d'expliquer la variabilité accroît les difficultés d'isoler une ou plusieurs variables causales.

Une dernière démarche consiste à conduire une étude chez un ou deux sujets. Bien que pour l'ensemble de la communauté scientifique, une recherche digne de ce nom doive porter sur plusieurs individus, de nombreux travaux ont adopté des modèles avec un seul sujet. Ces études ne peuvent être mises à l'écart sous le prétexte que leurs résultats ne sont pas généralisables à l'ensemble des sujets arriérés. Au contraire, de telles recherches ont très souvent servi de point de départ à des travaux dont l'apport a été et reste considérable. L'essor d'une partie de la Modification du Comportement (cfr chapitre 10) repose sur l'adoption de ce modèle. L'étude sur un ou deux sujets comporte des avantages au niveau de la définition et de la manipulation des variables expérimentales: description environnementale précise, possibilités d'introduction et de retrait d'un grand nombre de variables et contrôles plus précis des modifications comportementales. Cependant, les études avec un sujet présentent un inconvénient certain: la généralisation des résultats à un groupe d'arriérés requiert le testing empirique et ralentit de ce fait l'avancement des connaissances.

3. LA VARIABILITE INTRA-INDIVIDUELLE

Baumeister (1968) définit la variabilité intra-individuelle comme suit: les modifications des performances entre deux points temporels, bien que les conditions objectives restent constantes. Ces variations observées chez un individu arriéré mental sont plus importantes que chez le sujet normal et constituent selon nous une caractéristique fondamentale de l'arriéré, caractéristique dont l'analyse permettra sans aucun doute d'obtenir une idée plus précise des mécanismes d'apprentissage. De nombreux enseignants verbalisent cette propriété comportementale de l'arriéré lorsqu'ils disent: «Je ne sais pas ce que X a! Il ne sait pas faire cela maintenant, alors qu'habituellement cette tâche ne présente aucun problème pour lui». Pour un observateur non averti, le comportement d'un arriéré mental peut apparaître comme se modifiant «spontanément» tant en amplitude qu'en fréquence. Si l'on accepte la notion de modification «spontanée», il est certain que l'explication de la variabilité intra-individuelle ne pose plus aucun problème. Il restera tout simplement à attendre le miracle qui orientera les transformations vers une amélioration de l'état du sujet. Si par contre, et c'est notre position, on rejette toute notion de spontanéité ou de miracle, il importe de préciser quelles sont les variables en jeu.

L'identification des facteurs permettant d'expliquer la variabilité se heurte à deux difficultés. La première consiste à faire la part entre les modifications trouvant leur origine dans la constitution même de l'individu et celles dues à des modifications de l'environnement. Il est certain que le premier type de facteurs reste encore aujourd'hui mal précisé. Face à un individu présentant des atteintes organiques dont les répercussions sur le système nerveux central sont plus que probables, on est en droit d'attendre des modifications comportementales dues à des fluctuations de l'état de vigilance global, à une hyper-fatigabilité ou à des changements dans le fonctionnement des mécanismes de prise d'informations. De plus, un trai-tement pharmacologique indispensable complexifie très souvent le tableau. Cobben (1976) montre avec précision que des comportements aussi rudimentaires que les sté-réotypies gestuelles présentent des variations de fré-quence très importantes chez un même individu, même lorsque les contingences environnementales sont rigou-reusement contrôlées. En supposant que l'observateur ait fait cette première distinction dans la recherche des cau-ses de la variabilité, il lui restera à surmonter la seconde difficulté : l'analyse des conditions environnementales responsables du changement. Sur ce point également, l'explication des modifications entre deux points du temps est complexe, ou du moins exige une manipulation des conditions du milieu suffisamment précise pour éli-miner le recours à une explication en termes de « chan-gement spontané ». La variabilité intra-individuelle est toujours présente lorsque l'on travaille avec des arriérés mentaux. Elle ne doit toutefois pas empêcher la poursuite de la recherche et de l'intervention.

D'autres problèmes méthodologiques surgissent dans l'expérimentation. Ils concernent le choix d'un système d'observation, le contrôle des résultats ou les difficultés liées à l'introduction des données dans le milieu habituel de vie et ne sont pas spécifiques au domaine de l'arriéra-tion. Nous les exposerons en détail lors du chapitre consacré aux méthodes d'intervention.

CHAPITRE 8

RECHERCHES
DANS LE DOMAINE COGNITIF

La théorie du développement cognitif proposée par Piaget fait l'objet depuis de nombreuses années d'un vaste courant de recherches chez l'individu normal. Contrastant avec l'abondance et le détail de ces travaux, les études analogues chez l'arriéré mental restent très rares, surtout en comparaison avec la somme des études menées dans d'autres domaines comme l'apprentissage discriminatif ou la mémoire. Excepté le travail de Inhelder (1963) et les tentatives de quelques « pionniers » (Woodward, 1963; Wohlwill, 1966), il faut attendre 1970 pour voir apparaître dans l'univers de l'arriération des travaux structurés et suivis. Pour nous, l'explication de cette lacune est double : le manque d'intérêt porté par Piaget aux différences interindividuelles, et par là même aux sujets anormaux, et les difficultés rencontrées par de nombreux chercheurs et professionnels, non seulement dans la prise de connaissance des écrits piagétiens, mais également pour démêler le flou conceptuel dont fait preuve l'ensemble de la théorie lorsqu'il s'agit d'établir les relations existant entre le développement cognitif et les variables environnementales. Actuellement encore, l'absence d'efforts suivis pour remédier aux déficits cognitifs des arriérés mentaux est une constante présente dans toute la littérature spécialisée. Les travaux sont pour la plupart de nature purement descriptive.

Nous avons cependant choisi le développement cognitif pour illustrer un pôle des recherches actuelles en arriération car, selon nous, il contient des ouvertures nouvelles permettant de mieux comprendre certaines caractéristiques des arriérés, et dès lors peut servir à améliorer les procédures éducatives. A partir des revues présentées par Woodward (1963), Wohlwill (1966) et Robinson et Robinson (1976), deux aspects nous apparaissent particulièrement marquants dans l'ensemble des travaux : les caractéristiques du développement cognitif des arriérés et l'utilisation des stades piagétiens à des fins d'évaluation.

1. CARACTERISTIQUES COGNITIVES DES ARRIERES MENTAUX

Deux aspects décrivent le développement cognitif des arriérés mentaux selon la théorie piagétienne : la vitesse de développement réduite et la fixation à des stades inférieurs de l'organisation cognitive. Inhelder (1963) a la première proposé un schéma du développement cognitif des arriérés mentaux. Ses recherches montrent que les arriérés profonds et sévères restent fixés aux différents stades de l'intelligence sensori-motrice (0 à 2 ans chez le sujet normal); les arriérés modérés sont incapables de dépasser la période préopératoire (2 à 7 ans chez le normal); les arriérés légers peuvent se caractériser par une fixation au stade des opérations concrètes (7 à 11 ans). Deux notions centrales sont présentes dans l'ouvrage de Inhelder: *la fixation* et *la viscosité*. La fixation implique à la fois la réduction de la vitesse de développement et le maintien à un stade déterminé, sans possibilités de progrès ultérieurs. La viscosité mentale se caractérise par une réapparition de schèmes antérieurs dans le fonctionnement cognitif actuel d'un sujet. Cette viscosité est principalement illustrée par le fait que les arriérés restent plus longtemps que les normaux à un stade de transition entre deux périodes développementales. Leur raisonnement est dominé par des oscillations entre des niveaux différents.

Bien que les recherches restent rares, plusieurs études ont confirmé les hypothèses de Inhelder. Signalons que dans ces études, les auteurs présentent à des sujets arriérés diverses épreuves-clés utilisées par Piaget pour évaluer les stades cognitifs. Woodward (1959) montre que l'ensemble des comportements de sujets arriérés sévères ne dépassent pas les stades de l'intelligence sensorimotrice. Woodward (1963) et Lovell (1966) rapportent que les arriérés modérés atteignent rarement les schèmes des opérations concrètes; ils restent fixés au niveau préopératoire. Lovell (1966) montre qu'entre les âges de 13 et 15 ans, la grande majorité des arriérés légers ne peuvent maîtriser les premiers stades des opérations formelles. L'hypothèse de viscosité reste inexpliquée. Les seules données dont nous disposons sont ici également purement descriptives. Kirk (1968), Gruen (1973) et Stephens et Mc Laughlin (1974), parmi d'autres, montrent qu'il existe un décalage d'environ deux ans entre les performances de sujets arriérés mentaux et celles de normaux appariés sur la base de l'AM, dans les tâches piagétiennes des stades préopératoire et concret.

Wilton et Boersma (1974 a) présentent une revue des recherches sur la conservation. Nous reprenons in extenso leurs conclusions car elles fournissent à la fois des données que l'on peut considérer comme établies en arriération et des suggestions pour l'orientation des travaux futurs. L'ensemble des études sur le développement de la conservation de la substance et du poids, chez des sujets institutionnalisés ou non, confirme les hypothèses de Inhelder concernant la vitesse réduite du cheminement cognitif des arriérés. Wilton et Boersma observent en outre que les arriérés atteignent des niveaux de développement correspondant approximativement à ceux d'enfants normaux appariés sur la base de l'AM. Les résultats de Inhelder montrant que les arriérés légers ne peuvent atteindre le niveau des opérations formelles sont également confirmés, bien qu'il ne soit pas clairement établi que le raisonnement formel différencie de manière radicale normaux et arriérés mentaux. Par exemple, la technique consistant à utiliser 50 % ou plus de sujets dans un échantillon, afin de définir un âge mental pour l'acquisition de la conservation, n'exclut pas le fait qu'un nombre substantiel d'arriérés mentaux peuvent avoir atteint le stade des opérations formelles contrairement à de nombreux normaux. De même, la suggestion de Inhelder suivant laquelle les arriérés modérés ne peuvent acquérir les opérations concrètes doit être étudiée en détail. Un examen approfondi du critère fixant le niveau d'acquisition des stades piagétiens est nécessaire. Si une majorité d'études montre que les arriérés mentaux peuvent être placés avec profit sur des apprentissages accélérant la conservation, Wilton et Boersma attirent l'attention sur la complexité des problèmes méthodologiques inclus dans l'expérimentation et en particulier sur les obstacles dressés dans l'évaluation par le recours au rapport verbal chez les arriérés mentaux.

A côté de ces travaux qui, en définitive, ne nous renseignent que très peu sur le fonctionnement cognitif des arriérés, deux courants récents offrent des perspectives plus larges.

Le premier groupe de recherches est mené à l'Université de Temple, aux Etats-Unis, par Stephens et son équipe (Mahaney et Stephens, 1974; Moore et Stephens, 1974). Ces auteurs ont entrepris une étude longitudinale comprenant 75 sujets normaux (QI : 90-110) et 75 arriérés (QI : 50-75) évalués sur le plan du raisonnement et du jugement moral. Au début de la recherche, dont la durée est de deux ans, les sujets sont âgés de 6 à 18 ans. Les résultats montrent que si les arriérés mentaux présentent un développement cognitif sensiblement plus lent que les normaux, il est inexact de prétendre que dans les tranches d'âges étudiées les arriérés mentaux sont irrévocablement fixés à un niveau donné. Par exemple, dans les tests comportementaux destinés à évaluer le jugement moral, les arriérés montrent une «pause» dans leur développement aux environs de 14 ans. Puis, au fur et à mesure qu'ils avancent dans l'adolescence, les scores enregistrés aux tests témoignent d'une nouvelle progression. Dans une autre série de recherches, Stephens et ses collaborateurs montrent que les processus de pensée formelle semblent se développer, chez les arriérés légers, au-delà de 18 ans. Bien que ces études restent encore au stade descriptif, elles remettent en cause les données couramment véhiculées sur la fixation cognitive des arriérés mentaux. Il reste évidemment à préciser quelles sont les variables susceptibles de jouer un rôle dans le développement cognitif.

Le second courant est l'œuvre de Wilton et Boersma (1974 b) qui proposent une alternative au rapport verbal dans l'évaluation des acquis cognitifs. Ils utilisent les enregistrements des mouvements oculaires intervenant dans les tâches de conservation chez 30 arriérés mentaux (QI: 69 à 73; AC: 9-10 ans). Les auteurs enregistrent des différences dans la quantité de balayage visuel en relation avec les éléments observés. Spécifiquement, les sujets « non-conservateurs » fixent plus longuement les éléments supposés plus grands après les transformations. Dans une seconde étude, des arriérés légers sont mis en présence d'un film contenant des distorsions des notions de conservation de nombres et de longueurs — par exemple, le nombre de jetons dans une rangée s'accroît après la transformation; une ligne devient de plus en plus longue avec le déroulement de l'image —. Les sujets « conservateurs » montrent un taux plus élevé de réactions de surprise que les « non-conservateurs » (les réactions de surprise sont évalués au moyen du réflexe psychogalvanique, de l'activité vaso-motrice et de la fréquence cardiaque). A notre connaissance, ces études n'ont pas été reproduites jusqu'ici sur des tâches autres que la conservation et en intégrant des sujets arriérés modérés.

Comme nous l'avons déjà souligné, Piaget ne s'est guère préoccupé de l'impact des conditions environnementales sur le développement cognitif. Devant l'importance du milieu dans les processus de prévention et d'intervention, plusieurs chercheurs ont orienté leurs travaux vers l'analyse d'une série de variables susceptibles de modifier les résultats obtenus aux tâches piagétiennes.

Le premier groupe de variables investiguées concerne le milieu socioculturel. Les résultats obtenus par Wei et al (1971) et Gaudia (1972) ne sont guère surprenants: ils montrent une corrélation positive entre l'origine socioculturelle des enfants et le niveau cognitif. Le travail de Hunt et al (1975) mérite une attention spéciale, car il établit la possibilité de décoder certaines caractéristiques de l'environnement de l'enfant qui pourraient influencer le développement cognitif. Les auteurs comparent les performances de trois groupes d'enfants âgés de 5 mois à 5 ans sur l'échelle de permanence de l'objet mise au point par Uzgiris et Hunt (cfr p. 173). Les caractéristiques des enfants sont les suivantes: Groupe 1: enfants élevés dans un orphelinat (proportion enfants-personnel: 10/1); Groupe 2: enfants élevés dans un orphelinat « modèle » (proportion enfants-personnel: 3/1); Groupe 3: enfants accueillis durant la journée dans une crèche et issus de mères ouvrières. Les résultats indiquent que les enfants du Groupe 1 atteignent significativement moins vite que les autres les différents niveaux de la permanence de l'objet. De plus, les enfants élevés en orphelinat (Groupes 1 et 2) présentent des performances inférieures à celles du Groupe 3. Cette recherche confirme en outre des résultats précédents sur les relations entre la présence de différences développementales dès l'âge de 7 mois et les conditions éducatives.

D'autres études montrent que des variations apportées au niveau des instructions (Carlson et Michalson, 1973) ou dans la tâche elle-même (Vitello, 1973) peuvent modifier sensiblement les performances de sujets arriérés. De plus, l'apprentissage spécifique de certaines tâches peut entraîner non seulement une amélioration des performances, mais également permettre d'atteindre un stade cognitif supérieur, à condition que les prérequis soient installés chez les sujets (Robinson, 1974). Ces recherches, selon nous plus intéressantes que les études descriptives, sont encore aujourd'hui trop rares. Il s'agit certainement d'un domaine qui retiendra l'attention des chercheurs et aboutira à une meilleure compréhension des relations existant entre les conditions de stimulation présentes dans l'environnement et le développement cognitif.

2. UTILITE DES ECHELLES PIAGETIENNES POUR L'EVALUATION

Plusieurs instruments d'évaluation basés sur la théorie de Piaget sont actuellement disponibles : l'échelle de Casati et Lézine (1968), couvrant certains domaines de la période sensori-motrice, le test de Décarie (1965) pour la permanence de l'objet et les épreuves de Corman et Escalona (1969) sur les stades sensori-moteurs. Nous allons présenter en détail l'échelle de Uzgiris et Hunt (1975) car elle est très vite apparue dans la littérature anglo-saxonne comme un instrument important dans l'évaluation des sujets arriérés mentaux.

L'IPDS (Infant Psychological Development Scale) de Uzgiris et Hunt couvre la période sensori-motrice. Lors d'études préliminaires destinées à mesurer la validité de l'instrument, Wachs (1970) montre que chez 16 enfants arriérés mentaux (AC: 3 à 6 ans; QI: 36 à 79), la corrélation entre les performances à l'échelle et les scores de QI est hautement significative. De plus, l'analyse statistique indique que l'IPDS est plus sensible pour les QI inférieurs à 50, précisément pour ces limites où les scores au

Terman deviennent moins discriminatifs. Kahn (1975) observe chez des enfants arriérés sévères et profonds (AC: 4 à 8 ans) une corrélation très significative entre l'apparition d'un langage expressif compréhensible et le stade VI de la période sensori-motrice tel qu'il est mesuré par l'IPDS. Enfin, Silverstein et al (1975) comparent les échelles de Corman et Escalona avec l'IPDS chez 64 arriérés sévères et profonds (AC moyen: 14 ans; QI moyen: 19,6). La plupart des résultats s'appliquent également aux deux échelles: la fidélité des cotations est très élevée, les scores globaux ne varient pas en fonction des caractéristiques des sujets (excepté le QI) ou des conditions d'administration de l'échelle, les différences dans la difficulté des items ne correspondent pas précisément à celles observées chez des sujets normaux.

L'IPDS a été traduite en français et le matériel nécessaire à son administration a été acquis ou construit afin de correspondre le plus fidèlement possible à celui de l'édition originale (Lambert et Vanderlinden, 1976). Une série d'études sont actuellement en cours afin de préciser les limites méthodologiques de l'instrument et d'aborder les indications possibles pour la sphère éducative (Lambert et Vanderlinden, 1977; Saint-Remy, 1977).

L'IPDS comprend 6 échelles intéressant chacune un domaine du développement cognitif et se répartissant comme suit:

- Echelle I: Poursuite Visuelle et Permanence de l'Objet (15 items).
- Echelle II: Utilisation des objets en tant que moyens (12 items).
- Echelle III A: Imitation verbale (6 items).
- Echelle III B: Imitation gestuelle (4 items).
- Echelle IV: Causalité Opérationnelle (7 items).

- Echelle V: Relations des Objets dans l'Espace (11 items).
- Echelle VI: Développement des Schèmes (10 items).

Lambert et Vanderlinden (1977) étudient les performances de 11 adultes arriérés sévères et profonds institutionnalisés (AC: 19 ans 3 mois à 38 ans 6 mois; sujets intestables au moyen des tests standardisés d'intelligence). Seuls 3 sujets présentent un comportement verbal expressif caractérisé par l'émission d'au moins 10 mots différents. Les résultats de cette étude préliminaire sont les suivants:

- Les 11 sujets présentent chacun un profil cognitif différent, ce qui contraste avec l'homogénéité des méthodes traditionnelles les classant indistinctement comme arriérés sévères et profonds.

- L'ordinalité de l'échelle, c'est-à-dire le degré selon lequel des différences dans la difficulté des items correspondent aux séquences développementales observées chez le sujet normal, est inférieure à celle décrite par Uzgiris et Hunt (1975). Cela est très certainement dû à l'utilisation d'un groupe d'adultes chez qui les lacunes dans le développement cognitif sont plus fréquentes que dans un échantillon d'enfants.

- L'échelle permet de mettre en évidence les interférences introduites dans la manipulation de l'environnement par les nombreuses stéréotypies gestuelles, caractéristiques des sujets institutionnalisés.

- L'IPDS permet d'établir avec exactitude les relations entre l'acquisition du langage oral expressif et les différents stades de la période sensori-motrice. Les profils cognitifs des sujets ayant acquis le langage oral sont significativement différents des profils obtenus chez les sujets qui ne possèdent aucune expression orale ayant une fonction de communication. La figure 3, basée sur le calcul du degré d'homogénéité à l'intérieur des échelles, illustre ces différences pour deux groupes de sujets : les sujets 1, 2 et 3 possédant un répertoire verbal limité et les sujets 4, 5 et 6 ne présentant aucun langage oral.

Saint-Remy (1977) étudie l'utilisation de l'IPDS à la fois comme instrument d'évaluation chez des enfants arriérés sévères et profonds et des enfants normaux, et comme mesure de l'efficacité de procédures d'intervention. Les résultats montrent que les qualités de l'échelle VI (Développement des Schèmes) sont celles décrites par Uzgiris et Hunt (1975). Des travaux ultérieurs doivent encore préciser les conditions d'emploi de l'IPDS. Dès à présent, il n'est pas exagéré d'affirmer que nous sommes en présence d'un instrument abordant de manière plus discriminative les comportements de sujets arriérés sévères et profonds que les échelles traditionnelles du développement de la première enfance. De plus, l'IPDS peut servir de variable dépendante permettant de mesurer les effets d'un programme d'intervention précoce.

L'introduction des travaux de Piaget dans le domaine de l'arriération mentale est récente. Bon nombre de questions restent obscures ou tout simplement n'ont pas encore été abordées, en particulier celle des implications de la théorie pour l'éducation des arriérés. Nul doute que ces lacunes seront progressivement comblées au cours des prochaines années si toutefois les chercheurs abandonnent une démarche purement descriptive pour s'attacher à découvrir les relations existant entre le développement cognitif et l'ensemble des conditions environnementales dans lesquelles évolue l'arriéré mental.

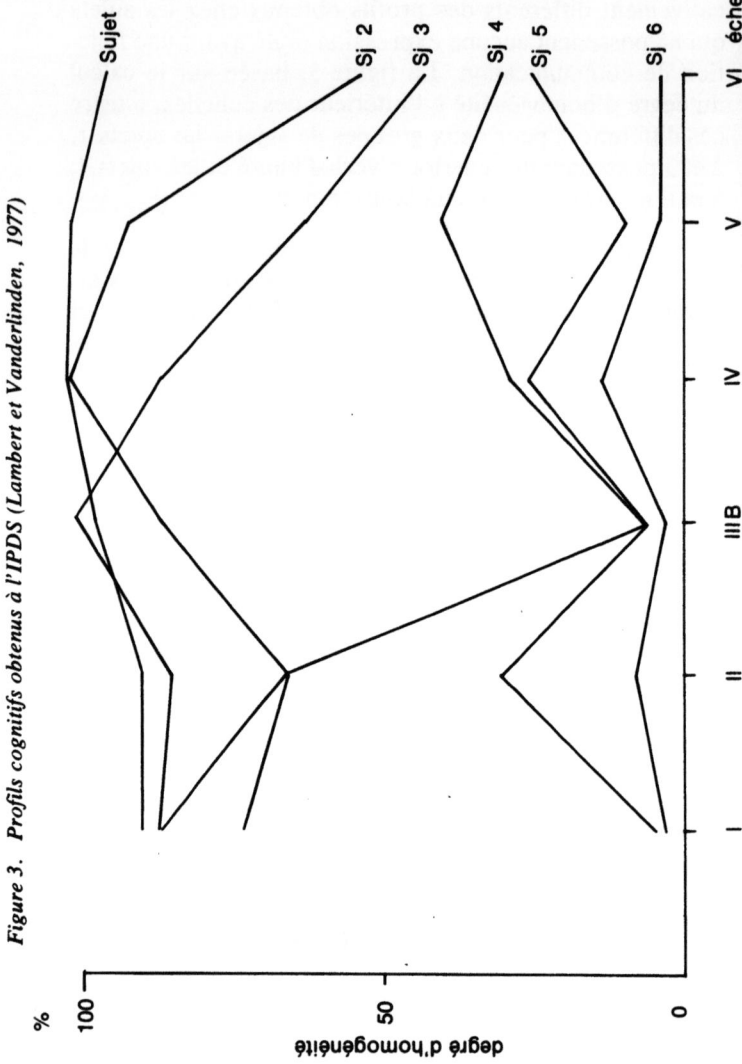

Figure 3. Profils cognitifs obtenus à l'IPDS (Lambert et Vanderlinden, 1977)

CHAPITRE 9

COMMUNICATION ET ARRIERATION

Depuis cinq ou six ans, le langage des arriérés mentaux est l'objet d'une série de travaux importants. Suivant la suggestion de Mc Lean (1972) — « Il est nécessaire de reconnaître que toute tentative destinée à accroître nos stratégies d'intervention chez l'arriéré mental requiert de nous concentrer non sur l'arriération mentale, mais sur le comportement verbal » —, les chercheurs ont orienté leurs efforts à la fois sur la description du langage retardé, en incluant dans leurs analyses les données de la psycholinguistique moderne, et la mise au point de modèles d'intervention. Actuellement, la maîtrise de ce domaine est impossible sans le recours à une équipe multidisciplinaire, chaque aspect du langage nécessitant une formation spécifique. La diversification des approches est illustrée par la publication récente de trois ouvrages collectifs qui représentent la somme des informations disponibles à ce jour (Schiefelbusch, 1972; Mc Lean et al, 1972; Schiefelbusch et Lloyd, 1974). En outre, des revues générales donnent une synthèse adéquate des orientations actuelles dans ce domaine (Mittler, 1974; Rondal, 1975). Pour des raisons liées à la fois aux limites de notre propre compétence et à l'optique de cet ouvrage, nous nous sommes limité à présenter deux aspects particuliers de la communication chez les arriérés: la compréhension et les modèles d'intervention. Une brève introduction relative à la présentation générale des recherches précède les deux volets étudiés. Cette introduction est incomplète; notre but est simplement d'y fournir une série de guides pour le lecteur désirant compléter son information dans un ou plusieurs domaines spécifiques. Enfin, il est certain que les ouvrages et revues citées ci-dessus constituent des références indispensables.

1. DONNEES GENERALES

A. Caractéristiques du langage

Les composantes principales de l'organisation du langage sont la phonologie — la spécification des unités de sons (phonèmes) qui composent les mots ou autres formes verbales —, la morphologie — le relevé des formes signifiantes (morphèmes) et la spécification de la manière dont ces formes peuvent se modifier —, la syntaxe — la spécification des modèles selon lesquels les formes linguistiques peuvent se former — et la sémantique — les différents aspects significatifs des formes linguistiques. Nous aurons l'occasion de développer l'aspect sémantique lors de l'étude de la compréhension. Chacune des autres composantes a fait l'objet de recherches particulières chez les arriérés mentaux. Yoder et Miller (1972) et Rondal (1975) présentent une revue exhaustive des travaux dans la littérature anglo-saxonne. Nous nous limiterons à reprendre le résumé de leurs analyses.

L'aspect phonologique a certainement été le domaine le mieux étudié, principalement dans ses aspects quantitatifs. Spradlin (1963) tire les conclusions suivantes : (1) 57 à 72 % des arriérés mentaux institutionnalisés ont des troubles de la parole dans ses composantes phonétiques et phonologiques; (2) 72 à 92 % des arriérés sévères et modérés fréquentant des écoles spéciales ou des centres de jours présentent des troubles correspondants; (3) cette proportion tombe à 8, 26 % chez les arriérés légers. Les troubles les plus fréquents sont les difficultés articulatoires, vocales et le bégaiement. Pour Rondal (1975), si les aspects quantitatifs du développement phonologique ont été mesurés, la question de l'étiologie de ces difficultés n'a pas été étudiée de manière systématique. Par exemple, chez les enfants atteints du Syndrome de Down, les raisons avancées pour expliquer la haute incidence des problèmes au niveau phonologique sont multiples et peu contrôlées : malformations anatomo-physiologiques, hypotonie généralisée, troubles auditifs, etc. De plus, les rapports entre la qualité du développement articulatoire et les mesures du développement linguistique (longueur des phrases, emploi correct des mots, etc.) sont encore à aborder.

Les arriérés mentaux présentent un retard important dans le développement du système morphologique — par exemple, dans la langue anglaise, les inflexions marquant le pluriel, le progressif ou la troisième personne du singulier — si on les compare à des enfants d'intelligence normale. Il semble que ce décalage par rapport aux normaux excède ce qu'on peut attendre en prenant comme base l'AM. Cela suggère que d'autres variables interviennent dans ce décalage, variables dont rien ou presque rien n'est connu actuellement (Rondal, 1975).

L'étude du développement syntaxique comprend un nombre de travaux plus restreint. Les différentes recherches effectuées jusqu'ici convergent vers la même conclusion : les retardés mentaux ont un développement linguistique très semblable à celui des normaux, mais plus lent (Yoder et Miller, 1972). Selon Rondal (1975), cette conclusion serait à revoir à la lumière d'études récentes mettant en évidence des troubles spécifiques aux arriérés ; cela étant d'autant plus vrai que l'on descend dans l'échelle des niveaux intellectuels. Seules des études longitudinales, qui restent à entreprendre, répondront à cette question.

Pour le praticien, l'étude des caractéristiques du langage des arriérés mentaux demeure en général un domaine uniquement accessible à certains spécialistes. Cette optique doit cependant être reconsidérée et nous sommes persuadés que l'enseignant ou les parents peuvent fournir des éléments importants qui contribueront à une meilleure compréhension du langage des arriérés et par là même, à accroître la qualité des méthodes d'intervention. Ce processus passe tout d'abord par la collecte de données. Rondal (1975) fournit au terme de son analyse une conclusion permettant d'orienter les études ultérieures. Il observe que 92 % des techniques utilisées par les différents chercheurs sont représentés par des situations formelles et informelles d'examen, contre 4 % d'études en milieu naturel. Rondal écrit : « Il est clair que si on veut analyser adéquatement le développement linguistique de l'arriéré mental, il convient de s'assurer de ce que les contraintes formelles et informelles n'ont pas interféré de façon importante avec la variable examinée, à savoir la connaissance qu'ont les retardés du système linguistique aux différents niveaux de leur développement». Enseignants et parents pourraient remédier en partie à l'absence grave d'études menées en conditions naturelles et dans un contexte fonctionnel par le simple enregistrement des productions verbales des enfants arriérés évoluant dans leur environnement habituel.

B. Qualité ou quantité?

Un des débats centraux dans la littérature est posé en ces termes: les différences entre le langage de l'arriéré comparé à celui du normal sont-elles d'ordre quantitatif ou qualitatif? En d'autres termes, le problème est de savoir si le langage de l'arriéré présente des caractéristiques spécifiques ou est semblable à celui du normal, excepté qu'il est moins développé. Nous retrouvons ici la thématique approche déficitaire — approche développementale exposée au chapitre 5.

Les études de Lenneberg fournissent très souvent les bases de la position développementale. Lenneberg et al (1964) ont étudié le langage de 84 enfants arriérés mentaux (61 mongoliens et 23 d'étiologies diverses). Selon Lenneberg, le processus développemental de l'arriéré mental est simplement ralenti et s'arrête généralement aux alentours de la dixième année. Yoder et Miller (1972) n'acceptent pas cette conclusion pour des raisons méthodologiques: Lenneberg n'a pas utilisé de groupe contrôle formé d'enfants normaux et de plus, il n'existait pas de données normatives disponibles pour les tâches présentées aux sujets. Une série d'études ont cependant donné raison à la position développementale (citées par Mittler, 1974, pp. 546-547). D'autre part, un ensemble de travaux plus récents tendent à montrer que le développement du langage chez l'arriéré mental est différent de celui du normal sur le plan qualitatif, abordé en termes de la structure du langage (morphologie et syntaxe) (cités par Yoder et Miller, 1972, pp. 95-98). Deux questions centrales doivent être posées pour tenter de résoudre le débat: dans quelle mesure le langage de l'arriéré mental est-il retardé et à quels niveaux se situent les différences?

Pour Mittler (1974), la réponse à la première question est loin d'être actuellement résolue. Ne connaissant pas avec précision le niveau de développement du langage que l'on peut attendre à un stade particulier du développement intellectuel, seuls les déficits importants peuvent être envisagés comme significatifs. Si un enfant âgé de 5 ans se situe linguistiquement à un niveau inférieur à 2 ans, la nécessité d'une intervention ne fait aucun doute. Mais, demande Mittler, que signifie le fait pour un enfant, obtenant 5 ans d'AM à un test d'intelligence, de présenter un « âge linguistique » égal à 4 ans? De telles différences sont peu significatives et on est en droit de se demander s'il ne s'agit pas tout simplement d'un artéfact de mesure. De plus, et nous trouvons ici l'importance d'une connaissance de la variabilité interindividuelle, la gravité d'un retard de langage ne peut uniquement être mesurée en comparaison avec un seul critère, le niveau intellectuel, mais également par rapport à l'ensemble des comportements d'un sujet. Sur ce point, les données sont pratiquement absentes et ne permettent pas d'évaluer avec précision l'importance du retard.

La seconde question est traitée en détail par Rondal (1975, pp. 534-535): « Si l'on déclare que, même sur un aspect donné du développement linguistique, les arriérés mentaux sont équivalents à des normaux plus jeunes, il est nécessaire d'expliquer cette position à la fois sur la base des produits du fonctionnement linguistique — fourni par exemple par les tests de langage — et à partir des processus sous-jacents. Or, dans la plupart des cas, ces processus nous échappent complètement». Apparier les arriérés et les normaux sur l'AM ne permet pas de supposer que les deux populations ont le même fonctionnement cognitif, dont l'importance dans le développement du langage ne peut plus être niée à l'heure actuelle. D'autre part, les chercheurs utilisant l'AM ont trop souvent tendance à négliger les conditions environnementales dans lesquelles évolue un sujet, normal ou arriéré.

Le débat retard-déficit est loin d'être résolu. Selon l'aspect linguistique considéré, les études donnent raison tantôt à la première, tantôt à la seconde formulation. Pour Yoder et Miller (1972) et Rondal (1975), ce débat est actuellement vide de sens. Non seulement nos connaissances ne permettent pas de le trancher, mais la poursuite de cette opposition à un niveau théorique risque de masquer la démarche première à introduire dans l'étude du développement du langage chez les arriérés mentaux : l'analyse détaillée des différents aspects linguistiques et l'étude des nombreuses variables susceptibles de l'influencer.

2. ETUDE DE LA COMPREHENSION

S'il existe, dans le domaine du langage chez les arriérés, un accord unanime sur un point, c'est bien au niveau de la compréhension : notre connaissance sur cet aspect de la communication reste élémentaire, sinon inexistante. Dans la pratique quotidienne, les questions posées par les enseignants et les parents concernent toujours le versant de l'expression — «Croyez-vous qu'il parlera un jour?» «Puis-je commencer à lui apprendre à parler» «Il fait des progrès, maintenant il dit quelques mots» —; rarement, nous entendons les propos suivants: «Croyez-vous qu'il me comprenne?» ou «Comment puis-je faire pour évaluer sa compréhension?». Pour Mittler (1974, p. 535), qui a été le premier à insister sur l'importance de la compréhension dans le langage de l'arriéré mental, il s'agit là d'une manière très curieuse de placer la charrette développementale avant le cheval, car on considère généralement que la compréhension précède la production et est une base essentielle du développement ultérieur».

A. Description

On est très souvent frappé par l'absence ou l'inadéquation des réactions d'un sujet arriéré mental en réponse à une simple commande verbale. Si le processus de communication amorcé par un adulte se complexifie — emploi de la négation, de subordonnées ou de formes passées et futures —, on peut s'attendre à ce que la presque totalité des individus arriérés modérés et sévères ne comprennent pas. Outre le fait que les réponses à de nombreuses commandes verbales sont inexistantes, d'autres comportements pouvant être appelés des signaux de non-compréhension ne sont pas émis et ne fournissent dès lors aucune indication au locuteur pour reformuler son message. «Un enfant normal, durant son développement, apprend à émettre des réponses de non-compréhension: il modifie sa mimique faciale ou il demande la répétition du message, de la même manière qu'un individu dans un pays étranger demande à son interlocuteur de parler plus lentement ou plus distinctement» (Mittler, 1974, p. 535). Chez l'arriéré mental, les réponses de non-compréhension doivent vraisemblablement faire l'objet d'un apprentissage systématique. A notre connaissance, les études portant à la fois sur une description de ces signaux chez l'enfant normal et leur installation chez l'arriéré n'ont pas encore débuté.

Les rares travaux ayant abordé de manière indirecte la compréhension chez l'arriéré sont ceux que Siegel (1972) appelle les approches interpersonnelles. Dans ces situations, une série d'interactions dyadiques sont mises en place entre un enfant arriéré et un de ses pairs ou un adulte normal. Les arriérés sont tout d'abord classés selon leurs performances verbales mesurées par des tests de langage. Les observations de ce type de travaux (Siegel, 1963; Spradlin, 1963) qui, rappelons-le restent trop rares sont les suivantes: (1) la capacité verbale des sujets détermine directement la quantité d'interactions entre partenaires sociaux; (2) la longueur moyenne des réponses verbales données par des adultes normaux à des enfants dans une situation de jeu est inférieure lorsqu'il s'agit d'enfants arriérés (Rondal, 1975). Une étude ayant directement abordé la compréhension est menée par Semmel et Dolley (1971) chez 40 enfants (syndromes de Down; AC: 6 à 14 ans; QI: 22 à 62). Les auteurs présentent une épreuve de compréhension de phrases basée sur la reconnaissance d'images. Les résultats montrent que la compréhension est correcte pour les phrases déclaratives simples et erronée pour les phrases négatives et passives. Des recherches analogues sont en cours à Manchester; elles visent à développer une série d'épreuves de compréhension de phrases et installer les procédures d'intervention adéquates.

Outre les réponses à contenu verbal, la compréhension doit également tenir compte d'autres signaux. Le processus de communication n'est pas en effet limité à une seule modalité. L'information peut être encodée et transmise par n'importe quel canal auquel notre système sensoriel est sensible. Il est important de réaliser que, bien que le langage parlé constitue la forme d'interaction sociale la plus répandue, elle n'est pas unique. Si l'on définit la communication comme «les événements linguistiques, verbaux et gestuels qui surviennent dans la relation de personne à personne» (Schiefelbusch, 1969), l'ensemble des processus mis en œuvre dépasse le langage parlé. Bon nombre de praticiens ne sont pas toujours suffisamment avertis de la manière dont ils utilisent un ensemble de gestes, postures et mimiques accompagnant le message verbal. Prenons l'exemple d'un enfant arriéré, dépourvu de toute forme de production orale, à qui l'enseignant ou un parent présente la commande suivante: «Donne-moi la balle». Afin d'évaluer la compréhension de l'enfant à cette simple demande, deux variables doivent être prises en considération. La première concerne l'ensemble des indices situationnels: la balle peut être posée devant le sujet, ou se trouver hors de sa vue, être le seul objet présent dans la pièce ou mélangée à d'autres jouets. Le seconde variable est le message de l'adulte. Il peut être essentiellement verbal, avec différentes intonations. Il peut être accompagné d'un geste — l'adulte montrant l'objet — ou d'une posture caractéristique — l'adulte tendant les mains pour recevoir la balle; l'adulte peut également émettre le message verbal en regardant l'enfant ou en lui tournant le dos. Enfin, pour s'assurer de la qualité de la compréhension, l'adulte peut modifier la syntaxe du message et dire: «balle donne la moi» tout en émettant des signaux non verbaux. Comment réagissent les arriérés mentaux à l'usage de moyens exclusivement verbaux? Peuvent-ils déduire une information en dehors d'un contexte non verbal? Quels sont les indices non verbaux les plus simples favorisant la compréhension? Autant de questions, apparemment très simples, qui sont actuellement sans réponse.

B. Processus sous-tendant la compréhension

Sur ce point également les connaissances sont très minces. Différents modèles des processus inclus dans la compréhension ont récemment été proposés (Herriot et Lunzer, 1971; Carrow, 1972; Hollis et al, 1976). Ils n'en sont qu'au stade de la formulation théorique et il est prématuré de dégager leurs incidences éducationnelles. Un fait est établi: la majorité de ces processus ont une composante cognitive très importante et requièrent un ensemble de réponses qui sont précisément celles dont l'apprentissage pose une série de problèmes à la majorité des arriérés mentaux (Mittler, 1974).

Carrow (1972) et Hollis et al (1976) présentent un modèle différenciant trois aspects dans la communication: la réception — ou compréhension —, l'association — ou intégration des signaux — et l'expression. La réception peut être considérée comme un ensemble de niveaux s'intégrant les uns aux autres. Nous reprenons ci-dessous le modèle de Carrow (1972, pp. 82-83) qui distingue trois niveaux dans la réception: (1) la sensation, ou réaction des organes sensoriels aux stimuli; (2) la perception, ou intégration des informations; (3) la compréhension. Nous ne décrirons que les grandes composantes à l'intérieur de chaque niveau.

Niveau I: sensation: réactivité de l'organisme aux stimuli visuels, auditifs, tactiles et kinesthésiques. L'évaluation requiert l'introduction de méthodes appropriées (audiogramme, acuité visuelle, etc.).

Niveau II: perception: ce niveau, très vraisemblablement le plus important et le plus difficile à installer chez les arriérés mentaux, comprend:

- la perception faisant intervenir des modalités sensorielles uniques: figure-fond, classification des formes, couleurs, tonalité, la perception du temps, la closure (association de sons) la constance et la perception de l'espace (direction, distance).
- les perceptions intermodales: visuo-tactiles, auditivo-visuelles et visuo-auditives (associations de lettres-sons, simples et en séquences).

Niveau III: compréhension: symboles non verbaux, associations auditives, visuelles et, enfin, la compréhension du langage (structure, sémantique).

Peut-être ce modèle servira-t-il de base à des lecteurs qui, au cours de leur pratique quotidienne, désirent investiguer la compréhension de l'arriéré. Rappelons toutefois que cette vue théorique doit, préalablement à toute intervention, faire l'objet d'une analyse systématique incluant non seulement l'évaluation des divers domaines exposés, mais également le testing de leur hiérarchisation. Comme le note Mittler (1974), le fait qu'un certain nombre de déficits cognitifs aient été mis en évidence ne signifie nullement qu'ils soient inaccessibles à la rééducation. Un ensemble de travaux montre qu'il est possible d'apprendre aux arriérés modérés et sévères des comportements de base tels que l'attention, le discrimination entre sons, mots et phrases de complexité croissante, les associations entre diverses modalités sensorielles, etc.

Outre son impact indispensable pour la prise d'informations provenant de l'environnement, la compréhension constitue une des clés de l'intégration sociale. Un sujet arriéré ne disposant pas du répertoire permettant d'intégrer les données du milieu offrira en retour peu d'occasions pour ses partenaires sociaux d'entrer en contact avec lui. Ce cercle vicieux, que de nombreux travaux ont dénoncé tout particulièrement en milieu institutionnel, reste aujourd'hui très peu abordé sur le plan de l'expérimentation. Soulignons que pour nous, le terme expérimentation ne renvoie pas nécessairement au laboratoire et à l'hyperspécialiste. Tout enseignant peut s'exercer à poser des hypothèses et les contrôler dans le déroulement de son activité quotidienne. Récemment, nous avons proposé deux schémas d'observation très simples destinés aux instituteurs de classes pour modérés et sévères permettant d'approcher l'étude de la compréhension (Lambert, 1977 a). Le premier consiste à évaluer les réactions d'enfants en réponse à une commande verbale. L'enseignant dispose d'une feuille d'observation afin d'enregistrer la formulation de la demande et de noter la réponse de l'enfant. Nous avons retenu quatre possibilités d'évaluer la qualité de la compréhension: (1) ordre verbal seul, sans indice non verbal (ex.: « Montre-moi le cube »); (2) ordre verbal précédé du prénom du sujet et destiné à accroître l'émission d'un comportement d'attention; (3) introduction d'une « distraction » (ex.: un autre objet est posé à côté du cube); (4) ordre « inattendu » (ex.: «Mets la cuillère dans le soulier»). Le second schéma requiert de l'instituteur une réponse d'auto-observation (fréquence proposée: un ordre par jour — durée ± 3 minutes). Il dispose de la feuille d'enregistrement suivante:

> sujet: ...   date: ...   heure: ...
> activité: ...
> description du matériel présent devant le sujet:
> intitulé de l'ordre:
> caractéristiques de l'ordre:
>   instituteur regarde le sujet:
>   verbal seul: tonalité: interrogative, neutre
>   verbal plus geste: montrer du doigt, posture
> réponse du sujet:

Un ou deux exercices préliminaires suffisent pour utiliser correctement les feuilles d'observation. A partir d'une vaste collecte de données semblables, fournies par des personnes qui sont en contact permanent avec le sujet arriéré mental, il sera possible de mieux cerner certaines caractéristiques de la compréhension et de remédier ainsi aux déficits.

3. MODELES D'INTERVENTION

Jusqu'il y a peu, l'intervention dans le domaine de la communication chez les arriérés mentaux se limitait à de simples méthodes d'exposition à un environnement riche du point de vue linguistique. Ces méthodes, encore présentes de nos jours dans trop de milieux, reposent en fait sur trois hypothèses, battues en brèche depuis lors par les recherches expérimentales. La technique de base du «bain de stimulations verbales» suppose que les arriérés apprennent en partie en écoutant les autres, par imitation, en partie en écoutant des histoires et finalement par un besoin profond de communiquer leurs sentiments et leurs idées. Deux problèmes surgissent. Tout d'abord, comment déceler chez des individus, dont le répertoire symbolique est limité, un besoin profond? Deuxièmement, l'ensemble de la littérature contient des indices montrant que les arriérés éprouvent énormément de difficultés pour apprendre à partir de situations non structurées. Si l'on ajoute à ces limitations les déficits de la sphère réceptive et plus généralement le manque de prérequis cognitifs adaptés, la solution du «bain de stimulation» a fait place à des méthodes d'intervention plus structurées. Si les divers modèles exposés ci-dessous exigent très souvent la création d'un environnement contrôlé — en général un adulte avec un ou deux sujets arriérés —, la qualité de l'environnement global, c'est-à-dire en dehors de la situation structurée d'apprentissage, doit rester un souci constant. Mittler (1974), dans un passage d'une précision didactique remarquable, propose une série d'issues permettant d'adapter le milieu verbal aux exigences des arriérés mentaux: modifications des commandes verbales, questions posées de manière à présenter un choix, introduction progressive de nouveaux substantifs ou demander à l'enfant de décrire ses activités.

Au niveau des modèles d'intervention structurés, nous distinguerons avec Graham (1976) les approches développementales, les modèles ponctuels et les systèmes non-verbaux.

A. Les approches développementales

La majorité des programmes actuellement disponibles tentent d'établir une synthèse entre les données de la psycholinguistique moderne, définissant un contenu, et les principes de l'approche comportementale, déterminant les procédures éducationnelles. La méthodologie expérimentale, connue sous le nom de Modification du Comportement, sera exposée en détail au chapitre 10. Afin de mieux suivre certaines procédures d'intervention dans le domaine du langage, le lecteur aura intérêt à se familiariser d'abord avec les principes de la Modification du Comportement (pp. 217). La base des approches développementales est l'utilisation des séquences d'acquisition du langage chez l'enfant normal (Lynch et Bricker, 1972; Miller et Yoder, 1974).

Un exemple concret est fourni par Bricker (1972). L'auteur décrit une séquence d'apprentissage destinée à l'acquisition des structures «classes-pivot» et «classes-ouvertes». Selon les psycholinguistes, les premières combinaisons de deux mots émises par l'enfant ne sont pas dues au hasard, mais sont conformes à des modèles dans lesquels les mots sont sélectionnés à partir de classes grammaticales et ordonnés en séquences spécifiques. De telles classes sont appelées «pivot» et «ouvertes»; la classe «pivot» possède un nombre restreint de membres (ex.: «parti»), en comparaison avec la classe «ouverte» (ex.: papa; chat, auto). Le programme de Bricker (1972) comporte 4 étapes: (1) l'évaluation du répertoire de l'enfant pour établir le niveau d'apprentissage des classes «pivot» et «ouvertes»; (2) l'installation de la phrase sur la base de l'imitation; (3) l'apprentissage de la réponse motrice appropriée en présence d'un stimulus discriminatif; (4) la généralisation à d'autres classes. Bricker apprend le mot pivot « là » (there) en combinaison avec les mots « balle, maman, tasse ». Le stimulus discriminatif (étape 3) est la phrase « Où est la tasse ? ». La réponse initiale à apprendre est « Là est la tasse » (en anglais, la phrase est plus simple et plus utilisée que son correspondant français : « There is the cup »). Cette réponse est installée par imitation (cfr p. 236). Ensuite, l'enfant apprend à montrer la tasse, toujours selon une procédure d'imitation. La position de la tasse dans l'espace est modifiée afin de favoriser la généralisation. Dans l'étape suivante, la réponse motrice (montrer) et la réponse verbale (« Là est la tasse ») sont combinées de telle sorte que lors de l'étape finale, l'enfant dit « Là est la tasse » et montre l'objet en réponse à la question de l'expérimentateur « Où est la tasse ? ». Afin de généraliser cette phrase, un apprentissage identique est administré pour chacun des autres mots de la classe « ouverte », jusqu'à ce que l'enfant utilise correctement la phrase « là est ———— » en réponse à la question « Où est ———— ? ».

Cet exemple fait partie d'un programme global d'apprentissage du langage mis au point par Bricker et Bricker (1974), mieux connu sous le nom de Toddler Project. L'ensemble du projet repose sur l'hypothèse suivante : l'apprentissage de certaines stratégies cognitives est un pré-requis au développement du langage. Les premières étapes du programme contiennent un ensemble de techniques destinées à mettre en évidence et à faciliter le développement cognitif. Par exemple, les auteurs ont construit une échelle couvrant la période sensorimotrice et incluant les prérequis nécessaires à l'apparition de chaque schème. C'est ainsi que Bricker et ses collaborateurs apprennent à des enfants arriérés mentaux la séquence des comportements nécessaires pour l'acquisition de la permanence de l'objet. Lorsque les enfants possèdent ces comportements, que la théorie développementale qualifie de prélinguistiques, ils sont soumis au programme d'apprentissage du langage.

Résultat d'un travail de plus de dix ans, le programme des Bricker est actuellement implanté dans une série de classes spéciales. Directement utilisé par des enseignants, il permet un aller et retour permanent entre la théorie — l'adéquation des modèles et la hiérarchisation des processus sous-tendant le langage — et la pratique — l'évolution du langage chez les arriérés. Bricker et al (1976) présentent la mise au point finale d'une partie du programme global. Il concerne les relations sémantiques entre sujet-verbe-objet (S-V-O) qui sous-tendent les structures linguistiques de base. Le développement de ces relations sémantiques constitue l'aspect premier de l'intervention. Deux types d'apprentissages sont nécessaires pour leur acquisition : l'installation d'un comportement verbal expressif contenant les relations S-V-O et l'apprentissage des modifications de ces relations. La première partie permet à l'enfant de passer de la classification fonctionnelle des objets à la production de phrases à 3 mots contenant un sujet, un verbe et un objet. La seconde partie permet à l'enfant d'opérer sur les productions S-V-O. Ces opérations se situent au niveau de la proposition entière (ex. : conjugaison, emploi de négatives) ou de chacun de ses éléments (ex. : modifications du sujet ou du verbe de la proposition initiale). Cette dernière procédure peut être rapprochée des travaux actuellement menés dans les classes spéciales francophones du pays par Counet et ses collaborateurs. Par exemple, un enfant utilisant une réponse à un mot afin de désigner une

*Programme d'acquisition du langage: première partie. Bricker et al.
(1976)*

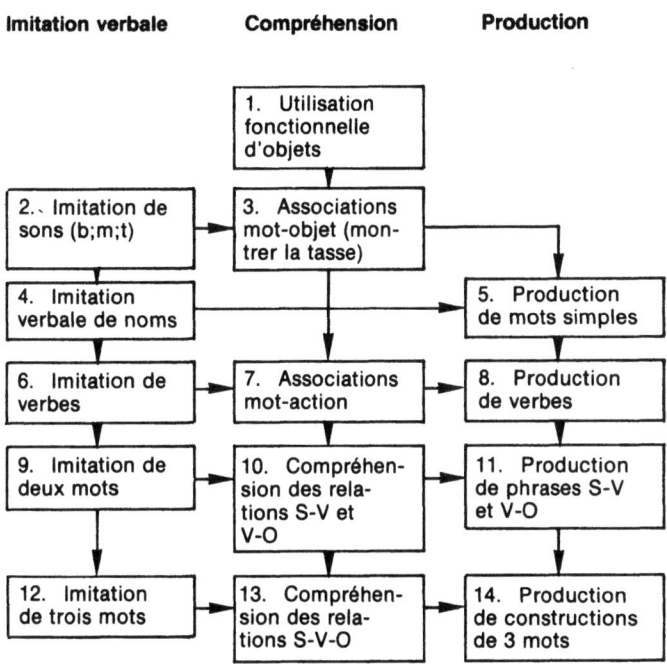

Imitation verbale	Compréhension	Production
	1. Utilisation fonctionnelle d'objets	
2. Imitation de sons (b;m;t)	3. Associations mot-objet (montrer la tasse)	
4. Imitation verbale de noms		5. Production de mots simples
6. Imitation de verbes	7. Associations mot-action	8. Production de verbes
9. Imitation de deux mots	10. Compréhension des relations S-V et V-O	11. Production de phrases S-V et V-O
12. Imitation de trois mots	13. Compréhension des relations S-V-O	14. Production de constructions de 3 mots

fonction attachée à un objet, peut modifier la proposition de base en ajoutant une marque négative à l'expression verbale (ex.: «Non», «Plus rien» ou un signe de tête). Nous reproduisons ci-dessus la séquence des 14 étapes constituant la première partie du programme. Chacune des composantes — imitation, compréhension, production — est considérée comme critique dans l'acquisition du langage. La seconde partie comprend 28 composantes centrées sur les modifications des structures S-V-O. L'ensemble du programme est disponible dans l'ouvrage de Haring et Schiefelbusch (1976, pp. 308-341) qui, selon nous, est un outil indispensable pour toute personne intéressée par la méthodologie de l'enseignement spécial.

En conclusion, les programmes développementaux basent leurs stratégies sur l'acquisition du langage chez l'enfant normal. Plusieurs critiques ont été adressées à cette optique (Graham, 1976). Certains considèrent que les données développementales chez les normaux sont actuellement insuffisantes pour construire des modèles adaptés. D'autres prétendent que des modifications importantes du langage chez les normaux peuvent se produire dans un intervalle temporel tellement réduit qu'il empêche de découvrir des bases théoriques suffisantes pour planifier l'intervention. La question reste ouverte.

B. Les modèles ponctuels

Un certain nombre de stratégies d'apprentissage ont été mises au point par des chercheurs qui considèrent que l'absence ou les déficits de langage présentés par les arriérés mentaux doivent être abordés différemment de la séquence développementale normale. Nous retrouvons une fois de plus le débat approche déficitaire — approche développementale. Généralement, les partisans de l'approche déficitaire utilisent des modèles qui ne sont pas basés sur des considérations cognitives. Les programmes de ce type ne se préoccupent pas d'une hiérarchie des comportements s'intégrant dans le langage. Dès lors, au lieu d'apprendre le langage selon la séquence normale, ces modèles visent à installer des comportements verbaux supposés les plus utiles à l'enfant pour contrôler et interagir avec son environnement (Graham, 1976).

L'exposé de l'ensemble des recherches actuellement disponibles couvrirait à lui seul plusieurs ouvrages. Des revues ont été présentées par Sloane et Mac Aulay (1968), Mittler (1974), Yule et Berger (1975) et Graham (1976). La presque totalité des programmes sont issus de la Modification du Comportement (cfr Seron et al, 1977). Afin de mieux aborder certains aspects de l'exposé, le lecteur se référera aux définitions présentées pp. 221 (stimulus-renforcement) et 236 (shaping, procédure en chaîne, estompage). Les thèmes centraux des modèles ponctuels sont l'imitation, le langage fonctionnel, les classes de réponses et la généralisation.

L'imitation

La presque totalité des procédures de Modification du Comportement introduisent l'imitation dans le processus d'apprentissage. Un comportement imitatif est atteint lorsqu'une réponse d'un individu, le plus souvent un adulte, produit une réponse semblable chez un autre individu, dans ce cas l'enfant arriéré (Peterson, 1968). Si au premier abord, la procédure d'imitation paraît d'application aisée, il ne faut pas perdre de vue que la plupart des enfants arriérés modérés et sévères se caractérisent par l'absence de tout comportement imitatif. Il est donc nécessaire, préalablement à tout apprentissage verbal, d'installer chez ces enfants un répertoire imitatif. Les travaux de Baer et al (1967) sont parmi les plus complets dans ce domaine.

Dans une première étude, Baer avait montré qu'une nouvelle réponse pouvait être développée simplement en donnant une démonstration appropriée par un modèle.

En outre, certaines réponses imitatives pouvaient être maintenues, bien que non suivies d'un renforcement, aussi longtemps que d'autres réponses imitatives étaient renforcées. Baer utilisait une poupée « parlante », servant à la fois de modèle — un enregistreur situé dans la poupée donnait les consignes — et de renforcement social — la poupée bougeait et « parlait » lorsque la réponse du sujet était semblable à celle du modèle. La procédure générale d'installation d'un répertoire imitatif est la suivante. Les premières étapes consistent à développer chez l'enfant l'imitation de réponses motrices simples, par exemple : lever un bras. L'adulte dit : « Fais ceci », tout en levant un bras. Toute réponse correcte de l'enfant est renforcée. Si le sujet n'émet aucune réponse, l'adulte utilise une procédure d'incitation physique — il guide progressivement le bras du sujet à la hauteur désirée —; l'incitation est ensuite estompée afin que le sujet exécute seul le mouvement sur commande. Après l'installation d'une série de réponses motrices simples, l'adulte passe au second stade de l'apprentissage : l'imitation de chaînes de comportements. Suivant la même procédure, il exécute devant l'enfant un comportement formé de plusieurs gestes simples précédemment acquis, par exemple : se lever, aller vers une table, prendre un verre et le donner à un autre enfant. Ce n'est qu'à partir du moment où ces chaînes de comportements sont correctement imitées que l'on passe au stade suivant : l'imitation verbale. Deux procédures sont généralement décrites. La première consiste à introduire dans une séquence motrice apprise un son ou un mot (Baer et al, 1967). Dans ce cas, les comportements moteurs et verbaux restent liés durant de nombreuses répétitions. Les réponses motrices sont ensuite estompées et seuls les aspects verbaux restent sous le contrôle du renforcement. La seconde procédure préconise l'introduction directe de l'imitation verbale, sans le recours aux réponses motrices. Le choix entre ces deux procédures dépend très certainement du niveau des sujets avant l'apprentissage.

Le rôle de l'imitation dans l'acquisition du langage reste encore aujourd'hui très discuté. Pour de nombreux psycholinguistes, l'imitation ne peut expliquer la sophistication du langage de l'enfant normal; d'autres mécanismes interviennent dans le processus d'acquisition et en particulier des modifications d'un équipement inné. Pour d'autres, l'acquisition du langage peut être abordée en termes de mécanismes d'apprentissage, dont l'imitation n'est qu'un aspect. Pour un exposé complet des diverses thèses en présence, le lecteur se référera au chapitre 1 de l'ouvrage de Richelle (1971). Plus récemment, le débat s'est déplacé vers l'importance relative de l'imitation. Si bon nombre d'auteurs sont d'accord pour affirmer que l'imitation n'est pas un élément indispensable de l'acquisition du langage normal, ils relèvent cependant que les techniques imitatives et les procédures de renforcement différentiel peuvent être appliquées avec succès chez les individus qui n'ont pas acquis le langage normalement (Bricker et Bricker, 1974; Graham, 1976).

Outre son rôle dans l'acquisition du langage, l'imitation pose un second problème, celui de son efficacité. Si l'on se place d'un point de vue strictement fonctionnel, il est nécessaire de déterminer quelles sont les méthodes les plus efficaces pour arriver à installer un répertoire imitatif. Les données actuelles ne permettent pas de répondre avec précision. Par exemple, le rôle de l'imitation motrice dans l'acquisition d'un répertoire verbal reste à déterminer; nous ne savons pas si l'imitation vocale est facilitée par l'apprentissage moteur. Les résultats semblent montrer que les deux classes de comportements sont distinctes et qu'un apprentissage de l'imitation motrice ne se généralise pas nécessairement au domaine vocal (Yule et Berger, 1975).

Le langage fonctionnel

Plusieurs études se sont centrées sur deux aspects principaux du langage fonctionnel: la dénomination et les réponses aux questions. Sherman (1965) utilise une série d'étapes progressives afin d'installer la réponse spécifique à la question «Qu'est-ce que c'est?» lorsque différents types de nourriture sont présentés au sujet. La séquence inclut le renforcement de la réponse «nourriture» (la traduction anglaise «food» est plus simple à prononcer) lorsque les instructions présentées au sujet obéissent à la progression suivante: (1) «Say food»; (2) «Say foo-»; (3) «Say f---»; (4) «What is this? Say f----»; (5) «What is this?». Après l'installation de cette réponse, Sherman apprend au sujet, selon la même méthode progressive, à dénommer 10 images. Dans un rapport très détaillé, Risley et Wolf (1967) modifient le langage d'enfants arriérés sévères présentant des réponses écholaliques. Après l'installation d'une réponse d'imitation verbale, les auteurs présentent un objet et demandent: «Qu'est-ce que c'est?». Lorsque l'enfant regarde l'objet, l'expérimentateur fournit immédiatement une incitation verbale — il prononce le nom de l'objet — et renforce le sujet pour toute imitation du nom de l'objet. L'étape suivante consiste à accroître l'intervalle de temps séparant la question de l'incitation verbale. Les résultats montrent que l'introduction du délai entre la question et le nom est efficace pour amener la réponse du sujet sous le contrôle de la question, à condition d'utiliser un renforcement contingent à toute réponse correcte.

Des exemples d'apprentissages de dénomination sont fournis par Sulzbacher et Costello (1970). Etant donné que le discours peut être morcelé en une série d'éléments, l'apprentissage et l'organisation d'unités verbales peuvent être menées à partir d'une procédure en chaîne. La méthode utilisée est le plus souvent une chaîne régressive (cfr p. 237). Par exemple, si l'enseignant désire installer la phrase « Je veux boire », le terme « boire » sera d'abord appris (par imitation, renforcement différentiel, etc.). L'enseignant estompe ensuite le mot « boire » et installe l'unité verbale « veux ». L'apprentissage de « veux » devient un stimulus pour l'émission de « boire » qui elle-même est suivie d'un renforcement tangible. Chaque mot devenant le signal pour l'émission du mot suivant, il est possible ainsi d'installer une série d'unités. Les données manquent sur la généralisation des acquis à d'autres mots ou phrases n'ayant pas fait l'objet d'un apprentissage systématique.

Les classes de réponses génératives

Ce concept, d'utilisation récente dans le vocabulaire de la Modification du Comportement, se réfère à ce que les psycholinguistes appellent l'usage de règles. Dans la terminologie operante, les classes de réponses génératives indiquent un résultat : si une procédure d'apprentissage modifie certains membres spécifiques d'une classe de réponses, tous les autres membres seront affectés. Dans le domaine du langage, les classes de réponses ont été étudiées dans la morphologie et la syntaxe.

Guess et al (1968) installent, par imitation, l'utilisation générative des morphèmes du pluriel dans le répertoire verbal d'arriérés sévères. L'apprentissage consiste à renforcer la dénomination d'objets présentés seuls ou par paires. Après l'apprentissage, le sujet est capable d'utiliser la forme pluriel avec de nouveaux objets n'ayant jamais été inclus dans la procédure. Au niveau de la syntaxe, Wheeler et Sulzer (1970) utilisent une procédure en chaîne pour installer l'émission de phrases chez un enfant arriéré modéré, âgé de 8 ans. Au début de l'apprentissage, l'enfant émet uniquement des mots, dans un style télégraphique, en omettant les articles et les verbes auxiliaires. Chaque phrase est divisée en trois composantes. Le sujet reçoit un point pour toute émission correcte d'une composante. La composante initiale comprend l'article et le sujet (ex.: «le chat»). Le second élément comprend l'auxiliaire et le participe présent (en anglais, la forme progressive est très souvent utilisée dans le langage courant. Par exemple: «is eating» — est en train de manger). La composante finale est formée de l'objet accompagné de son article (ex.: «la souris»). La procédure consiste à utiliser des images comme support visuel de la phrase. Des tests ultérieurs montrent que l'enfant utilise une syntaxe correcte, non seulement pour les phrases ayant fait l'objet d'un apprentissage spécifique, mais également pour d'autres phrases comprenant un sujet, un verbe et un objet. D'autres expériences de Guess (1969) étudient les relations entre langage expressif et langage réceptif. En général, les résultats montrent que les arriérés modérés et sévères ne présentent pas de généralisation de la compréhension vers la production; celle-ci devant faire l'objet d'un apprentissage spécifique.

La généralisation

Bien que l'installation d'un répertoire verbal chez un sujet arriéré mental représente un but thérapeutique hautement désirable, tout programme repose en fait sur une hypothèse: le langage ainsi appris lors de séances structurées sera également utilisé dans d'autres contextes. Nous avons souligné à diverses reprises qu'il s'agit là d'une préoccupation constante chez les chercheurs. Malheureusement, les données actuellement disponibles sont trop clairsemées et ne permettent pas de tirer des conclusions utiles. Présentant une revue générale du problème, Garcia et de Haven (1974) observent que dans bien des cas, la généralisation est absente : les arriérés mentaux modérés et sévères se caractérisent par des déficits dans le transfert d'acquis d'une situation à une autre. Les auteurs concluent qu'en l'absence de données plus explicites, il est nécessaire de considérer la généralisation comme une étape particulière du programme et de l'installer de manière systématique. La généralisation est l'aspect des programmes ponctuels le plus critiqué par les psycholinguistes pour qui le langage est autre chose que le simple apprentissage de mots et leurs combinaisons (cfr Miller et Yoder, 1974). Reste à voir quelle est cette « autre chose »... Dans une analyse des difficultés rencontrées par l'approche operante dans l'installation du langage, Yule et Berger (1975) concluent qu'il est nécessaire d'adopter une optique fonctionnelle, étant donné que la définition du langage se modifie continuellement suivant les progrès réalisés par la psycholinguistique. S'il est vrai que chez beaucoup d'arriérés le simple apprentissage de mots ou de phrases permet de répondre à des exigences précises, ne serait-ce que sur le plan de la socialisation, nous nous interrogeons toutefois sur le bénéfice à long terme de ce type d'approche. Nous pensons que la démarche fonctionnelle — doter les arriérés d'un répertoire verbal approprié — doit se doubler d'une analyse des processus en jeu comme les prérequis cognitifs, l'utilisation des règles de transformation et le rôle sélectif opéré par l'environnement. Cette analyse nous permettra de mieux comprendre les mécanismes d'acquisition et dès lors de mieux intervenir. Il est certain que l'intégration des modèles ponctuels dans une approche plus développementale permettra de répondre à cet objectif.

C. Les systèmes non verbaux

Plutôt que de tenter de programmer un langage oral, certains chercheurs travaillant avec des arriérés sévères ont choisi d'installer des formes de communication non verbales. Parmi les expériences les mieux décrites, et susceptibles d'être reproduites, citons le travail de Bricker (1972), portant sur l'introduction de gestes destinés à faciliter les associations mots-objets chez de jeunes arriérés institutionnalisés, l'approche de Marshall et Hegrenes (1972), utilisant un système de symboles visuels chez des enfants autistes, et l'étude de Topper (1975), qui installe un système de communication gestuelle chez un arriéré sévère.

La mise au point par Carrier (1976) du *Non-Slip* (Non Speech Language Initiation Program) constitue certainement l'application la plus intéressante de ces dix dernières années dans la communication chez les arriérés.

Bases du programme

Partant de l'hypothèse qu'il était possible d'apprendre « le langage » à des chimpanzés, Premack (1970 a) mit au point un système basé à la fois sur la logique et la technologie comportementale. Deux hypothèses sous-tendent les premiers travaux. En premier lieu, Premack suggère que si les chimpanzés n'avaient pas appris le langage parlé, cela était peut-être dû à une incapacité physiologique de produire les sons requis. Premack tenta de dépasser ces limites physiologiques en mettant au point un autre ensemble de symboles — des formes de plastic — chacune servant à représenter un «mot» ou à remplir une fonction symbolique. Premack définit ensuite les comportements qu'il accepterait comme étant gouvernés par des règles «linguistiques»: «non seulement, la phonologie, mais aussi la syntaxe humaine peuvent être spécifiques à l'espèce. Cependant, cela n'entraîne pas nécessairement que les mécanismes de la logique et de la sémantique aient le même statut. Ces dernières peuvent être distribuées plus largement et il se peut que ce soit elles, et non pas les formes humaines de la syntaxe et de la phonologie, que dépendent les fonctions de base du langage» (Premack, 1970, p. 108). A partir de cette seconde hypothèse, Premack définit les classes de comportements ayant les caractéristiques logiques et sémantiques du langage humain. Il arrivera ainsi à apprendre à un chimpanzé à communiquer selon des règles linguistiques. Immédiatement après les premiers travaux, plusieurs auteurs utilisèrent le système mis au point par Premack avec 10 enfants arriérés sévères (Parsons et Carrier, 1971; cités par Carrier, 1976). Devant le succès des études préliminaires, Carrier mit au point le programme de Non-Slip.

Description du programme

Le but du Non-Slip est d'apprendre au sujet un ensemble de concepts nécessaires à l'acquisition d'une communication linguistique fonctionnelle. Il se centre donc sur l'apprentissage d'un ensemble de règles plutôt que sur des réponses fonctionnelles. C'est ainsi que le programme contient des phrases comme «le cheval est assis dans la voiture», phrase complètement vide de sens, mais qui est destinée à apprendre une règle nécessaire à la communication. Le matériel comprend un ensemble de symboles — des formes de plastic de dimensions variables — pouvant être utilisées pour exprimer un mot ou des phrases (par exemple: un carré pour «garçon», un cercle pour «fille», etc.). En outre, un panneau réponse, composé de sept cases, permet l'arrangement des formes. Un manuel permet de suivre étape par étape la progression du programme.

Le programme comprend 12 sous-programmes. Nous ne décrirons que les étapes qui permettent d'arriver à la «dénomination». Lorsque le sujet a appris, par imitation et procédure de renforcement différentiel, à s'asseoir et à placer les formes dans les cases, le Non-Slip débute avec une mise en correspondance de nombres. Chaque forme comporte un ou deux traits; le sujet doit apparier les formes d'après le nombre de traits. La seconde étape est une mise en correspondance de couleurs. L'enfant a tout d'abord deux couleurs à sélectionner, puis trois, quatre et cinq. Dans la troisième étape, le sujet doit utiliser à la fois les nombres et les couleurs dans l'arrangement des formes. L'examinateur présente au sujet une séquence de 7 symboles (= formes), arrangées de la gauche vers la droite, chacune comportant un ou deux traits de couleurs différentes. Le but de cette étape est d'amener le sujet à reproduire une séquence spatiale correcte. L'étape 4 consiste à sélectionner, à partir de symboles présentés par l'expérimentateur, les symboles correspondants. Dans l'étape 5, le sujet doit sélectionner parmi un ensemble d'images, celle qui correspond à l'image montrée par l'expérimentateur. Le sujet est ensuite prêt pour apparier les symboles et les images. Il s'agit de l'étape 6, dans laquelle les symboles sont placés devant le sujet; la ré-

ponse correcte consiste à choisir le symbole correspondant à l'image montrée par l'adulte. Au cours des étapes
suivantes, le sujet est progressivement amené à placer les
noms, verbes et prépositions dans les cases correspondant à leur situation dans la phrase. L'exemple suivant,
repris de Carrier (1976) illustre l'étape finale de l'acquisition d'une phrase : « The boy is sitting on the bed » :

| | *Cases dans le panneau réponse* | | | | | | |
	1	*2*	*3*	*4*	*5*	*6*	*7*
Symboles indiquant la case	1 rouge	1 orange	1 vert	1 bleu	1 noir	2 rouge	2 orange
Elément de la phrase	article	sujet	auxi-liaire	verbe	pré-position	article	nom
Exemple de phrase	the	boy	is	sitting	on	the	bed

A la fin du programme, les sujets sont capables de reproduire ce type de phrase en réponse à de nombreux
stimuli visuels. Des exercices de généralisation permettent de s'assurer que l'enfant répond à un arrangement
séquentiel donné, et non à un type particulier d'image. A
partir de ce modèle, l'expérimentateur apprend aux sujets
à utiliser d'autres types de phrases : interrogatives, négatives, ainsi que le pluriel ou l'utilisation d'adjectifs.

Commentaires

Directement dérivé des travaux de Premack, le programme Non-Slip a été utilisé avec des sujets arriérés
mentaux sévères et profonds, des enfants sourds-muets
et des autistes. Dans le rapport qui est en notre possession (Carrier, 1976), il n'existe aucune mention du niveau
développemental des arriérés sévères et profonds; celle-
ci nous paraît essentielle dans la mesure où elle peut dé-

terminer les indications du programme. Cette première remarque en appelle une autre, sous la forme d'une question: quels sont les prérequis cognitifs à l'apprentissage d'un système de communication comme le Non-Slip? Nous ne doutons nullement que Carrier et ses collaborateurs aient obtenu des résultats avec un certain nombre de sujets — les travaux de Premack, reproduits par lui-même et d'autres chez des enfants autistes et arriérés mentaux, ainsi que chez des adultes aphasiques (cfr Seron et al, 1977) démontrent à suffisance les possibilités offertes par la procédure —; cependant, il nous paraît important de savoir s'il existe des limites dans l'application du Non-Slip chez les arriérés mentaux. Nous pensons qu'avec la majorité des arriérés profonds (cfr la définition p. 21), le système ne peut être utilisé, étant donné l'importance des déficits cognitifs. D'autre part, chez les arriérés sévères, il serait très intéressant de déterminer avec précision quels sont les sujets susceptibles de profiter d'un tel apprentissage. Selon nous, l'absence de tout langage verbal doit constituer une première indication à l'emploi du Non-Slip. Par contre, chez les sujets susceptibles d'émettre des sons, on est en droit de se demander si une forme de communication telle que le système de Carrier ne représente pas un apprentissage superflu, l'accent devant être mis en tout premier lieu sur l'élargissement du répertoire verbal parce que ce dernier représente une étape importante de la socialisation pouvant être fonctionnelle dans de nombreux milieux, avec de nombreuses personnes.

Soulignons que les remarques précédentes demandent à être vérifiées par des travaux ultérieurs et ne doivent en aucune manière amener quiconque à rejeter tout programme de communication non verbale. En effet, des travaux tels que celui de Carrier ouvrent des perspectives très larges dans le domaine de la communication chez les arriérés mentaux. Même s'il devait se révéler que le système Non-Slip n'est utile que pour une fraction des arriérés mentaux modérés et sévères, cette seule constatation devra justifier un vaste courant de recherches qui permettra de doter les sujets arriérés de ce qui leur fait cruellement défaut : un mode de communication avec leur environnement.

CHAPITRE 10

UN MODELE D'APPRENTISSAGE
EN ARRIERATION MENTALE

L'intervention constitue certainement le but principal de toute action dans le domaine de l'arriération mentale. Nous avons longuement hésité avant d'intituler ce chapitre «arriération et apprentissage». En effet, à l'instar de Robinson et Robinson (1976), Sternlicht (1966) ou Gunzburg (1974), des intitulés tels que «arriération mentale et rééducation» ou encore «psychothérapie des arriérés» auraient pu être utilisés. Pour nous, le terme «apprentissage» permet d'éviter soit la connotation pathologique liée à la notion de psychothérapie, soit l'idée d'un organisme intact, devenu déficitaire, et qu'il faudrait rééduquer. En effet, l'arriéré mental n'est ni un malade mental présentant des troubles psychiques profonds, ni une personne chez qui certaines fonctions, jusqu'alors normales, perdraient tout à coup leur intégrité. Par définition, l'arriéré mental présente un répertoire comportemental limité dans tous ses aspects. Le terme apprentissage prend donc ici toute sa signification. Intervenir chez l'arriéré signifie installer des comportements fonctionnels qui lui permettent de mieux faire face aux exigences des différents milieux dans lesquels il peut évoluer. Considéré sous cet angle, il est certain que la décision d'intervenir entraîne directement une série de questions importantes. Quels sont les comportements à installer? Qu'entend-on par « s'adapter à un environnement » ? Quelle est l'organisation comportementale de l'arriéré? Comment faut-il apprendre? Comment appréhender la personnalité de l'arriéré? Existe-t-il des méthodes d'apprentissage plus indiquées les unes que les autres? Quelle est l'importance du milieu dans le processus d'intervention? Autant de questions dont les réponses restent encore aujourd'hui très parcellaires. Ces questions sont d'ailleurs le plus souvent posées par des chercheurs intéressés au problème de l'arriération mentale. En effet, pour la grande majorité des parents, éducateurs et enseignants, le problème se résoud à une seule interrogation : que faire?

Il faut apprendre, dirons-nous! Mais, dans la plupart des cas, cette réponse laconique cache en fait le manque de connaissances actuellement disponibles pour faire face aux nombreux problèmes posés par l'éducation de l'arriéré mental.

Mises à part les tentatives isolées de Itard, Seguin ou Montessori, l'idée même d'améliorer le sort de l'arriéré mental est récente. La fin de la seconde guerre mondiale marque en effet le début du développement des méthodes d'intervention en arriération. Progressivement pris en charge par divers organismes au sein de la société, les arriérés ont pu bénéficier d'une partie ou de la totalité des services mis en place pour la population normale. Aujourd'hui, la simple énumération des techniques d'intervention dépasserait le cadre du présent ouvrage.

Très schématiquement, il est possible de scinder en deux groupes les méthodes d'intervention en arriération. D'une part, il existe un ensemble de procédures mises au point par des praticiens sur des bases empiriques, expérimentées et sans cesse modifiées grâce à la pratique quotidienne. Citons par exemple les techniques de psychomotricité, les divers exercices mis au point par les logopèdes et les kinésithérapeutes, les méthodes faisant appel à la musique, au dessin ou à la peinture ainsi que le vaste ensemble de procédés pédagogiques utilisés par les enseignants. Il s'agit là incontestablement d'une source inépuisable de méthodes d'apprentissage. Le seul reproche pouvant être formulé à leur égard est le manque de systématisation. La tendance actuelle visant à intégrer la recherche fondamentale et la recherche appliquée au sein d'équipes multidisciplinaires permettra de pallier progressivement cet inconvénient (Mittler, 1975).

Le second groupe de méthodes d'intervention n'est plus le reflet d'un empirisme dicté par les exigences d'une pratique, mais repose sur des modèles explicatifs du comportement humain. L'un de ces modèles, soustendant par exemple l'intervention d'inspiration analytique, envisage le comportement de l'individu comme étant la partie visible d'un iceberg, un symptôme, dont les racines sont situées aux tréfonds de l'être, dans une entité appelée psychisme. L'analyse et l'importance à donner aux divers aspects de l'appareil psychique dans le déterminisme comportemental dépendront de l'orientation théorique du psychothérapeute. Un second modèle, adopté par la Modification du Comportement, considère le comportement, non plus comme un symptôme, mais en tant que produit des interactions entre l'organisme agissant et l'environnement dans lequel il évolue. Agent de

sélection des comportements, le milieu joue un rôle prépondérant dans l'approche comportementale ou behavioriste. Cette présentation des deux courants principaux de
l'intervention psychologique est nécessairement schématique et incomplète. Nous renvoyons le lecteur à l'ouvrage de Seron et al (1977) pour une discussion approfondie.

Nous n'ignorons pas que le courant psychanalytique a
sa place dans l'intervention en arriération mentale, que
ce soit sous la forme de psychothérapie individuelle ou de
groupe, par le biais du psychodrame ou de l'utilisation de
techniques projectives. Notre compétence dans ce domaine nous autorise seulement à conseiller vivement au
lecteur les ouvrages écrits par des spécialistes et illustrant le parti que l'on peut retirer de l'action psychothé-
rapeutique chez l'arriéré mental (Sternlicht, 1966; Fau et
al, 1970; Paisse, 1975). Il faut toutefois souligner la rareté
des travaux d'inspiration psychanalytique au niveau des
arriérés modérés, sévères et profonds. En effet, l'absence
ou la pauvreté du langage ou de tout autre système de
symbolisation qui caractérise ces handicaps rend difficile
l'application des modèles explicatifs issus de cette orientation.

C'est en pensant aux sujets les plus gravement handicapés que nous nous sommes tourné vers la présentation
d'un modèle d'apprentissage en arriération mentale. Ce
modèle, basé sur les principes de la Modification du
Comportement, les méthodes d'analyse de tâches
(Bricker, 1970; Kiernan, 1974) et les données issues des
recherches actuelles en enseignement spécial (cfr Magerotte, 1976 b), s'adresse aux formes modérée, sévère et
profonde de l'arriération. Notre but n'est autre que de
soumettre ce modèle au lecteur qui, par sa critique,
l'améliorera dans sa pratique quotidienne.

Avant même de passer à l'illustration des opérations de base caractérisant l'intervention en arriération mentale, il est nécessaire de présenter brièvement les principes sous-tendant l'approche connue sous le nom de Modification du Comportement.

Le terme Modification du Comportement (M.C.) a tout d'abord été utilisé chez l'humain pour caractériser l'ensemble des applications dérivées du courant behavioriste né sous l'impulsion de Skinner. Ce terme a ensuite pris de l'extension pour en arriver à désigner toute procédure qui agit sur le comportement. Comme le note Skinner, toute intervention de la part d'un thérapeute peut en effet être appelée M.C., et la psychochirurgie, les feux de signalisation ainsi que les pratiques religieuses modifient à un moment donné le comportement humain. Afin d'éviter, dès l'abord, tout malentendu, il est nécessaire de rendre à l'appellation M.C. son sens générique, c'est-à-dire l'application des principes et des lois dérivées de l'analyse expérimentale du comportement telle qu'elle est définie par Skinner sous le terme « conditionnement operant » (voir à ce sujet: Richelle, 1972). Les anglo-saxons utilisent très souvent le terme « Applied Behavior Analysis » qui est un synonyme de M.C. pris dans son sens operant.

La position behavioriste illustrée par le courant de la M.C. a été discutée et analysée à la fois dans ses applications générales au comportement humain (Richelle, 1972; Seron et al, 1977) et en référence particulière au comportement de l'arriéré mental (Spradlin et Girardeau, 1966; Lambert, 1974 b; Kiernan, 1974). Nous ne tenterons pas de la décrire complètement dans ce chapitre; nous nous contenterons de cerner ses caractéristiques principales en fonction de l'intervention chez l'arriéré mental.

La proposition de base de la théorie behavioriste est que le contrôle et l'explication du comportement peuvent être menés à partir de l'analyse des variables environnementales qui affectent ce comportement. La formulation des interactions entre l'organisme et son milieu comprend trois aspects: les circonstances dans lesquelles le comportement est émis, ou *stimuli*, le *comportement* lui-même et les conséquences, ou *renforcements*. Ces trois éléments, le stimulus, la réponse et le renforcement sont fonctionnellement interdépendants. Leur interrelations sont désignées par le terme «Contingences de Renforcement».

L'arriéré mental est un individu qui possède un répertoire comportemental limité dans tous ses aspects. Ce répertoire est fonction de l'histoire de l'individu et de ses interactions avec l'environnement (Bijou, 1966). La tâche de la recherche est d'investiguer les conditions qui produisent un comportement retardé lorsqu'il est comparé à celui du sujet normal. Les variables soumises à l'étude sont les interactions biologiques, physiques et sociales, passées et présentes. Cette position requiert l'identification de quatre classes d'interactions entre le sujet et son milieu. En premier lieu, les anomalies anatomiques ou physiologiques limitent le répertoire de trois manières interdépendantes: l'équipement essentiel des réponses est tronqué, certaines classes de stimuli ne sont pas accessibles (par exemple, un enfant âgé de deux ans et ne pouvant se déplacer est limité dans ses manipulations) et l'apparence physique des sujets entraîne généralement des réponses d'évitement chez leurs pairs, réduisant ainsi les possibilités d'interactions sociales nécessaires au développement. La seconde classe concerne l'histoire des discriminations et des renforcements. Les stimuli indispensables au développement ne contrôlent pas le comportement (par exemple, l'enfant ne réagit pas lorsque l'enseignant dit : « Donne-moi le verre »); les renforcements sont octroyés sur des bases intermittentes (par exemple, l'éducateur prend dans ses bras un enfant arriéré sévère uniquement à l'entrée et à la sortie du centre) ou sont absents. Troisièmement, des procédures de punition appliquées de manière inappropriée ou trop massivement peuvent entraîner la modification de réponses adaptées (par exemple, la répression constante de cris chez un enfant pour qui il s'agit là du seul mode de communication verbale disponible peut réduire, sinon supprimer l'embryon de langage verbal). Enfin, la dernière classe d'interactions concerne le renforcement de réponses inappropriées au développement (par exemple, intervenir chez un arriéré profond uniquement aux moments où il se frappe la tête contre un mur peut représenter une source puissante de renforcements sociaux et accroître ainsi l'auto-destruction).

Le modèle est caractérisé par cinq opérations de base : la sélection et la définition du comportement, l'identification des contingences environnementales, la mesure du comportement, l'intervention et le transfert des comportements appris.

1. SELECTIONNER ET DEFINIR
UN COMPORTEMENT

Il s'agit de la première étape de l'intervention. Trois impératifs doivent être respectés afin de définir de manière précise le ou les comportements à installer ou à éliminer.

A. Le comportement doit être observable. Cela paraît tâche aisée. En effet, que ce soit dans une institution, une classe ou une famille, il existe un consensus global sur «les problèmes» présentés par un arriéré mental. L'enfant ou l'adulte sera décrit comme agressif, distrait, peu apte à apprendre, non motivé, etc. Or, il s'agit là le plus souvent d'interprétations émanant de l'entourage, et rarement d'une description exacte du comportement. Tout comportement doit être défini de manière à ce qu'il puisse être identifié et mesuré par plus d'une personne et distingué d'autres comportements. Demandons simplement autour de nous ce que recouvrent les termes «être peu motivé à apprendre», nous aurons vraisemblablement autant de définitions que de personnes interrogées.

Exemple: L., âgé de 7 ans 2 mois (AM = 2 ans 6 mois) est décrit par son institutrice comme agressif. Les rapports du centre de guidance retiennent le même terme pour qualifier son comportement. Une observation de l'enfant, menée durant trois journées dans son milieu scolaire habituel, montre que le terme «agressif» recouvre en fait pas moins de douze comportements différents se répartissant en deux catégories: comportements destructeurs dirigés vers les autres (griffer, mordre, etc.) et vers l'environnement physique (bris d'objets, jets d'objets, etc.). Parmi ces réponses, cinq n'avaient jamais été décrites ou rapportées, l'institutrice ayant basé son jugement sur le fait que «ça se sent, ça se voit sur son visage, que L. est agressif, que les autres ont peur...»

B. Le comportement doit être efficace. Dans le cadre d'une intervention, deux démarches peuvent être entreprises: installer un comportement absent du répertoire ou éliminer un comportement jugé inadapté. Il est certain que dans ces deux cas, le choix d'un objectif d'intervention reposè sur des bases éthiques, des jugements de valeurs. Et ce n'est pas l'apanage des procédures de M.C. de poser des problèmes éthiques. En effet, tout processus éducatif, indépendamment de la méthode utilisée, renferme ou est sous-tendu par un jugement de valeurs. Dans le cadre de l'arriération mentale, nous ne pouvons échapper à cet impératif. De plus, la sélection d'un comportement doit répondre à une seconde question : l'intervention permettra-t-elle à l'enfant de mieux s'adapter socialement ? Cela signifie que : 1. le comportement doit nécessairement être fonctionnel; 2. le comportement doit pouvoir continuer à être renforcé en dehors de la situation d'apprentissage (la généralisation des acquis).

> *Exemple :* A. (14 ans 3 mois; AM = 6 ans) est dans une classe pour arriérés modérés dont l'enseignant a reçu, dans le cadre d'un cycle de formation continue, un cours sur la théorie piagétienne. Cet enseignant veut faire acquérir à A. les notions de la conservation des liquides. Cet objectif éducatif est, selon nous, inapproprié. Indépendamment du fait que l'enfant n'est pas prêt à acquérir cette notion, les probabilités de maintien des acquis en dehors de la situation d'apprentissage sont quasi nulles et l'enfant « oubliera » les notions apprises en classe.

C. **Le comportement doit être précisé.** Nous touchons ici au domaine de la définition des objectifs. Nous discuterons ce problème dans le chapitre consacré à l'enseignement spécial. Le choix d'un objectif général, même défini en termes comportementaux, peut recouvrir une série de comportements qui constitueront chacun un objectif à moyen ou à court terme. Cette étape de l'intervention peut être adéquatement menée en utilisant les diverses échelles développementales (cfr p. 172) ainsi que les données dérivées de l'analyse des tâches (cfr p. 281).

> *Exemple:* Des parents fixent comme objectif pour leur fille âgée de 7 ans, arriérée modérée, la reconnaissance des couleurs. Cet objectif recouvre en fait trois comportements différents, hiérarchisés, qu'il importe de préciser:
>
> I. Mettre ensemble des couleurs identiques. Mis en présence de deux tas de cartons colorés, l'enfant doit mettre le carton rouge sur le rouge, etc. Cette phase ne requiert pas l'intervention du langage.
>
> II. Désigner. Lorsque les parents disent: «Donne-moi le rouge», l'enfant doit choisir le carton correspondant. Ce stade exige la compréhension du langage.
>
> III. Nommer. Lorsque les parents disent: «Quelle couleur est-ce?», l'enfant doit dire «rouge». Cet objectif comprend l'expression verbale.

2. IDENTIFIER LES CONTINGENCES ENVIRONNEMENTALES

La seconde étape de l'intervention consiste à spécifier les conditions associées à l'apparition (ou à la non-apparition) du comportement. Ces conditions concernent à la fois les antécédents du comportement, ou *stimuli*, et les conséquences, ou *renforcements*.

A. Les stimuli

L'identification des stimuli pose une série de problèmes méthodologiques. En tout premier lieu, on ne peut définir a priori quels sont les stimuli qui contrôlent le comportement, sans se baser sur l'observation. Etant donné qu'au départ cette observation est passive, les occasions de manipuler les stimuli sont réduites ou absentes. En second lieu, le milieu familial ou la classe spéciale représentent des environnements très complexes. Il est impensable de vouloir couvrir l'ensemble des conditions qui précèdent l'émission d'un comportement.

En arriération mentale, bon nombre de problèmes comportementaux résultent d'un manque apparent de contrôle exercé par les stimuli :

I.   soit le stimulus n'exerce aucun contrôle apparent.

   Exemple : L'enseignant dit : « M. est toujours distrait ». L'observation traduit cette expression en termes comportementaux :

   M. ne répond pas aux questions. Dans ce cas, l'identification des stimuli consiste à poser des hypothèses : M. ne répond pas aux questions parce qu'il :
   - ne comprend pas l'énoncé verbal,
   - n'entend pas,
   - regarde ailleurs,
   - est engagé dans une autre activité.

II. soit trop de stimuli sont présentés simultanément.

   Exemple : L. peut ne pas réussir une épreuve de classement de couleurs parce qu'il est mis en présence d'un matériel trop varié ou parce que l'enseignant donne trop d'informations verbales qui « noient » l'élève.

B. Les renforcements

Des problèmes analogues surviennent dans l'identification des renforcements. Un événement ne peut être qualifié de renforcement que s'il entraîne une modification de la fréquence d'apparition d'un comportement. Etant donné les différences interindividuelles dans la sensibilité aux contingences de renforcement, il n'est pas possible d'affirmer a priori qu'un événement donné sera renforçant pour un sujet. Par exemple, Bucker et Lovaas (1968) observent que l'octroi d'un renforcement social, un baiser, accroît les réponses d'automutilation chez un enfant arriéré. Il s'agit certes d'un exemple extrême, mais illustrant parfaitement le rôle complexe joué par les événements d'un milieu quelconque. La difficulté d'isoler des renforcements est contenue dans cette phrase: « Je ne sais pas trouver ce qui intéresse l'enfant pour l'amener à faire quelque chose », véritable leitmotiv de nombreux parents et enseignants. Or, il est certain que « quelque chose intéresse » l'enfant et peut jouer le rôle de renforcement. Le plus souvent, une observation précise d'une tranche de vie permettra de poser des hypothèses. Et c'est à ce niveau que l'orientation fonctionnelle de l'analyse behavioriste dépasse les difficultés inhérentes à l'identification des conditions contrôlant l'émission d'un comportement. Les effets des stimuli et des renforcements peuvent être abordés à titre d'hypothèses. Celles-ci sont formulées explicitement, testées, acceptées ou rejetées dans le décours de l'intervention. L'exemple ci-dessous illustre le processus d'action

C. (8 ans; AM = 4 ans) est décrit comme agressif. Une observation rigoureuse est menée pendant trois jours en classe afin de mieux cerner le problème. Nous reproduisons ci-dessous 45 secondes d'un extrait de l'observation :

« ...C. est à côté de J. et lui tire les cheveux. L'enseignant se trouve à l'autre bout de la classe et dit : « Arrête », vient près de C., lui prend le bras et dit : « Tu ne peux pas faire cela. Attends, je vais te donner un jeu si tu es gentil ». C. reste assis. J. s'éloigne de lui. L'enseignant se dirige vers la pièce aux jouets, est appelé par J. qui pleure, lui dit : « Tu es une grande fille, ne pleure plus », puis va changer les langes de N. C., qui est resté assis, commence à donner des coups de pieds dans le mur... ».

Cet épisode, d'une banalité quotidienne dans le contexte scolaire, peut être analysé sous l'angle du comportement de C., selon un schéma reprenant les antécédents, les comportements et les conséquences :

Antécédents	Comportements (c.)	Conséquences
J. assise à côté	Tire les cheveux de J.	J. pleure Enseignant dit : « Arrête »
Enseignant : - dit « Arrête ! » - se déplace - prend le bras de C.	Ne tire plus les cheveux	Enseignant parle : « Tu ne peux pas faire cela, je vais te donner un jeu »
Enseignant : - va vers J. - s'occupe de N.	Donne des coups de pieds	

Nous observons donc que deux comportements de C., qualifiés « d'agressifs » ont des antécédents et des conséquences différents. De plus, un même événement peut jouer à la fois le rôle de conséquence et d'antécédent. Ce tableau ne peut servir que de base à des hypothèses : C.

est renforcé dans son comportement par l'intervention de l'enseignant ou les cris de J.; l'intervention de l'enseignant peut également jouer le rôle de stimulus discriminatif indiquant la probabilité d'une punition; l'apparition d'une seconde réponse «agressive» peut être due au fait que l'enseignant s'occupe de J. et de N. ou a «oublié» d'apporter un jouet, etc. Des manipulations répétées du milieu peuvent amener à mieux cerner ces hypothèses et agir en conséquence.

3. MESURER LE COMPORTEMENT

L'étape suivante de l'intervention consiste à mesurer le comportement sélectionné. Identifier un comportement et le mesurer sont deux démarches interdépendantes. Nous distinguerons deux moments:

- la mesure d'un comportement avant l'intervention, ou *ligne de base*,
- la mesure d'un comportement après l'intervention. A ce stade, il est nécessaire de comparer les données obtenues après l'intervention avec celles de la ligne de base.

A. Mesurer la ligne de base

Deux variables peuvent être prises en considération dans tous les milieux afin de déterminer le niveau d'apparition d'un comportement avant l'intervention: la fréquence et le temps.

La mesure de la fréquence: Cette méthode requiert de compter le nombre de fois qu'un comportement apparaît

pendant une période déterminée. Pour utiliser la fréquence, il faut que deux émissions successives de la même
réponse soient distinctes et que la réponse se déroule
pendant une période de temps relativement constante.
C'est ainsi que la longueur d'une émission verbale, le jeu
ou une activité manuelle sont difficiles à enregistrer uniquement sur la base d'un comptage, leur durée d'émission pouvant varier très fortement chez un même individu. Les exemples d'utilisation de la fréquence sont nombreux: accidents de propreté sphinctérienne, nombre de
réponses d'imitation, nombre de mots émis, erreurs dans
des épreuves d'arithmétique, réponses d'automutilation,
etc.

Exemple: Lambert (1973) enregistre pendant 60 minutes
les interactions verbales entre L (9 ans 3 mois, QI = 45),
son enseignant et les autres enfants. Les comportements
observés sont définis et arbitrairement codés comme
suit:

A-L. parle à l'enseignant,
B-l'enseignant parle à L.,
C-L. parle à un autre enfant,
D-un autre enfant parle à L.,
E-l'enseignant parle à d'autres enfants.

Une grille permet d'indiquer l'émission de ces comportements par une simple marque (X). L'observation a été
entreprise à la demande de l'enseignant afin d'examiner
«pourquoi L. est passif, ne répond jamais aux questions
et ne parle pas en classe». Les 60 minutes d'observation
se répartissent comme suit: 2 × 5 minutes par jour, durant 6 jours, pendant les cours décrits par l'enseignant
comme «exercices de communication verbale». L'observation montre que la fréquence totale des interactions
verbales est égale à 271. Cette fréquence se répartit
comme suit dans les diverses catégories comportementales: A: 16; B: 27; C: 16; D: 10; E: 202.

Ces résultats ne permettent pas de tirer des conclusions, mais seulement de poser des hypothèses, ne serait-ce que sur la notion de « communication verbale » utilisée par l'enseignant (E: 202). Ils permettent également de s'interroger sur la « passivité » du sujet qui communique avec l'enseignant durant 7,5 % du temps et répond à 60 % des questions de l'enseignant. Etant donné que la classe comprend 11 élèves, y a-t-il possibilité de « répondre plus aux questions » dans les circonstances actuelles ?

Une pratique quotidienne nous a appris que la mesure de la fréquence était très aisée à utiliser en classe spéciale à condition que les observations soient très rapidement traduites en graphiques. En effet, la visualisation immédiate de la situation semble posséder une valeur motivationnelle évidente chez de nombreux enseignants.

La mesure par intervalles de temps : Cette méthode peut être utilisée lorsque l'on désire mesurer plusieurs comportements se déroulant simultanément ou plusieurs situations. Elle consiste à enregistrer le comportement durant de brefs intervalles de temps et ce, pendant la durée totale de son émission. Typiquement, l'intervalle ou échantillon temporel est d'une durée déterminée, par exemple 30 minutes par jour. Cette durée est ensuite divisée en une série d'intervalles plus courts, par exemple, 15, 20 ou 30 secondes. Le comportement est observé durant chaque intervalle. La présence ou l'absence du comportement est notée durant chaque intervalle. Si un événement survient plusieurs fois durant un intervalle, il n'est enregistré qu'une fois. Cette méthode présente deux avantages: elle permet de couvrir un large éventail de comportements et n'est pas soumise à la contrainte de la durée d'émission d'un comportement. Que celui-ci soit fréquent ou sporadique, sa présence ou son absence peuvent être enregistrées durant n'importe quel délai. Deux inconvénients sont liés à la mesure par intervalles de temps. Le premier est qu'elle fournit un indice moins précis que la fréquence; un comportement peut être émis 6 fois en 30 secondes, il ne sera enregistré qu'une fois. Le second inconvénient est que la méthode requiert la présence de deux observateurs afin de calculer un pourcentage de fidélité entre les mesures (on estime généralement à 85 % le coefficient minimal de fidélité entre observateurs).

Exemple: Lambert et Seron-Meuris (1977 a) utilisent la mesure par intervalles de temps afin d'approcher la nature des interactions entre un groupe de 8 enfants arriérés sévères et profonds (âges: 13 mois à 7 ans; Q.I. inférieur à 30) et deux puéricultrices. Chaque enfant est observé durant 30 minutes divisées en intervalles de 30 secondes.

Le tableau reproduit ci-dessous est un extrait des comportements observés durant 6 minutes (32 comportements sont observés simultanément). Chaque minute est découpée en 2 tranches de 30 secondes, numérotées 1 et 2. La marque X indique la présence du comportement durant l'intervalle.

Nom de l'enfant: J. Date de naissance: 6-5-73.
Lieu: — Nom observateur: J.L.L.
Date: 15-11-76. Heure début: 9 h 38.

Comportements	1	2	1	2	1	2	1	2	1	2	1	2
NURSING												
nourrir	x	x	x	x	x							
changer												
bain												
habiller												
propreté											x	
ADULTE-ENFANT												
verbal		x			x		x		x			
tactile	x	x	x	x	x							x
ENFANT-ADULTE												
verbal									x			
tactile	x	x	x	x	x							
EXPLORATION												
LUI												
tactile												
visuelle			x									
buccale					x	x						

Le principe de l'évaluation est de fournir un échantillon représentatif du ou des comportements sur lequel portera l'intervention. Plusieurs variables doivent être prises en considération pour dicter le choix de la méthode: la fréquence d'émission du comportement, sa durée, le moment des observations, les exigences du milieu de travail, et les effets liés à l'introduction d'une personne étrangère dans le milieu habituel des sujets. Un exposé succinct des principes de la mesure, des exercices de démonstration (vidéo, sur le terrain), ainsi qu'une brève supervision suffisent à initier très rapidement bon nombre d'enseignants et de parents à l'observation des arriérés mentaux.

B. Mesurer après l'intervention

Au cours de ces dernières années, les procédures de M.C. se sont adjointes des modèles de contrôle de plus en plus complexes. Parmi ceux-ci, la méthode de la ligne de base multiple et le traitement statistique des groupes contrôles restent des procédures expérimentales dont les propriétés ne sont pas encore délimitées avec précision et donc peu susceptibles d'être directement utiles actuellement en milieu naturel. Nous renvoyons le lecteur à la discussion de Kiernan (1975) pour une revue critique des différents modèles de contrôle et de leurs extensions expérimentales.

Dans une pratique quotidienne, l'éducateur, l'enseignant, et les parents peuvent contrôler les effets de leur intervention au moyen de deux méthodes: le sujet pris comme son propre contrôle et la procédure de reversal.

Le moyen le plus simple d'évaluer les effets d'un programme d'apprentissage est de comparer les résultats obtenus après l'intervention avec ceux enregistrés lors de la ligne de base. Cette méthode présente cependant un inconvénient. Etant donné que l'évaluation en tant que telle n'apprend rien sur les causes du changement intervenu, il est possible d'enregistrer des modifications comportementales sans que le programme d'intervention lui-même soit responsable du changement.

L'exemple suivant est particulièrement démonstratif. Une logopède met au point un programme d'apprentissage de désignation et de dénomination chez un enfant mongolien âgé de 10 ans. Lors de l'évaluation préliminaire, l'enfant reconnaît 3 images et peut en nommer 1. Un programme intensif d'apprentissage basé sur des procédures sans erreurs avec renforcement positif (cfr p. 233) est mené deux fois par jour, à l'école, à raison de 25 minutes par séance. Un contrôle effectué un mois plus tard montre que l'enfant reconnaît 18 images tout en les nommant correctement. L'observation, rapportée par la mère au cours d'une rencontre, selon laquelle l'enfant recevait, après l'école, des séances quotidiennes de logopédie utilisant un matériel identique à celui proposé par la logopède scolaire, tempéra quelque peu l'enthousiasme affiché à l'égard de la méthode utilisée en classe!

La procédure de *reversal* consiste à alterner la présentation du programme de traitement avec sa suppression. Habituellement, la procédure comprend 4 phases successives:

A1: mesure de la ligne de base.
B1: intervention.
A2: suppression de l'intervention et retour à la ligne de base.
B2: réintroduction de l'intervention.

Si la performance observée durant A1 est modifiée pendant B1, se rapproche ensuite, durant A2, d'un niveau égal à A1, puis se modifie à nouveau en B2, la démonstration de l'influence de l'intervention est établie.

Exemple: Lambert et al. (1975) utilisent une méthode reversal pour étudier l'effet de la manipulation d'objets sur les stéréotypies gestuelles d'un arriéré profond (âge: 13 ans 6 mois; Brunet-Lezine: entre 10 et 12 mois). Durant la phase A1, l'enfant est observé dans son milieu naturel. Les stéréotypies sont enregistrées suivant une méthode par intervalles de temps. Des objets sont mis à la disposition de l'enfant. Durant la phase B, l'adulte présente des objets à l'enfant et les lui place dans ses mains. La phase A2 est un retour aux conditions de la ligne de base. Enfin, en B2, l'adulte présente à nouveau des objets à l'enfant.

La figure 4 montre que l'introduction d'une procédure de manipulation active d'objets entraîne une réduction du taux des stéréotypes gestuelles.

Figure 4. Méthode Reversal

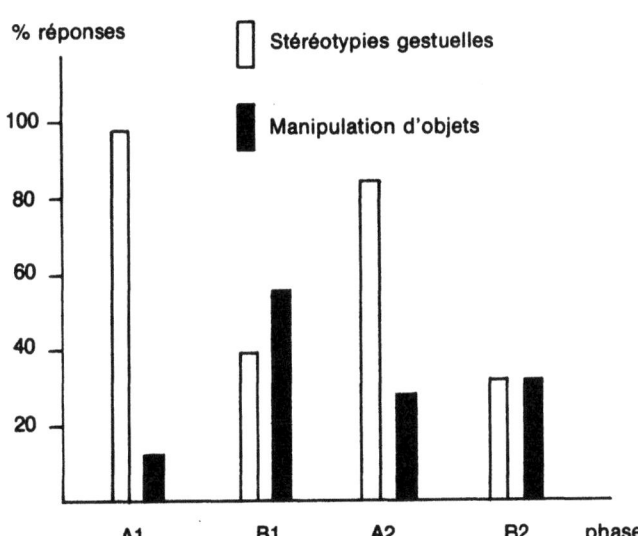

La procédure de reversal (A2) permet en effet de montrer que le retrait de la manipulation s'accompagne d'une réapparition de stéréotypies à un niveau sensiblement égal à celui de A1. La réintroduction active des objets (B2) diminue ensuite les gestes stéréotypés.

L'utilisation d'une procédure reversal présente des limitations importantes sur le plan éthique. Si une méthode de M.C. permet de réduire des réponses d'automutilation chez un arriéré profond, il est certain que l'on ne peut inverser les conditions expérimentales et revenir ainsi aux réponses de départ. D'autre part, toute une série d'apprentissages chez l'arriéré ont une fonction sociale immédiate. Leur suppression, ou leur réduction, par le biais d'une procédure reversal peut restreindre les occasions offertes à l'arriéré pour agir dans son milieu.

4. INTERVENIR

En arriération mentale, les procédures d'intervention peuvent se répartir en deux groupes: celles visant à installer un comportement et les techniques destinées à réduire l'émission d'un comportement.

A. Installer un comportement

Deux possibilités sont présentes:
- soit le sujet arriéré mental ne possède pas le comportement. Celui-ci ne fait pas partie de son répertoire ou est trop complexe pour être émis dans son intégralité.

- soit le sujet possède le comportement, mais sa fréquence d'apparition est trop faible. L'intervention visera à accroître la probabilité d'émission du comportement.

Arrivé à ce point du modèle, il importe de préciser que l'intervention n'est pas l'apanage des seuls praticiens formés à la Modification du Comportement ou à l'analyse des tâches. Nous dirons même que la richesse des méthodes empiriques utilisées quotidiennement dans des classes spéciales ou des institutions dépasse la somme des travaux réalisés à partir des deux courants précités. Il nous était impossible d'illustrer l'ensemble des méthodes d'intervention disponibles. Nous en avons choisi une, issue de la Modification du Comportement et basée sur le système du *renforcement positif.*

Le renforcement positif se réfère à un accroissement de la fréquence d'apparition d'une réponse suite à la présentation d'un événement particulier. Il existe des renforcements primaires et des renforcements conditionnés. Les renforcements primaires ne dépendent d'aucun apprentissage pour acquérir une valeur renforçante (boisson, nourriture, etc.). Les renforcements conditionnés ont acquis une valeur renforçante par association avec d'autres agents renforçants (l'attention que l'on prête à quelqu'un, l'argent, etc.).

Le mécanisme du renforcement positif obéit à certains principes :

Le délai : Au début d'un apprentissage, le renforcement positif doit être délivré *immédiatement* après l'émission de la réponse que l'on désire installer. Lorsque le taux d'émission de cette réponse est stabilisé, il est nécessaire d'accroître progressivement le délai entre la réponse et le renforcement. Cette procédure permet de réduire la dépendance du comportement à des contingences immédiates.

> *Exemple:* En atelier protégé, il serait souhaitable d'accroître progressivement le délai dans l'octroi du renforcement (argent) chez les nouveaux ouvriers. En effet, le milieu d'atelier protégé est plus pauvre en sources de renforcement que la classe spéciale. Durant la phase d'adaptation au milieu, qui exige très souvent l'apprentissage de gestes nouveaux, un système de renforcements immédiats permettrait de dépasser les difficultés d'intégration. Le salaire hebdomadaire ou bimensuel ne serait octroyé que dans une seconde phase, lorsque les performances de l'ouvrier sont stabilisées.

La quantité. Si l'efficacité du renforcement est généralement proportionnelle à la quantité délivrée, il faut cependant éviter l'effet de satiété, par exemple en diversifiant les types de renforcements et en utilisant le renforcement intermittent.

Le programme. Les renforcements peuvent être délivrés selon diverses modalités: sur la base du nombre de réponses émises ou selon la durée s'écoulant entre l'émission de la réponse et le renforcement. Dans le premier cas, le programme le plus simple est le *renforcement continu* dans lequel chaque réponse est renforcée. Les exigences d'octroi peuvent s'accroître et, par exemple, un sujet ne sera renforcé que lorsqu'il aura émis cinq réponses correctes consécutives. Il s'agira dans ce cas d'une procédure de *renforcement intermittent*. Les programmes faisant intervenir une composante temporelle mettent également en action des contingences intermittentes. Leur utilité s'inscrit dans le transfert des acquis.

Les types de renforcements positifs

Une liste exhaustive des événements de la vie quotidienne pouvant jouer le rôle de renforcement positif serait impossible à dresser. Rappelons que la sélection doit se réaliser à partir de l'observation : seul un événement dont la présentation entraîne l'accroissement d'émission d'une réponse peut être appelé un renforcement positif. Parmi les types de renforcements utilisés en M.C., citons les renforcements consommables (boisson, nourriture), manipulables (jouets), sociaux (contacts physiques et verbaux), certaines activités préférées (regarder la T.V., jouer) et les renforcements conditionnés généralisés (argent).

Techniques d'apprentissage

Le contrôle du stimulus, la programmation des comportements et l'utilisation du renforcement positif sont les principes sous-tendant l'installation d'un répertoire comportemental approprié. Une série de techniques ont été mises au point, d'abord en laboratoire, puis « sur le terrain », afin d'appliquer ces principes. Nous présentons les techniques principales avec des illustrations dans deux domaines : l'autonomie et l'apprentissage discriminatif.

● L'incitation

Lorsque la réponse que l'on veut installer ne fait pas partie du répertoire comportemental, les procédures d'incitation facilitent son acquisition. L'incitation peut revêtir divers aspects :

- *Verbal :* toutes les commandes verbales (« donne-moi », « montre-moi », « viens », etc.).

- *Gestuel :* tous les gestes ayant une fonction de signal

(montrer du doigt) ou toute aide physique (prendre la main du sujet et la refermer sur un objet).

- *Visuel:* l'imitation. Nous avons souligné le rôle important joué par l'imitation dans les procédures d'acquisition du langage. Schématiquement, le sujet est renforcé s'il reproduit le comportement émis par un modèle.

Les procédures de M.C. utilisent généralement les trois types d'incitation au début de l'apprentissage. Si ceux-ci se révèlent utiles dans l'installation d'un comportement, elles peuvent cependant représenter un handicap pour le sujet, dans la mesure où, ne pouvant agir sans incitation, il sera toujours dépendant de l'environnement. Le but de toute intervention étant l'acquisition de l'autonomie, il est nécessaire de réduire progressivement les incitations. Cette élimination progressive est réalisée au moyen de techniques *d'estompage*. Elles permettent la transition progressive entre la situation particulière dans laquelle se déroule l'apprentissage (incitation physique et imitation, par exemple) et les contingences habituelles du milieu.

Notons toutefois que chez de nombreux arriérés, l'incitation verbale restera une aide indispensable, un stimulus discriminatif nécessaire à l'émission du comportement.

● *La procédure en chaîne*

De nombreux comportements sont constitués par une séquence, une chaîne de plusieurs réponses. Chaque composante fait généralement partie du répertoire du sujet. L'apprentissage consiste à associer les diverses composantes de la chaîne pour arriver au comportement final. L'approche en M.C. suggère que les chaînes comportementales soient installées par la réponse qui précède immédiatement le renforcement. Un comportement complexe (par exemple: mettre un pantalon) est divisé en une séquence, chaque étape constituant une réponse. L'apprentissage consiste à installer chez le sujet la dernière réponse de la séquence (par exemple: remonter le pantalon à la taille), celle qui est immédiatement suivie du renforcement. Après l'acquisition de cette réponse, le comportement qui précède est appris à son tour, et ainsi de suite. Cette procédure porte le nom de *chaîne régressive*. Certains comportements ne se prêtent pas à ce type d'apprentissage. Dans le langage, par exemple, il est nécessaire d'installer les sons, puis les mots, avant de passer aux phrases. Dans ce cas, on parlera de *chaîne progressive*.

Les deux programmes d'apprentissage suivants, l'un destiné à des arriérés profonds, l'autre issu du contexte scolaire (enseignement gardien pour arriérés modérés), illustrent certaines procédures décrites précédemment.

● *Acquisition de l'autonomie alimentaire*

Manger seul à l'aide d'une cuillère constitue une acquisition indispensable pour l'autonomie. Si la nourriture représente une source puissante de renforcements, sa simple présence devant de nombreux arriérés profonds n'est pas suffisante pour les amener à se nourrir seuls. Il est donc nécessaire de les aider. Mais dans bien des milieux, les repas sont une tâche contraignante pour le personnel et perdent ainsi toute fonction d'interaction sociale.

La procédure suivante (Lambert, 1974 c) s'est révélée efficace chez de nombreux adolescents arriérés sévères et profonds et a pu être utilisée très aisément par le personnel éducateur.

- *Objectif:* Le sujet doit être capable de prendre seul de la nourriture dans son assiette à l'aide d'une cuillère, porter la cuillère à la bouche et absorber la nourriture.

- *Prérequis:* Le sujet doit pouvoir rester en position assise une demi-heure d'affilée. Il doit en outre être capable de prendre un objet en main (préhension palmaire).

- *Méthode:*

Situation: Stimuli discriminatif: assiette avec nourriture, cuillère posée à côté de l'assiette, éducateur debout derrière le sujet.

Procédure: Chaîne régressive utilisant des incitations gestuelles.

Renforcement primaire: nourriture; social: « Très bien, X».

Etapes:

1. La cuillère est placée dans la main droite de l'enfant. L'éducateur referme sa main sur celle du sujet et la guide pour prendre une petite quantité de nourriture. La cuillère est ensuite posée à la bouche. Dès que l'enfant absorbe la nourriture, l'éducateur dit: « Très bien, B.». L'éducateur guide ensuite le retour de la cuillère vers l'assiette.

2. Répétition du cycle précédent avec la modification suivante: l'éducateur lâche la main de l'enfant 5 cm avant la bouche. Le sujet doit doit effectuer seul la fin du trajet. La réponse d'absorption est renforcée verbalement. Le retour à l'assiette est guidé.

3. Accroissement progressif de la distance séparant la suppression de l'aide manuelle de l'absorption. A la fin de cette étape, l'enfant porte seul la nourriture à la bouche.

4. Estompage de l'aide pour le retour à l'assiette. Dès que l'enfant a absorbé la nourriture, la guidance de l'éducateur est supprimée 5 cm avant que la cuillère ne touche l'assiette. Cette distance s'accroît progressivement.

5. Estompage de l'aide pour la prise de nourriture. La main de l'éducateur est refermée d'abord sur le poignet, ensuite sur l'avant-bras du sujet lorsque celui-ci plonge la cuillère dans l'assiette.

6. L'enfant exécute seul la séquence.

Le critère d'acquisition d'une étape est fixé à quatre réponses correctes consécutives. Dès que ce critère est atteint, la séquence suivante est introduite. Si l'enfant présente trois réponses non correctes consécutives lors d'une même étape, la séquence précédente est réintroduite.

● *Acquisition de la discrimination d'objets*

Discriminer des objets, des couleurs, des sons ou des lettres représente en fait une grande partie des occupations scolaires. L'importance des discriminations dans les comportements d'interaction avec l'environnement n'est plus à démontrer. Le programme ci-dessous peut en fait s'adapter à n'importe quel type de discrimination.

- *Objectif:* le sujet doit être capable de montrer (ou de donner) correctement l'objet nommé par l'enseignant.

- *Prérequis:* le sujet doit être capable de:
- rester assis à une table durant 15 minutes;
- montrer du doigt;
- prendre un objet en main;
- mettre ensemble des objets identiques (loto d'objets).

- *Méthode:* Apprentissage sans erreurs avec guidance physique.
- Matériel: 10 objets usuels (cube, tasse, etc.).
- L'enseignant (E) conserve les 10 objets près de lui et les donne au sujet (S) suivant les instructions.

Etapes d'apprentissage:

I. A. L'E. pose un objet devant le S.
   B. L'E. dit: «Montre le ...» ou «Donne-moi le ...».
   C. Si le S. ne réagit pas:
   - répéter la consigne;

- prendre la main du S.;
- la refermer sur l'objet;
- prendre l'objet des mains du S.;
- dire: «Très bien, X. ...» et renforcer de manière tangible (bonbon, etc.);
- estomper l'aide physique.

D. Amener le S. à prendre seul l'objet qui se trouve sur la table. Critère: 3 réussites consécutives. Renforcer chaque essai correct.

II. A. L'E. pose un second objet devant le S.

B. L'E. dit: «Montre le ...» ou «Donne-le moi ...»

C. Si le S. ne réagit pas ou prend l'autre objet:
- répéter la consigne;
- utiliser la même méthode qu'en I.C.

D. Voir I.D.

III. Idem avec 3 objets. Renforcement: uniquement verbal.

IV. 5 objets. Etc.

Veiller à toujours:

- demander de montrer (ou prendre un objet différent);
- aider le S. s'il ne réussit pas;
- renforcer chaque réponse correcte;
- modifier la disposition des objets à chaque étape.

Cet apprentissage peut fournir un modèle de méthode pour tout enseignement. Cette méthode doit évidemment être adaptée selon les sujets, les situations et le type d'apprentissage proposé.

Modèle:

1. Présenter le matériel.

2. Présenter un stimulus verbal.

3. Evaluer la réponse du sujet au stimulus verbal:

A. réponse correcte : renforcer immédiatement la réponse et enregistrer le résultat.

B. Réponse non correcte : étape 4.

4. Présenter le stimulus verbal et fournir un modèle de la réponse correcte.

5. Evaluer la réponse du sujet au stimulus verbal et aux signaux du modèle :
   A. Réponse correcte : renforcer immédiatement le sujet comme à l'étape 3 A.
   B. Réponse non correcte : étape 6.

Représentation graphique du modèle

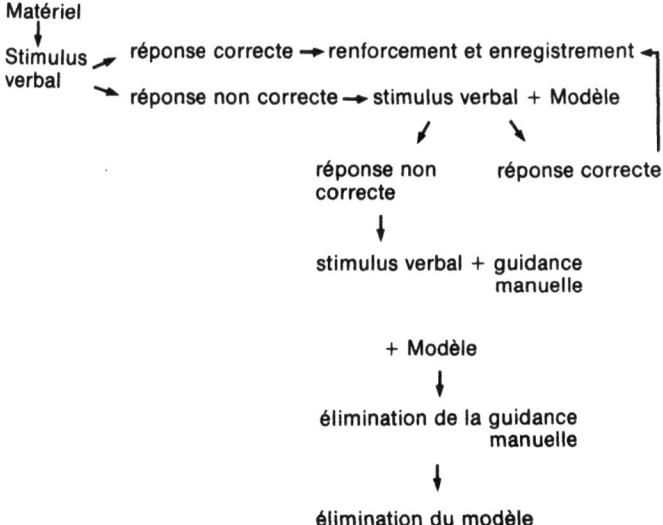

6. Présenter le stimulus verbal et guider manuellement le sujet vers la réalisation de la réponse. Renforcer la réponse comme à l'étape 3 A.

7. Eliminer l'aide physique en diminuant progressivement l'assistance au fur et à mesure que le sujet émet la réponse correcte.

8. Eliminer le modèle en réduisant progressivement la démonstration fournie.

B. Eliminer un comportement

Si les arriérés présentent un répertoire de comportements fonctionnels limité, la présence de réponses inadaptées constitue certainement une de leurs caractéristiques majeures.

Ces comportements inappropriés, ou inadaptés, peuvent se ranger sur un continuum allant du plus au moins grave. En général, la notion d'inadaptation est largement dépendante du contexte physique et social. Par exemple, un élève qui crie dans une classe lorsque l'enseignant parle sera plus ou moins sévèrement réprimé selon la personnalité même de l'enseignant, son histoire et ses vues personnelles sur l'éducation. Il est toutefois nécessaire de souligner que bien des réponses jugées inadaptées peuvent avoir en réalité, pour l'arriéré, un aspect fonctionnel indéniable. Le cri lancé par l'élève est peut-être son seul moyen de communication.

Tel arriéré, institutionnalisé depuis de nombreuses années, n'a d'autres ressources d'attirer l'attention du personnel, qu'en se frappant la tête contre les murs. Cet élève, qui quitte sans cesse son bureau, parle, « n'écoute

pas», est «hyperactif», n'a peut-être pas le bagage linguistique suffisant pour expliquer que le contexte scolaire
ne lui procure aucun renforcement.

Laissons cependant de côté ces observations, qui sont
déjà des interprétations comportementales, pour analyser
les procédures permettant d'éliminer une réponse que
l'on juge inadaptée.

Une observation du milieu habituel des arriérés mentaux montre que bon nombre de comportements jugés
inadaptés surviennent:

- Soit parce que ils sont renforcés par le milieu.
L'exemple classique, répété à l'infini dans toutes les institutions, est celui de l'attention portée par le personnel
aux réponses très spectaculaires d'automutilation. De
nombreux enfants et adultes arriérés mentaux font l'objet
de réponses d'attention de la part du personnel uniquement lorsqu'ils émettent ces comportements. Notons que
l'attention peut exister indépendamment du contenu
donné par le personnel à son intervention; dire: «Arrête
de te mordre!» ou prendre la main de l'arriéré et la retirer de sa bouche sont deux réponses ayant une conséquence identique: le contact avec le sujet arriéré.

- Soit parce que les arriérés ne disposent pas d'un répertoire de comportements fonctionnels. Se balancer,
crier, agiter la main devant les yeux, poser en permanence la même question, répéter constamment le même
mot, sont des comportements inadaptés dont la probabilité d'émission serait moins élevée si l'on apprenait aux
arriérés à se déplacer, manipuler des objets, accroître
leur lexique ou répondre correctement aux questions.

Une revue de la littérature consacrée à l'élimination

des réponses inappropriées chez l'arriéré montre que diverses procédures peuvent être utilisées (Gardner, 1971), chacune ayant des effets spécifiques.

Nous rencontrons tout d'abord la punition, c'est-à-dire l'application d'un stimulus aversif (coup, choc électrique, etc.) contingent à l'émission d'un comportement inadapté. Cette procédure, principalement sous la forme de l'emploi du choc électrique, est en général l'exemple pris par certains pour s'opposer à la M.C. Précisons que l'emploi du choc électrique est rare (9 cas recensés — Gardner, 1971) et soumis à des précautions draconiennes. En dehors du choc, d'autres formes de punitions subsistent, très nombreuses et appliquées quotidiennement dans divers milieux. Au-delà des problèmes éthiques évidents soulevés par l'utilisation de toute procédure de punition, elle nous paraît peu constructive. En effet, toute répression a souvent pour effet de supprimer le comportement indésirable, mais n'apporte rien au niveau fonctionnel. La punition élimine mais n'installe pas de nouveaux comportements. Son application aux arriérés n'a trop souvent comme effet que la réduction d'un répertoire déjà limité. Les procédures de punition restent cependant efficaces. Nous ne pouvons ignorer leur existence lorsqu'il s'agit de supprimer chez certains sujets arriérés mentaux des comportements destructeurs tels qu'ils mettent en péril leur propre vie ou celle des autres. Il s'agit alors de choisir entre l'élimination rapide de ces comportements au moyen d'une procédure de punition et le maintien du sujet dans un système de restrictions physiques ou de camisole chimique.

Une seconde méthode d'élimination consiste à empêcher momentanément l'accès à toute contingence de renforcement positif ou time-out. Les exemples d'applica-

tion du time-out sont nombreux: isoler le sujet après une
«crise de colère», supprimer une friandise, supprimer
tout comportement d'attention après l'émission d'une réponse inappropriée, etc. Les effets de cette méthode dépendent de nombreuses variables et restent difficilement
contrôlables. L'exemple suivant est significatif:

> Y. (6 ans; AM = 3 ans, 2 mois) est fréquemment ré-
> primandé par un enseignant lorsqu'il crache vers ses
> pairs.
>
> Ayant observé la situation, nous proposons à l'ensei-
> gnant d'adopter une procédure de time-out consistant à
> placer l'enfant seul, durant deux minutes, dans un local
> vide adjacent à la classe, dès qu'il émet le comportement
> inadapté. Après cinq jours d'application de la procédure,
> une nouvelle observation montre que la fréquence de la
> réponse «cracher vers ses pairs» s'est accrue de manière
> significative. De plus, l'enfant n'attendait plus le signal
> de l'enseignant pour rejoindre le local d'isolation, mais
> crachait puis se dirigeait seul vers la pièce. Dans ce cas,
> la procédure de time-out constituait une source de ren-
> forcements positifs pour l'enfant et entraînait des résul-
> tats opposés à ceux normalement escomptés!

Une dernière procédure, celle que nous préférons dans
la pratique quotidienne, consiste à apprendre une réponse
incompatible avec l'émission de la réponse inappropriée.
Lambert et al. (1975) réduisent le taux de stéréotypies
gestuelles chez un arriéré profond par l'apprentissage de
la manipulation d'objets.

La découverte d'une réponse incompatible repose très
souvent sur les observations de l'enseignant: jeter des
objets, tirer les cheveux, crier, peuvent être remplacés
par lancer une balle, coopérer avec un autre élève pour
une activité scolaire, chanter.

En conclusion, nous dirons que l'élimination des comportements inadaptés, tout comme l'installation de réponses fonctionnelles, passe par une structuration programmée de l'environnement dans lequel évolue l'arriéré mental. Avant de rechercher des causes psychiques profondes permettant d'expliquer la présence de comportements jugés aberrants chez bon nombre d'arriérés mentaux, il importe de procéder à une évaluation des relations existant entre l'individu et son milieu physique et social. Très souvent, le simple fait de mettre en place des structures permettant l'apprentissage de comportements fonctionnels aura pour effet d'entraîner une réduction des réponses inadaptées.

Le problème central de l'intervention en arriération mentale est celui du maintien des comportements acquis. Comment faut-il procéder pour qu'un comportement appris dans un milieu donné soit également fonctionnel dans d'autres milieux ? Actuellement, nous ne pouvons répondre à cette question. Le problème du transfert des acquisitions chez l'arriéré mental reste un vaste domaine encore inexploré. Les rares travaux ayant abordé cette question (cfr Kiernan, 1974; Mittler, 1974; Garcia et Haven 1974; Lambert, 1976 a) tendent à montrer que la généralisation doit être programmée, dans sa presque totalité, tout comme la situation d'apprentissage elle-même. C'est assurément sur ce point que nous pouvons nous rendre compte combien nous connaissons mal les mécanismes d'apprentissage chez l'arriéré mental. Dire que de nombreuses variables doivent certainement entrer en jeu dans la généralisation, n'est qu'une manière commode d'éviter le problème. En fait, l'énumération de « toutes ces variables en jeu » n'a pas encore débuté.

Le modèle que nous venons de présenter brièvement

s'inscrit dans une tentative de *systématisation* de l'intervention. Trop souvent, en effet, de nombreux efforts éducatifs émanant des enseignants ou éducateurs ne rencontrent que très peu d'échos dans le milieu. Une des raisons expliquant le manque de méthodes d'apprentissage structurées pour les arriérés mentaux modérés, sévères et profonds réside, pour nous, dans l'absence d'un contrôle de l'intervention et de ses résultats. Tout processus éducatif, quelle que soit la théorie sous-jacente, exige une définition des objectifs, la mise en place d'une méthode d'apprentissage, la mesure des effets de cet apprentissage chez le sujet et le maintien des acquis. Le schéma ci-dessous résume l'ensemble de la démarche :

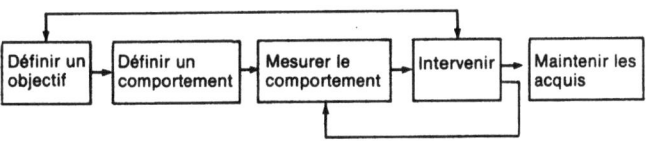

CHAPITRE 11

L'INSTITUTION

«Votre enfant devrait être placé en institution» ... «Pour cet adolescent, nous ne voyons aucune autre solution après sa scolarité spéciale: le placement dans une institution pour adulte» ... «Il faut à tout prix éviter l'institutionnalisation pour cet arriéré mental, il est capable de progresser» ... «J'ai travaillé six mois comme éducateur dans une institution, j'en ai assez, je veux changer de métier ...».

Ces phrases, souvent entendues par quiconque est proche de l'arriération, ont toutes un point commun: chargées affectivement, elles parlent de l'institution comme une solution ultime, le début d'un tunnel, une sorte de constat d'impuissance, le résultat d'un échec. «Placement» et «Institution» sont des termes tabous que l'on prononce lorsque toutes les autres solutions n'ont pas abouti. Que recouvrent-ils? Existe-t-il un modèle-type d'institution? Qu'est-ce que l'institutionnalisation? Quels sont ses effets sur l'arriéré mental? Nous nous garderons de trancher directement sans, au préalable, avoir étudié les données dont nous disposons pour aborder l'analyse des institutions pour arriérés mentaux.

1. RAPPEL HISTORIQUE

Depuis l'Antiquité, les individus reconnus « anormaux » ont fait l'objet de mesures discriminatoires de la part de la société. Les arriérés mentaux n'ont pas échappé à cette règle et, dès le Moyen Age, on voit apparaître des initiatives visant à séparer les « fous de naissance » (= les retardés mentaux) afin de les grouper dans des endroits particuliers, le plus souvent sous la tutelle de congrégations religieuses. Objets de la part de la société d'un mélange d'attitudes alliant le mépris, la compassion, la sympathie ou la charité, les arriérés mentaux furent ainsi retirés de leurs milieux. Cette situation touchait particulièrement les zones urbaines où les critères d'adaptation devenaient de plus en plus difficiles à rencontrer, principalement durant la poussée industrielle qui a caractérisé le 19e siècle. En milieu rural, le sort de l'arriéré mental restait, pourrait-on dire, plus favorable, les exigences sociales étant moins lourdes à supporter (que l'on pense au rôle particulier, quasi magique, que jouait naguère, et parfois encore de nos jours, « l'idiot du village »).

L'éclosion du mouvement institutionnel, générateur d'établissements regroupant plusieurs centaines d'arriérés sous un même toit, est l'œuvre du début du 20e siècle.

Outre les idées d'eugénisme prévalant à cette époque, il existait un consensus largement répandu dans le monde scientifique selon lequel rien ne pouvait être entrepris pour éduquer l'arriéré à s'intégrer dans la communauté (Sarason et Doris, 1969).

Ainsi naquirent les institutions regroupant un grand nombre d'arriérés de tous les degrés de handicap, érigés loin des zones habitées par les «normaux», véritables systèmes clos dans lesquels les arriérés entraient à n'importe quel âge, vivaient et mouraient.

Actuellement, nous sommes encore sous l'influence de ce mouvement. Robinson et Robinson (1976) rapportent qu'en 1969, 255.000 arriérés mentaux étaient institutionnalisés aux Etats-Unis. En 1975, nous avons eu l'occasion de visiter, près de Boston, un «home» regroupant 1.746 arriérés, hommes et femmes, de tous les âges.

Les années 1965-1970 marquent un tournant dans l'évolution des idées sur l'institutionnalisation. Un courant de dénonciation des conditions institutionnelles, parti des pays scandinaves, gagna les Etats-Unis. Ainsi naquit la normalisation dont les théoriciens et les praticiens appelèrent au démantèlement des grands espaces institutionnels et prônèrent l'intégration communautaire. De la création d'ensembles gigantesques au slogan «les meilleures institutions sont les institutions détruites», plusieurs décades se sont écoulées. Certains pays, et en particulier la Suède, le Danemark, la Hollande et une partie des Etats-Unis et de l'Angleterre, sont actuellement susceptibles de proposer des solutions adéquates. La situation d'autres pays comme la Belgique et la France est moins enviable. Il importe toutefois de nuancer cette dernière affirmation. En effet, à l'intérieur d'un même pays, la qualité des structures éducatives diffère d'une région à l'autre. C'est ainsi qu'en Belgique, il suffit de se rendre dans la partie flamande du pays pour s'apercevoir qu'elle n'a généralement rien à envier aux Pays scandinaves ou à la Hollande en ce qui concerne l'adéquation des structures d'accueil pour arriérés. Par contre, plusieurs régions de la partie francophone souffrent d'un manque de politique cohérente face aux problèmes des institutions pour arriérés mentaux. La situation est identique en France où certains départements sont plus avancés que d'autres dans la mise en place de systèmes éducatifs.

Il est urgent de faire face au problème des institutions, sur la base des données scientifiques issues des nombreux travaux ayant abordé la question.

2. UNE OU DES INSTITUTIONS?

Définir ce que recouvre le terme «institution» est certes une tâche ardue. A aucun moment, dans la littérature, nous n'avons rencontré de définition qui ne fasse appel à une connotation péjorative. Sans exception, les rapports étudiés comportent des termes identiques pour caractériser les institutions pour arriérés mentaux: «déshumanisation, agent de ségrégation, surpopulation, isolement géographique» (par exemple: Blatt et Kaplan, 1966; Butterfield, 1969).

Pour Wolfensberger (1976), l'institution est un «système qui annihile l'individualité de la personne humaine, tend à installer un commun dénominateur entre ses membres, où les arriérés mentaux sont rassemblés selon un nombre supérieur à celui d'une famille normale et au sein duquel la majorité des activités quotidiennes se déroulent dans le même local ». Afin de compléter ce tableau, Blatt et Kaplan (1966) ont présenté une vision dantesque du milieu institutionnel sous la forme d'un essai photographique réalisé dans une institution américaine renommée. Même si actuellement certains, sinon la totalité, de nos grands ensembles institutionnels peuvent être intégrés dans cette description, il importe avant tout d'analyser les effets de l'institutionnalisation sur les principaux intéressés : les arriérés mentaux. Avant de passer en revue les études les plus significatives, nous devons opter pour une définition de l'institution. Pour nous, il s'agit d'un espace clos, groupant un certain nombre d'individus arriérés mentaux présentant différents degrés de handicaps, y séjournant en permanence sous la responsabilité d'un personnel engagé pour éduquer. Cette définition « passe-partout » permet de distinguer l'institution de l'école spéciale ou de toute autre structure où les arriérés gardent un contact, sinon quotidien, du moins hebdomadaire avec leur milieu familial ou n'importe quelle autre structure extérieure.

Avant l'avènement du courant de la Normalisation, la position prédominant dans la littérature était centrée sur les effets négatifs de l'institutionnalisation. Par exemple, Dentler et Mackler (1961) décrivent l'entrée d'un groupe d'enfants retardés dans une institution. Ils concluent que l'adoption d'une routine quotidienne, la stricte obéissance aux instructions du personnel et la réduction des conflits avec les pairs sont les buts principaux de la socialisation et contribuent ainsi à restreindre les relations sociales entre les sujets. De plus, de nombreuses études ont montré que les retardés institutionnalisés présentent des déficits significatifs dans certains domaines comportementaux : la richesse du langage (Lyle, 1959), le niveau d'abstraction (Badt, 1958), l'apprentissage de discriminations (Deny, 1964) et les capacités de transfert des acquis (Kaufman, 1963). Les travaux de Tizard et de ses collaborateurs (cfr King et al., 1971) ont contribué à prouver la supériorité éducative d'environnements construits sur le modèle des maisons familiales par rapport aux grandes institutions.

Des variables comme la permanence du personnel, la réduction des distances sociales entre les éducateurs et les retardés, ainsi que la spécialisation du staff entraînent la création d'un milieu éducatif plus adapté. Klaber (1970) et Tizard et Tizard (1971) observent une diminution du QI lors d'études longitudinales de sujets institutionnalisés. Des recherches offrant un tableau très différent de la situation furent cependant menées au cours de la même période. Assez curieusement, leurs résultats furent minimisés, voire ignorés. Yando et Zigler (1971) montrent que l'institutionnalisation peut avoir des effets bénéfiques sur les capacités des retardés à résoudre des problèmes. De même, Zigler et al. (1968) notent un accroissement général des QI lors d'études longitudinales chez des sujets placés en institution.

Face à l'absence de données cohérentes sur les effets de l'institutionnalisation, plusieurs chercheurs orientèrent leurs travaux vers la comparaison entre diverses institutions. Il serait fastidieux d'énumérer l'ensemble des données montrant que ce qui ressemble le moins à une institution pour arriérés mentaux, c'est en fait une autre institution pour arriérés mentaux. Il apparut très vite que des variables comme le QI, la dimension des institutions ou le rapport numérique entre éducateurs et retardés étaient des indices inappropriés pour mesurer les effets de l'institutionnalisation. De plus, à l'intérieur d'un même système, les différences interindividuelles empêchaient toute généralisation. Une étude récente de Balla et al. (1974) peut servir de modèle pour illustrer la complexité des facteurs attachés à ce que l'on appelle l'institutionnalisation. Ces auteurs comparent les effets de deux ans et six mois d'institutionnalisation chez 103 enfants arriérés mentaux provenant de 4 institutions différentes. Les enfants sont évalués à deux reprises, au début et à la fin de l'étude, sur des épreuves mesurant l'AM, le QI, les réponses aux renforcements sociaux, la dépendance verbale, les capacités d'imitation et la variabilité comportementale. Les institutions diffèrent entre elles sur la base du nombre des résidents (de 2.012 à 383), du mode de résidence (pièces communes pour toutes les activités, maisons de type familial), du prix de journée d'entretien par enfant et du rapport éducateurs-enfants. Les résultats montrent que la réaction à l'institutionnalisation est fonction de l'histoire individuelle préinstitutionnelle, du type particulier d'environnement offert par chaque institution, de l'âge, du sexe et du diagnostic des sujets.

Tous les enfants observés présentent des améliorations comportementales évidentes: accroissement de l'AM, diminution de la dépendance verbale et de l'imitation, et accroissement de la variabilité comportementale. Ces progrès restent cependant inférieurs à ceux que l'on est en droit d'attendre, durant une période identique, chez des retardés non institutionnalisés. Enfin, les auteurs montrent que des caractéristiques institutionnelles objectives, comme la dimension de la structure et le prix de journée d'entretien, ne sont pas reliées au comportement et au développement des enfants.

Aujourd'hui, les spécialistes les plus avertis de l'analyse institutionnelle en arriération mentale (Balla et al.,

1974; King et al., 1971; Robinson et Robinson, 1976) s'accordent sur le fait que nous ne disposons pas encore des données suffisantes permettant d'évaluer avec précision quels sont les effets de l'institutionnalisation sur les arriérés mentaux. C'est pourquoi, en l'absence de données scientifiques fiables, nous conclurons qu'il n'existe pas *une*, mais bien *des* institutions pour arriérés mentaux.

Il serait nécessaire d'arrêter ici ce chapitre en insistant sur l'urgence d'entreprendre des études permettant de mieux définir quelles sont les variables qui caractérisent les diverses institutions. Cette attitude, simplement dictée par la prudence scientifique, nous placerait cependant en porte-à-faux avec un ensemble d'idées visant à rechercher d'autres structures d'accueil plus adéquates pour les arriérés mentaux. Alors, jouons le jeu et, à partir de la description d'une institution actuelle, lançons-nous dans la spéculation. Imaginons une institution-type dans notre région qui rencontre toutes les caractéristiques dénoncées par le courant institutionnel (selon la formule consacrée, «toute ressemblance entre notre institution-type et une institution existante est le fruit du pur hasard!»). Notre institution est un vaste complexe de bâtiments anciens ou modernes, disposés en pavillons, groupant tous les services d'intendance à des points bien précis (service médical, secrétariat, buanderie, etc.) et éloignés des lieux abritant les sujets arriérés mentaux. L'institution est isolée, située en dehors de toute agglomération. Elle comprend environ 250 arriérés âgés de 3 à 21 ans. Ceux-ci couvrent toute la gamme de gravité du handicap. Par salle commune ou par pavillon, du profond au léger, les sujets sont plus ou moins groupés par niveaux d'âges et/ou par type d'arriération. Ces groupes sont généralement appelés des «unités de vie». Chaque unité est sous la responsabilité d'une personne qui dirige un staff d'éducateurs dont l'hétérogénéité de la formation ne permet pas de qualifier leurs attributions respectives. Les arriérés profonds passent le plus clair de leur temps au lit, tandis que les sujets qui ont la chance de pouvoir se déplacer, soit sont «occupés», soit «résident» tout simplement dans le bâtiment. Les arriérés peuvent disposer de services de rééducation (logopédie, kinésithérapie, etc.) auprès de spécialistes qui ne sont pas directement intégrés à l'action éducative quotidienne. La direction est assurée par une ou deux personnes qui dépendent d'un organisme de gestion, appelé conseil d'administration. L'établissement est agréé par le Ministère de la Santé Publique et reçoit un prix de journée par résident. Voici, rapidement brossé, le tableau de notre institution-type. Supposons que, sensibles aux idées «dans le vent», les responsables désirent favoriser l'éclatement de l'ensemble, groupant 250 arriérés et environ 100 membres de personnel, en mettant en place d'autres structures. Quelle solution adopter? Avant d'envisager les éventualités actuellement disponibles, il est nécessaire de présenter le courant de normalisation qui est à l'origine de la transformation du milieu institutionnel.

Le principe de normalisation

Développé en Suède par Nirje (1969), puis introduit et disséminé aux Etats-Unis par Wolfensberger (1972), le Principe de Normalisation (P.N.) met l'accent sur la nécessité d'installer chez les arriérés les comportements qui correspondent le plus aux normes de la société. Ce principe doit être appliqué à tous les arriérés, indépendamment de leur degré de handicap ou du milieu dans lequel ils évoluent actuellement. Au niveau institutionnel, les applications du P.N. sont les suivantes:

- Installation d'un rythme quotidien normal, correspondant à la succession des activités des individus non arriérés.

- Possibilité d'accéder à tous les types d'activités disponibles pour les normaux (travail, éducation, loisirs).

- Organisation d'une société bisexuelle, au sein de laquelle les rapports affectifs entre sexes doivent être identiques à ceux rencontrés dans la société normale.

- Adoption de mesures légales visant à permettre aux arriérés de devenir des citoyens à part entière (liberté d'association, droit de vote, etc.).

- Eclatement des institutions en unités résidentielles basées sur le type de la maison familiale dans lesquelles les normes architecturales répondent aux exigences de la vie privée.

- Intégration des arriérés dans la communauté, soit complètement (résidences individuelles ou en petits groupes), soit partiellement (possibilité de mener des activités socio-économiques durant la journée et retour quotidien dans une maison d'accueil).

Pour atteindre ces objectifs, les partisans du P.N. préconisent la mise en place de moyens normatifs. A aucun moment, dans la littérature de la normalisation, nous n'avons trouvé des études permettant de mieux définir le contenu de ces moyens normatifs, sinon cette phrase de Nirje (1969): «L'arriéré doit être placé dans un environnement semblable à celui du normal, empreint d'une atmosphère chaleureuse et riche en stimulations.» Dans un autre ouvrage (Seron et al., 1977), nous avons critiqué le P.N. à la fois sur le plan éthique (qui va décider des

normes culturelles à inculquer aux arriérés ? Notre plura-
lisme social s'adapte-t-il à un modèle « normal» de la société ?) et au niveau théorique. Le P.N. ignore le fait que
par définition les arriérés mentaux ne se développent pas
normalement en réponse à des procédures normatives.
Plonger les arriérés dans un monde normal témoigne
d'une ignorance grave des mécanismes d'apprentissage
de ces sujets et n'a qu'une conséquence, l'accroissement
du retard. Nous renvoyons le lecteur à l'ouvrage précité,
tout en précisant que si l'ensemble de notre propre démarche éducative vise à intégrer les arriérés mentaux
dans la société, nous rejetons le P.N. tel qu'il est présenté et appliqué actuellement dans l'univers de l'arriération mentale. Pour nous, en effet, le P.N. n'est qu'une
résurgence des idées anciennes basées sur l'action carita-
tive, un retour à l'obscurantisme préscientifique prévalant au début de ce siècle en arriération et, à la limite, un
processus ségrégationiste à peine masqué: le refus de
considérer qu'il puisse exister au sein d'une même société des individus différents.

Poursuivons   cependant   notre   approche   de
l'institution-type décrite ci-dessus et imaginons que la direction désire lui appliquer le P.N. Deux solutions peuvent être envisagées: la suppression partielle de l'institution par l'intégration des arriérés dans la communauté ou
la création de petites unités résidentielles, par exemple:
12 homes de 20 places chacun.

Le passage dans la communauté

L'idée d'ouvrir les portes des institutions et d'intégrer
les arriérés mentaux dans la société n'est pas neuve. Une
étude exhaustive de ces tentatives d'intégration communautaire a été réalisée par Mc Carver et Craig (1974).

Prenant comme critère de réussite l'absence de retour dans l'institution, les auteurs analysent 44 études. Entre 1960 et 1970, le pourcentage de placements réussis est égal à 53. Ce chiffre est somme toute très élevé et, notons-le, a été obtenu avant la « découverte » du P.N. Les auteurs notent qu'il est très difficile, par manque d'études sérieuses, de délimiter les conditions permettant d'établir un pronostic d'intégration optimale. Le processus de placement communautaire se réalise sur une base d'essais et erreurs. La liste des échecs d'intégration serait trop longue à dresser. Un travail de Nihira et Nihira (1975) est très significatif à cet égard. Etudiant ce que deviennent 424 arriérés mentaux modérés et sévères à la suite de leur passage de l'institution à la communauté, ces auteurs rapportent 1.252 incidents comportementaux, parmi lesquels 203 mettent directement en péril la vie de l'arriéré ou d'une autre personne. 77 % de ces incidents surviennent chez les individus les plus handicapés et concernent leur santé et leur sécurité. De l'avis même de Wolfensberger (*in* Soeffing, 1974), « l'application de la normalisation est très décevante ». Pourquoi? Certains diront: « Parce que l'institution, par son caractère déshumanisant et étranger à la réalité, ne prépare pas à l'intégration communautaire ». Cette position est très certainement en partie exacte. Il existe en effet des recherches qui montrent qu'une planification minutieuse du milieu institutionnel peut réduire de manière significative les échecs d'intégration (par ex.: Thompson et Grabowski, 1972). Le problème n'est toutefois pas résolu pour autant. Les lois de l'apprentissage nous apprennent en effet que, chez de nombreux arriérés mentaux, le transfert d'acquis d'un milieu à un autre n'est pas automatique, mais doit être soigneusement programmé.

Un second volet à prendre en considération dans l'intégration communautaire est la réaction de la société normale. Ici également, on ne peut rien espérer sur la base de la sympathie et de la compréhension. L'institution à elle seule est impuissante à favoriser l'intégration communautaire de ses membres si elle n'est pas suivie en cela par la société. Et à ce niveau, il sera nécessaire de modifier les comportements des normaux (Lewiss, 1973). L'ajustement communautaire des arriérés est donc un processus lent dont chaque étape doit être analysée et planifiée.

La construction de petites unités résidentielles

Notre institution-type décide donc de se transformer en unités de type familial. Chaque maison abritera une vingtaine d'arriérés et comprendra toutes les utilités garantissant une vie normale (cuisine, salle à manger, chambres individuelles ou à deux personnes, lieu de séjour, ateliers divers, etc.). Ces maisons (auxquelles on donnera souvent des noms poétiques d'animaux ou de fleurs) seront disséminées sur la propriété qui abritait jadis l'institution-mère ou réparties à divers endroits de la communauté urbaine ou rurale jouxtant l'institution. De plus, le législateur va accorder des facilités de normes dans la création des nouvelles unités et permettra la construction de homes pouvant accueillir, non plus 300 arriérés, mais bien 15, 20 ou 30 sujets. En partant du principe, pour nous essentiellement fallacieux, selon lequel la suppression du gigantisme entraîne la disparition des problèmes institutionnels, les responsables pourront se féliciter d'avoir amélioré le sort des arriérés mentaux. Pour nous, rien n'a changé en fait. Le remplacement d'un home de 300 places par dix unités de style « maison familiale» ne constitue pas en lui-même une réponse. Si des modifications profondes des structures n'interviennent pas rapidement, ces dix unités ne tarderont pas à ressembler à l'institution qu'elles remplacent. Nous ne prétendons pas posséder la solution. En effet, nous n'avons ni la compétence d'un spécialiste de l'analyse institutionnelle, ni les connaissances et encore moins les moyens permettant d'éviter les embûches que représente l'institutionnalisation des arriérés. Nous voudrions cependant, dans le paragraphe suivant, énoncer plusieurs remarques provenant à la fois de données recueillies sur le terrain, des nombreux contacts que nous avons avec le personnel travaillant en institution et d'une expérience personnelle, brève peut-être, mais combien riche en enseignements, de la direction d'un home résidentiel pour 30 arriérés adultes sévères et profonds.

3. QUE FAUT-IL BRULER ?

Deux points nous paraissent essentiels dans l'étude de l'institution ou de ses succédanés appelés homes ou unités résidentielles: la qualité du milieu éducatif et les structures d'organisation.

Le milieu éducatif

Nous disposons de très peu d'études permettant d'approcher la qualité de l'éducation prodiguée aux arriérés. Les seuls travaux ont abordé ce point de vue sous l'angle des contacts entre les éducateurs et les résidents et de la répartition des activités. Plusieurs études ont remis en question le rôle des grandes institutions par quelques faits significatifs. Thormalen (1965) montre que des éducateurs consacrent 1,9 % de leur temps à des tâches d'apprentissage avec les arriérés et 37 % de leurs occupations servent à remplir des tâches que les arriérés mentaux pourraient accomplir eux-mêmes. Klaber (1969) observe que dans six institutions, les retardés passent 33 à 50 % de leur temps à ne rien faire (même pas regarder la télévision !) et que 15 à 20 % des arriérés présentent des comportements stéréotypés.

Certains rétorqueront que l'adoption de nouvelles normes (accroissement du personnel, réduction du nombre des arriérés dans un même espace, aménagement des locaux) permettent de rejeter ces observations dans les oubliettes du passé et que la situation actuelle est très différente. Est-ce vrai ? Veit et al. (1976) notent que dans une unité de type familial comprenant 38 arriérés mentaux et 18 éducateurs, moins de 5 % du temps total passé par le personnel dans le home est consacré à l'éducation, 16,4 % du temps est occupé par le nursing et, dans 30,5 % des cas, les éducateurs ignorent les interactions physiques ou verbales émises par les arriérés. Cobben (1976) enregistre les contacts physiques et verbaux survenant entre deux éducateurs et six adultes arriérés sévères et profonds résidant dans un home occupationnel « new look » de 30 places. La durée d'enregistrement pour chaque adulte est égale à 760 minutes. Les résultats montrent que dans les cas les plus favorables, les interactions éducateurs-arriérés ne dépassent pas 7 % du temps global. Des données analogues sont rapportées par Lambert et Seron-Meuris (1977 b) dans un centre de création très récente accueillant des jeunes enfants arriérés sévères et profonds. L'hypothèse, selon laquelle la proportion d'éducateurs est insuffisante, ne tient pas. En effet, dans ces deux cas, le rapport éducateur-arriéré était de 1 à 4.

Dans une étude célèbre, Tizard (1971) a montré que l'augmentation du nombre d'éducateurs au sein d'un groupe d'enfants arriérés n'entraînait pas un accroissement des conduites verbales entre le personnel et les enfants, mais bien entre les éducateurs eux-mêmes. Enfin, pour compléter ce tableau, Lambert et Seron-Meuris (1977 b), adaptant sur le terrain une échelle américaine permettant d'approcher la qualité de l'éducation offerte par le personnel à des enfants arriérés sévères et profonds, ont dû ajouter une rubrique non prévue par les constructeurs de l'échelle : « éducateur absent du milieu pendant ses heures normales de prestation ». Ces données devraient amener à faire réfléchir certains délégués syndicaux qui, sous prétexte de la création d'emplois, poussent le personnel à exiger un accroissement important du nombre d'éducateurs dans les différentes institutions. De même, telle personne, particulièrement incompétente dans tout ce qui touche à l'éducation des arriérés, prétendant que le rapport optimal éducateurs-arriérés doit être de 1,5 à 2 adultes pour un arriéré selon les cas, sera très surprise de s'apercevoir que ses propositions n'auront guère l'effet escompté. Toutes ces personnes, éternellement mécontentes des normes offertes par le Législateur, négligent en effet, par incompétence, un élément essentiel : la qualité du personnel. Nous touchons ici au cœur du problème institutionnel : la formation du personnel. Avant d'y consacrer quelques réflexions, analysons la seconde cause de la gangrène institutionnelle : l'organisation.

Les structures

Qu'il s'agisse d'une institution existante, ou à créer, la structure de base est généralement issue de l'initiative privée. Très schématiquement, un conseil d'administration dirige et gère l'institution, tant sur le plan administratif qu'au niveau financier et sur le plan du personnel. Pourvu que la gestion du conseil réponde aux normes fixées par le législateur (agréation des bâtiments, qualification minimale du personnel, mise à jour d'un plan comptable, etc.), il reçoit des subsides de l'Etat pour assurer la gestion de l'établissement et l'éducation des résidents. Il s'agit d'un compromis entre l'initiative privée (la création de tout établissement a très souvent à l'origine la constitution d'une association, généralement des parents d'arriérés mentaux, qui avance les fonds nécessaires) et l'initiative publique (l'Etat subvient par le biais du remboursement d'une partie des fonds investis et l'octroi d'un prix de journée d'entretien). A aucun niveau du processus, il n'existe de contrôle de la qualité éducative de l'institution. En commençant par les membres du conseil d'administration, en passant par la direction, pour arriver au personnel éducateur, la compétence éducative est le dernier domaine qui puisse être l'objet d'une évaluation. On assiste donc au paradoxe suivant : l'Etat, c'est-à-dire les contribuables, dont font partie les parents des arriérés mentaux, fournit à une collectivité restreinte les moyens de mettre en place et de maintenir un système éducationnel, sans pouvoir exercer un contrôle sur la manière dont se déroule l'éducation. Tout contrôle étatique sur la qualité de l'éducation soulèverait certainement une tempête de protestations, sous prétexte que l'Etat est incompétent pour juger. Et pourtant, où se situent les compétences ? Afin d'éviter toute polémique, nous ne nous étendrons pas sur ce sujet.

Nous résumerons en deux mots la base d'une transformation des structures institutionnelles : la compétence professionnelle. Actuellement, nous ne voudrions pas émettre un avis négatif sur l'ensemble du personnel éducateur. S'il est vrai que, comme dans tout milieu, il existe des personnalités pathologiques qui remplissent des fonctions éducatives, une majorité d'éducateurs fait preuve de qualités dignes de respect. Il faut être resté huit heures par jour avec un groupe d'enfants grabataires pour se rendre compte des aspects exigeants de cette profession. Nous disons bien profession, et non vocation. En effet, certains responsables voudraient mettre en exergue une masse indéfinissable de sentiments que l'on appelle dévouement, esprit altruiste, sens du devoir, etc., devant constituer les bases d'une sélection d'éducateurs efficaces. Tout cela, afin de cacher le mal central dont souffrent les institutions et ce, à tous les niveaux : l'absence de formation.

Accroître la qualité des services éducatifs ne peut se réaliser qu'à partir de la formation. Il est urgent que diverses organisations ayant dans leurs fonctions la formation du personnel, créent ou supervisent des formules de formation à tous les niveaux de la hiérarchie. Cette formation peut prendre diverses formes : avant ou en cours d'emploi, séminaires, enseignement théorique et surtout stages pratiques sous la supervision de spécialistes, etc.

Exiger une formation professionnelle qualifiée est une chose. Obtenir les moyens de la mener à bien en est une autre. Nous sommes confrontés ici à l'aspect économique de la structure institutionnelle. La dévalorisation sociale de la fonction d'éducateur a une origine purement économique. Les salaires actuellement rattachés à cette profession ne permettent absolument pas l'exigence d'une qualification professionnelle appropriée.

Pour un salaire équivalent, blâmerait-on un éducateur

de choisir des surveillances de midi dans un lycée, au lieu d'éduquer dix à quinze adultes arriérés profonds en se pliant aux contraintes des roulements d'horaires et au travail durant le week-end? Il en est de même pour le personnel médical et paramédical. Les échelles barémiques en application dans les divers types d'institutions pour arriérés mentaux sont inférieures, et parfois de manière très importante, aux salaires habituellement proposés dans les hôpitaux. Nous ne pouvons dès lors nous étonner des difficultés rencontrées pour sélectionner un personnel compétent.

La compétence professionnelle ne s'acquiert qu'au travers d'une formation rigoureuse, à la fois théorique et pratique. La mise en place d'un système de formation adéquat exige un investissement financier certain. De plus, l'acquisition d'un niveau de formation approprié doit trouver un écho dans une valorisation économique. Mais, nous rétorquera le lecteur, tout cela va coûter cher à l'Etat. Assurément, oui! Pour nous, il s'agit là d'un problème de morale communautaire. Comment devons-nous juger une société qui refuse d'accorder une aide économique à la formation du personnel s'occupant de ses membres les plus déshérités, et qui consacre des sommes importantes à l'amélioration d'un potentiel militaire?

CHAPITRE 12

L'ENSEIGNEMENT SPECIAL

L'enseignement spécial (E.S.) pourvoit à l'instruction et à l'éducation des handicapés: 1. en assurant le développement de leurs aptitudes physiques, intellectuelles et leur ajustement social; 2. en les préparant à la vie familiale, à l'exercice des métiers compatibles avec leur handicap et à l'occupation en atelier protégé.

En Belgique, l'E.S. est divisé en 8 types, chacun correspondant à un niveau de handicap. Les arriérés mentaux sont répartis dans les types I (légers) et II (modérés et sévères). L'entrée dans l'E.S. est subordonnée à la production d'un rapport émanant d'organismes dont la liste est établie officiellement (Centre P.M.S., services d'orientation professionnelle, etc.). Pour les arriérés mentaux, il existe un enseignement gardien, uniquement au niveau du type II. La poursuite de la scolarité se répartit pour les types I et II en enseignement primaire et secondaire. Pour terminer ce tableau très schématique, ajoutons que des centres spécialisés dénommés centres de guidance, ont été mis en place pour assurer le conseil psychologique et pédagogique au sein de chaque école spéciale.

Dire que l'E.S. pour arriérés mentaux est actuellement à la recherche de son identité n'est pas travestir la réalité. Que ce soit au niveau des instances supérieures, chez le personnel enseignant ou chez les parents, les interrogations sur la finalité de l'E.S. sont nombreuses. Très souvent, il est difficile de cerner avec précision les raisons exactes d'un malaise très perceptible, car le débat est passionné. Il est certes aisé de prétendre que «l'E.S. ne vaut rien». Une telle attitude n'est pas rare chez bon nombre de personnes, la plupart non directement concernées par le problème, et donc peu dignes d'intérêt. Les motifs du malaise sont nombreux et mériteraient à eux seuls une analyse approfondie. Citons par exemple: l'absence des arrêtés organisant de manière rationnelle l'E.S., les lacunes dans l'orientation à l'entrée du spécial, le manque de précision dans la définition des objectifs, la pauvreté de la méthodologie, l'absence de politique cohérente dans la formation des enseignants, etc.

Malgré toutes ces imperfections, suffisamment dénoncées lors de colloques, journées de formation, ou autres séminaires pédagogiques, nous nous refusons à condamner l'E.S. pour arriérés mentaux. Au contraire, nous voudrions envisager l'avenir avec optimisme et ce, pour deux raisons. La première découle de notre expérience personnelle. Au cours de ces sept dernières années, nous avons eu l'occasion de nouer de nombreux contacts avec un grand nombre d'écoles spéciales pour arriérés. S'il est vrai qu'il existe de «mauvaises écoles» ou de «mauvaises classes», nous pouvons affirmer que leur nombre est minime, comparé à la qualité des efforts mis en œuvre par une très large majorité d'écoles pour assurer aux arriérés un enseignement adapté. Ne perdons pas de vue que le phénomène « enseignement spécial » est relativement nouveau et que l'on ne peut décemment espérer atteindre une perfection globale sans entreprendre un processus d'expérimentation parsemé d'embûches et d'échecs. Notre enseignement traditionnel, bénéficiant d'un passé impressionnant, est-il arrivé aujourd'hui à répondre aux exigences éducatives posées par notre société ?

La seconde raison dictant notre optimisme est moins subjective et repose sur des faits concrets. Ces dernières années ont vu naître une série d'initiatives, de projets ou de réalisations qui nous permettent d'affirmer que l'E.S. pour arriérés mentaux est à un tournant. Et, au risque de décevoir les esprits chagrins, nous disons que le virage est bien amorcé. Parmi ces faits, citons : un accroissement de l'intérêt porté par l'Etat à l'E.S., la multiplication des journées pédagogiques ayant un but fonctionnel, c'est-à-dire la recherche de moyens éducatifs appropriés, la création de sessions de formation pour enseignants dans des domaines spécialisés, les effets de coordination pour la diffusion de l'information pédagogique et, enfin, les travaux de recherches touchant de nombreux domaines pédagogiques et dont les résultats commencent à être appliqués.

Il reste évidemment de nombreux problèmes irritants à résoudre et une fois ceux-ci résolus, d'autres surgiront, plus aigus encore. Mais n'est-ce pas là le sort réservé à toute action dans le domaine combien complexe du handicap mental ?

Nous avons choisi de limiter nos propos à l'E.S. de

type II, c'est-à-dire celui destiné aux arriérés mentaux modérés et sévères et d'étudier successivement son contenu et le rôle de l'enseignant. Pourquoi, demanderont certains lecteurs, éliminer a priori le type I, qui regroupe la majorité des arriérés mentaux dans l'E.S. ? Notre choix repose en fait sur deux considérations. Tout d'abord, il apparaît que les arriérés modérés et sévères font un peu figure de parents pauvres dans la structure actuelle. L'étendue et la complexité de leurs handicaps rendent plus difficile l'approche pédagogique et exigent une qualification d'autant plus importante. Pour eux, le terme d'enseignement « spécial », c'est-à-dire « extra »-ordinaire prend toute sa signification. En second lieu, l'enseignement de type I, pour légers, nous semble plus difficile à aborder ou du moins peu accessible à toute généralisation. Cela tient à la définition même du terme « arriération mentale légère ». Nous avons souligné, lors du chapitre 4 combien l'approche de ce type est peu précise, tant sur le plan de la terminologie que sur celui de l'étiologie. De plus, l'adéquation d'un E.S. pour ce type de handicap est loin d'être certaine. Nous renverrons le lecteur aux diverses thèses en présence qui opposent partisans de la ségrégation ou de l'intégration des arriérés mentaux légers (ou dénommés tels) dans l'enseignement traditionnel, ainsi qu'à la manière dont certains pays tentent de résoudre le problème. (Cfr Lambert, 1975).

1. L'E.S. POUR MODERES ET SEVERES SON CONTENU

Parler du contenu d'un enseignement sans en avoir auparavant défini les objectifs, voilà qui peut surprendre

tout lecteur averti. Les relations entre contenu et objectifs sont cependant loin d'être actuellement précisées
dans le domaine de l'arriération mentale modérée et sévère. Deux questions peuvent être posées dès le départ:
1. Que devrions-nous apprendre aux arriérés sévères et
modérés? 2. Que peuvent-ils apprendre?

Il apparaît irréaliste, par exemple, de décider ce qui
devrait être appris sans considérer ce qui peut être incul-
qué. Mais quelle est la question venant en premier lieu?
Dans un passage remarquable consacré au problème des
objectifs et du contenu, Cunningham (1974, pp. 49-59)
écrit: «En nous demandant ce qui devrait être appris,
nous posons le problème des objectifs de l'éducation. La
notion d'objectif est essentiellement liée à celle de long
terme et est l'élaboration de nos intensions, des décisions
que nous devons prendre pour l'atteindre ... Elle (= la
notion d'objectif) ne doit pas être confondue avec la spécification d'un objectif comportemental posé à court
terme, précis, qui correspond en fait à un comportement
que nous apprenons à un individu arriéré. Trop souvent,
nous confondons les deux types d'objectifs. Les buts à
court terme sont subordonnés à une hiérarchie des acquis
et doivent être posés à partir des objectifs à long terme ...
Et c'est ici que nous commençons à nous poser des questions. Quels sont les objectifs à long terme de l'éducation?»

Le problème est actuellement malaisé à résoudre pour
deux raisons. Premièrement, s'il existe un accord global
sur le fait que l'école n'est qu'un «passage» dans un processus éducatif qui commence dès la naissance et se ter-
mine à la mort, nos connaissances sur les arriérés sont
trop restreintes pour fournir des indications sur le
contenu d'une éducation permanente. En effet, la notion

d'intervention précoce est récente et nous ne pouvons déterminer dans quelle mesure l'acquisition des comportements nécessaires à l'entrée à l'école peut être entreprise dans le milieu familial.

D'autre part, l'âge adulte reste particulièrement inexploré et nous ignorons pratiquement tout des capacités d'apprentissage des arriérés après la scolarité spéciale. Deuxièmement, la définition d'objectifs à long terme est essentiellement basée sur un jugement de valeur. Lorsque Dearden (1968) déclare que notre but est de «développer l'autonomie personnelle basée sur la raison», non seulement il s'agit là d'une prise de position éthique, mais de plus la référence au «normal» est explicite. Nous avons eu l'occasion de développer précédemment le problème de la référence «normative» dans la détermination des objectifs pour l'éducation des arriérés et des difficultés rencontrées pour prendre en considération, dans le processus éducatif, à la fois le retard développemental et les déficits spécifiques des arriérés.

Tout le monde s'accordera sur un minimum d'objectifs à long terme. Lorsque nous prétendons que l'éducation doit viser l'acquisition de l'autonomie, le développement de la communication et de la compétence sociale, nous posons là des buts difficilement contestables. Et pourtant, que représentent en fait ces objectifs? Un exemple permettra de mieux préciser l'interdépendance entre objectif et contenu.

Rendre l'arriéré autonome, cela signifie lui permettre de faire face aux exigences physiques et sociales de son environnement et d'y répondre adéquatement. Apprendre à se déplacer, manger et s'habiller seul, reconnaître les diverses facettes du monde physique, acquérir la propreté sphinctérienne et manipuler adéquatement des objets sont certes des composantes de l'autonomie. Supposons que nous parvenions à doter les arriérés d'un répertoire comportemental qui les rende indépendants de nombreuses contraintes. Cela signifie-t-il qu'ils sont devenus autonomes ? L'autonomie, chez le normal, ne recouvre-t-elle pas également des réponses telles que prendre une décision, choisir quel vêtement porter, opter pour une ou plusieurs activités de loisir, etc. De plus, être autonome englobe certainement chez le normal un ensemble de comportements destinés à compenser des déficits. Par exemple, si je suis dans un pays dont je ne connais pas la langue, je peux émettre une série de comportements qui permettront finalement de me déplacer d'un endroit à un autre, réduisant ainsi mon incompétence sociale. Apprenons-nous aux arriérés les comportements pouvant les amener à compenser leurs déficits ? Nous voyons donc que l'objectif « acquérir l'autonomie » dépend en fait de nombreuses variables, et dans la mesure où nos connaissances sur les possibilités des arriérés modérés et sévères sont au stade des balbutiements, nous ne pouvons donc déterminer avec certitude les objectifs à long terme et, par là-même, une partie du contenu de l'éducation. Enfin, pour complexifier le tableau, le rôle de l'école peut parfois aller à l'encontre même des objectifs dictés par la société. La période post-scolaire est très illustrative à cet égard. Dans une étude longitudinale comparant l'enseignement délivré dans deux classes secondaires du type II et l'adaptation à l'atelier protégé, Atérianus et Lambert (1975) concluent que l'éducation reçue à l'école dépasse largement les exigences de l'atelier protégé. Sous la forme de boutade, on peut dire que l'école apprend « trop » de comportements aux arriérés par rapport à ce qui leur est demandé dans l'atelier. Absence de confiance dans les possibilités des arriérés modérés et sévères, rentabilisation à outrance, manque de définition des objectifs, carence du personnel formé, ignorance de l'aspect apprentissage, etc. Autant de caractéristiques de l'atelier protégé qui jouent un rôle débilitant certain.

Après ce long préambule, il reste nécessaire de mieux cerner une partie du contenu de l'E.S. du type II. Nous ne prétendons nullement fournir un modèle-type. Nous nous contenterons de délimiter les grandes orientations. Auparavant, nous insistons sur deux points:

1. Si la notion de niveaux «gardien, primaire, secondaire» est actuellement appliquée, nous pensons que le fait de la lier à des classes d'âges chronologiques est la négation même de l'idée d'éducation chez l'arriéré. En effet, obliger un enfant à passer du gardien au primaire entre 6 et 8 ans et du primaire au secondaire entre 13 et 15 ans, n'a aucune signification, sinon de prouver que le législateur a considéré l'E.S. comme une copie du traditionnel pour lequel l'adéquation même de ces limites d'âges reste posée. Conservons la notion de niveaux, supprimons les âges chronologiques et envisageons l'E.S. de type II selon un continuum, une progression constante.

2. Le maintien du niveau gardien dans le type II est primordial. Nous lui préférons le terme «préscolaire». Il s'agit en fait du prolongement direct du processus d'intervention précoce qui a (ou aurait dû) débuté dès la naissance, dans le milieu familial. Nous savons que de jeunes enfants arriérés modérés fréquentent des classes gardiennes traditionnelles et, très vraisemblablement, s'enrichissent au contact des autres enfants non arriérés. Non seu-

lement, il s'agit là d'exceptions, mais à un moment donné, l'éducation de ces jeunes enfants exigera l'entrée en E.S. Si des études révèlent que le passage à l'école gardienne traditionnelle prépare mieux l'enfant à la scolarité qu'un système d'école gardienne spéciale, nous ne pourrons nier l'évidence. En l'absence de telles études, nous préférons actuellement nous tourner vers l'amélioration du niveau gardien du type II. Que notre position ne soit pas considérée comme une attitude ségrégationiste. Pour nous, l'E.S. n'est pas un ghetto, mais un moyen de procurer à l'enfant arriéré un cadre éducatif adapté à ses exigences et ses limites. Dire que nous envisageons l'E.S. comme une entité tournée vers l'extérieur, favorisant au maximum les contacts avec l'ensemble de la société, est un truisme ancré chez la grande majorité des directeurs et des enseignants et sur lequel il est inutile de s'attarder.

Schématiquement, nous distinguerons quatre objectifs éducatifs fondamentaux — ceux-ci devant être posés avec les réserves formulées ci-dessus —: l'autonomie, la communication et le développement cognitif, la socialisation et l'apprentissage professionnel et récréationnel. Ces objectifs présentent un contenu s'échelonnant à travers quatre niveaux de la période de scolarisation: préscolaire, primaire, intermédiaire et avancé. Sachant que la scolarisation peut couvrir les âges de 3 à 21 ans, il nous paraît inutile de tomber dans le piège des limites chronologiques à l'intérieur de ces niveaux. Notre division n'a rien d'original. Nous reprenons en fait les bases d'un contenu proposé par Dunn (1973). Nous l'avons adapté et complété en fonction des exigences de notre système scolaire. (Voir tableau 4).

TABLEAU 4
Proposition d'un contenu ES.S. du type II

	Pré-scolaire	Primaire	Intermédiaire	Avancé
Autonomie	Déplacement Manipulation Education sensori-motrice Jeu individuel Conduites de base : manger, s'habiller, propreté	Coordination motrice, visuo-motrice	Intégration des modalités sensorielles Conduites de sécurité Conduites de compensation des déficits	Déplacements à l'extérieur
Communication et développement cognitif	Contacts physiques et verbaux Réponses d'attention Imitation gestuelle. Imitation verbale. Communication non verbale Acquis de la période sensori-motrice	Concepts simples : Temps, espace		Consolidation des concepts temps, espace, nombre Reconnaissance des symboles Lecture sociale Manipulation des nombres Résolution de problèmes simples de la vie quotidienne

Socialisation	Jeu : individuel communautaire social Début des règles Intégration des acquis de l'autonomie dans la vie quotidienne	→	Comportements de base de la vie sociale de l'adulte : échanges interpersonnels, utilisation de la communication règles plus complexes (sécurité routière, etc.)
Apprentissage Professionnel et Récréationnel	Jeu. Musique, rythme Gymnastique Peinture - dessin Réponses d'attention Comportements de réponse appropriés aux instructions. Tous les acquis de l'autonomie.	Sports Arts graphiques et musicaux Apprentissage gestuel →	Apprentissage professionnel spécifique Sports Initiation aux loisirs

Ce modèle, nécessairement incomplet, montre à souhait combien il est malaisé d'approprier un contenu spécifique à chaque objectif général. Nous insisterons cependant sur la place importante prise par des disciplines aujourd'hui trop peu présentes dans l'E.S. : les sports, la musique, les arts graphiques. Des expériences récentes montrent le parti que l'on peut retirer par exemple des arts graphiques dans l'approche et le traitement des handicaps sévères et profonds (Boulangé et Lambert, 1976). Pour nous, le point central de ce modèle n'est pas tant de savoir sous quelle rubrique se situe tel ou tel domaine comportemental, mais bien la personne qui va se charger d'éduquer : l'enseignant.

2. LE ROLE DE L'ENSEIGNANT

Que demande-t-on actuellement à un enseignant du spécial ? Essentiellement ceci :

- prendre en charge, sans formation préalable, un groupe d'enfants dont l'hétérogénéité interindividuelle constitue la seule caractéristique;

- dans la plupart des cas, se retrouver isolé dans l'action éducative, principalement par rapport au milieu familial des élèves;

- s'en remettre à l'avis de médecins et de psychologues soit pour orienter un élève, soit pour régler un problème. L'enseignant participe lui-même très rarement au processus de décision. La règle générale veut que son avis ne pèse pas sur la décision prise par les « spécialistes ».

L'enseignant joue, somme toute, un rôle mineur. Au lieu d'être le point central de l'éducation, il est le plus souvent un exécutant des décisions prises à l'extérieur de sa classe. Nous avons clairement exprimé notre avis sur la question lorsque, en reprenant Dunn (1973), nous écrivions (Lambert, 1975): «L'approche multidisciplinaire dans le diagnostic n'a rien apporté: la plupart des informations recueillies n'ont pas de valeur pour l'enseignant. Nous sommes en face d'une profession, l'enseignant, qui fournit le traitement. L'enseignant doit donc émettre son propre diagnostic avec des informations pouvant venir des autres disciplines». Qu'on le veuille ou non, le fait d'être médecin ou psychologue ne confère nullement le droit de se considérer comme un spécialiste, doté d'une compétence transcendant le processus éducatif. Il y aurait d'ailleurs matière à discussion sur la manière dont médecins et psychologues sont préparés à intervenir dans le domaine de l'arriération mentale.

Le seul spécialiste de l'éducation scolaire est l'enseignant. Pour arriver à une telle modification des attitudes, un point essentiel doit être abordé: l'intervention de l'enseignant dans le processus éducatif complet comprenant l'évaluation et l'intervention.

Nous avons eu l'occasion de souligner tout au long de cet ouvrage, la dépendance fonctionnelle existant entre évaluation et intervention. La forme d'enseignement intégrant ces deux dimensions est dénommée «prescriptive teaching» par les anglo-saxons (Dunn, 1973). Dans ce modèle, l'ensemble de la démarche utilisée par l'enseignant est la suivante:

1. Déterminer les finalités de l'enseignement.

2. Analyser les domaines comportementaux à l'intérieur de ces finalités.

3. Définir un domaine du comportement.

4. Analyser les comportements acquis par l'élève dans ce domaine:

A. Observer le comportement en utilisant les techniques adéquates.

B. Enregistrer les performances soit en appliquant des épreuves spécifiques, soit en élaborant des épreuves nouvelles.

C. Synthétiser les observations recueillies.

D. Transmettre les observations aux membres des autres disciplines.

5. Fixer un objectif à court terme.

6. Décomposer cet objectif en une série d'étapes et établir leur hiérarchisation.

7. Mettre au point la (les) méthode(s) d'apprentissage adaptée(s) à chaque élève.

8. Rassembler ou réaliser le matériel nécessaire à l'implantation du programme.

9. Evaluer les résultats et, par là-même, l'efficacité de son intervention.

Nous conseillons au lecteur de reprendre l'article de Magerotte (1976 a) pour une discussion approfondie et une illustration détaillée du rôle de l'enseignant dans une perspective de «prescriptive teaching». Ce modèle exige un prérequis indispensable: une formation professionnelle adéquate. Dans le problème de la formation, distinguons tout d'abord deux aspects: la formation professionnelle de base assurée par les écoles normales et la formation en cours d'emploi. En ce qui concerne la première modalité, il n'existe actuellement aucun cycle d'études dans une école normale préparant spécifiquement les enseignants à l'E.S. Par contre, il est faux de prétendre que la formation en cours d'emploi fait défaut.

En effet, diverses instances organisent des cycles de formation plus ou moins longs, selon des modalités différentes et, vraisemblablement, avec des résultats plus ou
moins heureux. Ce qui est inexistant, c'est une coordination de tous les efforts afin de déterminer avec précision
la forme et le contenu que doit revêtir une formation à la
fois théorique et pratique permettant aux enseignants de
remplir leur rôle. Une telle formation devrait également
veiller à assurer la mobilité professionnelle, afin de ne
pas enfermer les enseignants dans une hyperspécialisation et ce, durant toute une carrière. Un système rigide
interdisant le passage du spécial au traditionnel serait très
certainement néfaste pour l'enseignant et, en conséquence, pour ses élèves. L'ouvrage de De Landsheere (1976)
guidera utilement le lecteur désireux de connaître les facettes que devra prendre, demain, la formation des enseignants.

Nous n'épiloguerons pas sur la nécessité et l'urgence
de la formation des enseignants. Nous ne remplirions que
quelques pages supplémentaires à l'abondant dossier
existant. La structuration de l'E.S. ne peut se faire sans
ériger la clef de voûte sur laquelle elle doit reposer:
former les enseignants. Les idées ne manquent pas. Des
pays comme la Suisse romande ou le Grand-Duché du
Luxembourg possèdent des modèles dont nous devons
nous inspirer. Les exigences émanant du personnel enseignant pour accéder à une formation spécifique sont lé-
gitimes. Alors?

CHAPITRE 13

FAMILLE ET INTERVENTION PRECOCE

Parallèlement à la dénonciation des effets désastreux engendrés par de mauvaises conditions d'institutionnalisation, un courant d'action s'est développé en arriération mentale pour insister sur l'importance du milieu familial dans l'éducation. En même temps que débutaient les premières études portant sur l'analyse du milieu familial, des recherches mettaient en valeur la notion d'intervention précoce. Tout cela s'est déroulé au cours de ces dix dernières années. Nous sommes donc en présence d'un domaine récent, peu étudié, où plus que partout ailleurs la généralisation des résultats doit être entreprise avec une extrême prudence.

Nous abordons ce chapitre sur deux aspects intimement liés. Tout d'abord, nous passerons en revue quelques études particulièrement illustratives tentant de mieux approcher la complexité des variables prédominant au sein des familles d'arriérés mentaux. Ensuite, nous examinerons les tendances actuelles du courant prônant l'intervention précoce, mais uniquement en relation avec la famille.

1. LES PARENTS D'ARRIERES MENTAUX

Si, jusqu'en 1960, comme l'observe très justement Wolfensberger (1967), le rôle des parents était à peine mentionné dans la littérature, ces dix dernières années ont vu apparaître une série de travaux touchant des domaines comme les effets psychologiques de la présence d'un enfant arriéré dans le milieu familial; la comparaison entre la qualité de l'éducation au sein de la famille, comparée à l'institutionnalisation; les relations entre enfants arriérés et leur fratrie et les différences interfamiliales, en fonction du niveau socio-économique et du type de handicap de l'enfant. L'ensemble de ces travaux est résumé dans les articles de Carr (1974) et Robinson et Robinson (1976). Il nous est apparu inutile de les reprendre en détail. Nous nous limiterons à deux points très précis des relations famille-enfant, parce que ils nous paraissent dominer la pratique quotidienne : l'annonce du handicap à la famille et l'ajustement familial.

Pour une introduction générale à la psychologie des parents d'enfants arriérés mentaux, nous renvoyons le lecteur à l'analyse inégalée qu'a faite Rey (1953). Cet ouvrage constitue en fait une des premières contributions importantes d'un scientifique de langue française au domaine de l'arriération mentale. Il reste malheureusement trop peu connu et sa richesse éducative est loin d'être exploitée par les praticiens.

A. L'annonce du handicap

L'importance cruciale de l'annonce du handicap est reconnue à la fois par les parents et par les professionnels. Trois aspects sont essentiels et peuvent être posés sous la forme de questions : quand les parents ont-ils été informés du handicap ? Comment l'annonce a-t-elle été présentée ? Quel a été son contenu ?

Quand ?

Etant donné que la majorité des syndromes de l'arriération mentale peuvent survenir à divers moments de la vie, cette question est mieux approchée avec les enfants présentant un syndrome de Down (mongolisme), dont le diagnostic peut être posé dès la naissance. Reprenant 5 études couvrant les années 1961 à 1970, Carr (1974) observe qu'actuellement, il existe une tendance à annoncer aux parents le handicap de l'enfant dans 100 % des cas, dès que le diagnostic médical est certain. En est-il toujours ainsi ? Si Cunningham (1975) en doute et apportera bientôt des données permettant de modérer l'optimisme affiché par certains auteurs, nous sommes en mesure de fournir les résultats d'une enquête menée auprès de 24 familles d'enfants mongoliens âgés de 6 mois à 9 ans (Lambert, 1977 b). Nous avons demandé aux parents à quel moment et selon quelles sources ils avaient pris connaissance du diagnostic. Nous avons réparti les enfants par tranches d'âge. Les sources sont les suivantes : Maternité = gynécologue, accoucheur ou personnel infirmier ; Médecin = médecin traitant ; Autre = médecin consultant, spécialiste ou toute autre personne (parent, proche, etc.).

TABLEAU 5
Moments et sources de l'annonce du diagnostic

Age des enfants	Nombre de familles					
	Moment			Sources		
	Naissance 0-10 j.	10-30 jours	1-6 mois	Maternité	Médecin	Autre
0 - 1 an	4	0	0	2	1	1
1 - 5 ans	2	4	4	4	4	4
5 - 9 ans	0	3	7	2	4	4

Le tableau 5 indique deux choses: tout d'abord, en accord avec Carr, il existe une tendance à annoncer le diagnostic de plus en plus précocément (tranche d'âge de 0 à 1 an). Les résultats montrent aussi qu'il y a 9 ans, 10 familles n'ont pas appris directement le handicap et 7 d'entre elles ont dû attendre entre 1 et 6 mois pour obtenir une certitude. Le point important se situe au niveau des personnes qui annoncent aux parents que leur enfant est mongolien. On observe que cette tâche est laissée soit au médecin traitant, soit à d'autres personnes. Par exemple, pour les tranches d'âge 1-5 et 5-9 ans, sur 8 personnes apprenant à la mère que son enfant était mongolien, 4 sont des médecins spécialistes appelés en consultation, 2 sont des proches de la famille et dans 2 cas, le père de l'enfant a été amené à faire part à son épouse du diagnostic. Une étude portant sur un échantillon plus vaste est actuellement en cours et permettra de mieux cerner l'importance de certaines variables dans le moment de l'annonce du handicap (niveau socio-économique, prise en charge prénatale, etc.).

Si l'on accepte la notion selon laquelle 60 à 90 % des

parents souhaitent fermement être mis au courant du diagnostic dès la naissance, (Carr, 1974), le moment de l'annonce du handicap revêt toute son importance.

Nous ne pourrons tirer de conclusions de ces remarques qu'après avoir répondu aux deux autres questions.

Comment?

Dire à des parents que leur enfant est handicapé compte très certainement parmi les moments les plus pénibles vécus par tout praticien de l'enfance. Comment présenter le diagnostic, reste en fait lié à de nombreux facteurs très complexes: la personnalité des parents, l'expérience, les connaissances et la personnalité du personnel médical et para-médical, l'histoire familiale et les conditions dans lesquelles va se dérouler l'éducation de l'enfant.

Disons tout de suite qu'il n'existe aucune recette, aucun schéma applicable à toutes les situations.

Les témoignages des parents illustrent combien le problème est délicat:

- Mme M. (27 ans), second enfant: « Le médecin qui m'a accouchée est venu deux heures après me dire que mon enfant était mongolien, qu'il valait mieux le placer en institution ».

- Mme L. (42 ans), quatrième enfant: « Je savais les risques que je courais, à cause de mon âge. On m'a dit de ne pas m'inquiéter. Le médecin m'a directement avertie qu'il y avait un problème. Tout le personnel a été très gentil. J'ai exigé la vérité. Tout d'abord, on m'a dit que des examens complémentaires devaient être faits. Au bout de 3 jours pendant lesquels je n'ai pas pu voir mon enfant, le gynécologue, accompagné de mon médecin traitant nous a parlé longuement à mon époux et à moi-même, et nous a annoncé que S. était mongolien. Devant leur gêne et leurs difficultés pour s'exprimer, je ne savais plus qui devait plaindre qui?».

- M. et Mme C. (33 et 36 ans), troisième enfant: «Rien ne nous préparait à subir ce choc. Nous pensions que cela n'arrivait qu'aux autres. Nous avons été prévenus, mon mari et moi, dans les 48 heures. L'équipe de la maternité a passé plus de deux heures avec nous pour nous dire ce que présentait l'enfant et répondre à toutes nos questions. Je souhaiterais que tous les parents d'enfants mongoliens soient pris en charge par cette équipe. D'accord, cela ne supprime pas le handicap, mais la sympathie et la compréhension que ces personnes nous ont témoignées ont allégé notre fardeau!».

Trois déclarations, trois attitudes et certainement trois orientations différentes dans la prise en charge du handicap. Entre les deux extrêmes que constituent les témoignages de Mmes L. et C., force est de reconnaître que la seconde est la plus courante. En effet, l'annonce du handicap se déroule très souvent dans une atmosphère de gêne réciproque, où chaque partie, incapable de prévoir les réactions de l'autre, interprète, se défend, est insécurisé. Il n'existe aucune démarche-type à proposer, mais plusieurs indications nous sont fournies par les nombreuses études consacrées à ce sujet délicat. Celles-ci sont résumées par Cunningham (1975). En tout premier lieu, les parents veulent être mis au courant le plus tôt possible, même dans le cas où le corps médical suspecte la présence du handicap. Généralement, les parents souhaitent être ensemble lors de l'annonce du diagnostic. Le caractère confidentiel de l'entretien est primordial. Directement après l'annonce, le père et la mère doivent pouvoir entrer en contact avec leur enfant. Sympathie, contact chaleureux, abord du problème en s'adaptant à la personnalité de chacun des parents sont les caractéristiques exigées chez la personne ayant la responsabilité d'avertir les parents.

Que dire?

Carr (1974) et Cunningham (1975) insistent sur un point important: dès qu'il est porté à la connaissance des parents, que leur enfant est handicapé, il leur est difficile, dans un premier temps, de prendre en considération autre chose que cette information. Les parents demandent un certain temps de réflexion avant de poser d'autres questions. Celles-ci vont apparaître dès les premiers jours suivant l'annonce du diagnostic. En général, ces questions, dans le cas du mongolisme se répartissent en trois catégories: les causes du handicap, le pronostic et les moyens éducatifs à mettre en œuvre. Chacune de ces interrogations exige des réponses spécifiques. En effet, le problème des causes du mongolisme, correctement expliqué par un médecin compétent, peut contribuer à réduire le halo de culpabilité présent chez bon nombre de parents non avertis de l'étiologie du syndrome. Répondre à toute question exigeant un pronostic («Comment sera-t-il plus tard?» «Croyez-vous qu'il ira à l'école?» «Sera-t-il capable de réfléchir?») est une aventure dans laquelle se risquent, selon nous, uniquement les personnes incompétentes. Dire aux parents: «Je connais un enfant mongolien qui a 5 ans et va à l'école gardienne traditionnelle», c'est masquer une partie de la réalité et leur cacher que: «Je connais un autre enfant mongolien qui a 5 ans, ne marche pas, se balance toute la journée et ne sourit pas». Emettre un pronostic à moyen ou à long terme, qu'il soit optimiste ou au contraire négatif, c'est tricher et ce pour deux raisons. En premier lieu, il n'existe pas *un* mais bien *des* enfants mongoliens. L'aberration chromosomique n'est pas liée à l'abolition des différences interindividuelles.

En second lieu, les connaissances actuelles ne permettent pas d'établir avec précision le devenir d'un organisme en interaction avec un environnement. Ce devenir peut revêtir des formes multiples, dépendant de nombreux facteurs. C'est pourquoi nous adoptons toujours comme solution de dépasser le problème du diagnostic en insistant sur les possibilités d'éducation et en particulier sur l'importance de l'intervention précoce.

Quand, comment et que dire aux parents? Des réponses à ces questions dépendent en grande partie les orientations éducatives. C'est pourquoi elles exigent la mise en place de structures adéquates au sein de notre société, à la fois de formation et d'intervention. Une formation exhaustive doit être fournie au personnel médical et para-médical travaillant soit dans les maternités, soit dans des services de consultation post-natale. Elle doit comprendre à la fois la connaissance des différents syndromes pouvant entraîner la présence d'arriération mentale, ainsi que les possibilités éducatives qui sont offertes aux enfants aux différents stades de développement. Les structures d'intervention doivent comprendre l'accueil et la prise en charge des familles désireuses de s'intégrer dans des groupes de formation, ainsi que la mise au point d'équipes pluridisciplinaires assurant l'intervention avant que l'enfant ne soit intégré dans des milieux spécialisés comme l'école.

B. L'ajustement familial

S'il est un domaine de l'arriération mentale dans lequel se sont cristallisés tous les lieux communs, les formules à l'emporte-pièce, les légendes, les exagérations ou encore l'absence d'une approche scientifique digne de ce nom, c'est bien celui de l'impact de l'arriéré sur la famille. Dans une revue exhaustive des travaux consacrés à ce problème, Carr (1974) ne peut que fournir une liste impressionnante de résultats qui interdisent toute généralisation. La majorité des travaux se heurte à un écueil méthodologique difficilement surmontable : comment évaluer l'ajustement familial ? Cette question entraîne automatiquement une approche socio-économique alliée à une évaluation de personnalité. Quelles sont les variables à prendre en considération ? Qu'est-ce qu'une famille normale ? Quelles sont les variables affectant l'équilibre du couple ? Quels sont les comportements centraux ? Dispose-t-on des instruments d'évaluation adéquats ? Si ces questions sont déjà malaisées à poser au sein d'une famille normale, imaginons la complexité qu'entraîne dans le processus la venue d'un enfant arriéré. En l'absence de normes, de définitions précises des comportements et d'outils adaptés, les différents travaux doivent faire appel à des questionnaires ou des échelles d'attitudes qui, cette éventualité n'est pas à exclure, peuvent être biaisés dès le départ par les hypothèses posées par leurs auteurs. C'est ainsi qu'au travers des réponses fournies à une interview (« Croyez-vous que votre enfant pose des problèmes à votre famille ?) ou à un questionnaire (« Vous sentez-vous coupable d'avoir un enfant arriéré : un peu, beaucoup, … ? »), il est pratiquement impossible de mesurer le degré d'adaptation familiale du handicap. Celui-ci dépend de nombreuses variables.

Parmi les principales, citons: le degré de handicap de l'arriéré, la place de l'enfant arriéré dans la famille (premier-né, dimension de la fratrie), les conditions de l'annonce du handicap, les informations reçues sur le handicap de l'enfant, l'ajustement familial existant avant la naissance de l'enfant arriéré, la personnalité de chacun des parents, les facilités offertes par la société pour prendre en charge divers aspects de l'éducation de l'enfant et enfin, une variable très importante: le niveau socio-économique des parents, facteur d'inégalité entre familles, qu'elles aient ou non en leur sein un enfant arriéré, quelle que soit l'étiologie du syndrome.

Nous sommes toujours effrayé par les clichés utilisés par la société pour parler des parents d'enfants handicapés. Pour le grand public, il existe trois attitudes caractéristiques: le rejet total, le rejet masqué et la surprotection. Tous les parents pourraient se répartir entre ces catégories. S'il est vrai que l'on rencontre des parents qui refusent complètement leur enfant handicapé, ou qui bénissent le ciel de leur avoir adressé un être malheureux, il s'agit d'exceptions, de cas très rares, pour lesquels en définitive, l'enfant arriéré n'est qu'un prétexte à cristalliser une désorganisation affective préexistante. Il est nécessaire de dire au grand public qu'entre le rejet total et l'acceptation béate, plus de 90 % des parents se situent sur le continuum d'un ajustement familial plus ou moins bon, tantôt acceptable, tantôt douloureux, selon l'importance du rôle joué par les variables citées ci-dessus. Nous conseillons au lecteur un article remarquable de Janssen (1976) qui montre combien il n'existe pas de dimension comportementale unique permettant de caractériser les familles des arriérés mentaux. Basée sur une étude factorielle des résultats à un questionnaire appliqué à 283 familles, le conclusions du travail montrent que deux dimensions influencent fortement l'ajustement social: la quantité d'informations que possèdent les familles, l'étiologie et le développement du handicap ainsi que le sentiment d'isolement social. Cinq autres facteurs agissent de manière sensiblement égale dans les attitudes parentales: les espoirs irréalistes de progrès, l'ennui causé par la présence de l'arriéré, le degré de frustration lié à l'absence de réalisation des aspirations parentales, le stress psychologique causé par la présence de l'enfant, la résignation et les sentiments de honte et de culpabilité. Chacune de ces dimensions est différemment corrélée avec pas moins de 43 variables indépendantes concernant l'enfant, la mise en évidence du handicap et le milieu familial.

Nous sommes donc très loin des clichés rapportés dans une certaine littérature soi-disant destinée à approcher les «problèmes des handicapés».

En guise de conclusion, nous dirons que plus de 90 % des parents d'enfants arriérés mentaux ne sont pas des «cas» ressortissant au domaine psychiatrique. N'étant pas nous-même père d'un enfant arriéré mental, il ne nous appartient pas de juger. Tout ce que notre situation nous permet, c'est d'affirmer deux choses:

1. Dans un premier temps, les parents n'ont pas besoin de psychothérapie mais d'une aide structurée leur permettant de faire face aux nombreux problèmes posés par la naissance d'un enfant arriéré.

2. Dans un second temps, il est nécessaire de fournir aux parents les moyens d'être des participants actifs et privilégiés dans l'éducation de leurs enfants.

2. L'INTERVENTION PRECOCE

L'importance reconnue au rôle joué par les premières années dans le développement de l'enfant, ainsi que l'idée d'éducabilité de tous les arriérés mentaux, quel que soit leur degré de handicap, ont entraîné la mise en place de programmes expérimentaux d'intervention chez le très jeune arriéré mental.

Bien que de nombreuses études soient actuellement en cours (par exemple: Shearer et Shearer, 1972; Watson, 1975), nous nous limiterons à aborder le domaine de l'intervention précoce dans l'optique de la formation des parents d'enfants arriérés mentaux âgés de 0 à 4-5ans. Ce choix est dicté par deux raisons: tout d'abord, nous avons eu l'occasion de collaborer à un cycle de formation pour parents à Manchester (Jeffree et Cunningham, 1973), puis de mettre au point, à titre expérimental, une structure de séminaire avec des familles d'enfants mongoliens. Bien que bon nombre de points restent actuellement obscurs ou non résolus, nous évoluerons sur un terrain que nous connaissons. Ensuite, il n'existe guère d'organisation susceptible d'assurer une aide éducative aux parents entre la naissance et l'entrée à l'école gardienne spéciale qui, rappelons-le, pour les arriérés modérés et sévères, peut se réaliser dès l'âge de 3 ans, ce qui explique les limites d'âge.

Commencée en 1971 par Cunningham et Jeffree à l'Hester Adrian Research Centre de Manchester, la formation des parents de jeunes enfants arriérés mentaux (les syndromes de Down représentent la majorité de l'échantillon) est sous-tendue par deux options. En premier lieu, l'accent est mis sur la participation active des parents, en tant que professionnels ayant un rôle privilégié dans le processus éducatif. Deuxièmement, les parents doivent être à même d'intégrer les deux pôles de l'éducation: l'évaluation et l'intervention. A cette fin, le cycle de formation est composé d'une série de cours, de démonstrations et d'activités pratiques destinées à fournir aux parents les possibilités d'évaluer leur enfant, de présenter adéquatement des exercices d'apprentissage et enfin de contrôler eux-mêmes les résultats de leur intervention.

Chaque cycle comprend entre 11 et 13 séminaires. Les huit premiers sont hebdomadaires, les suivants sont menés à des intervalles temporels plus longs afin de réduire la dépendance par rapport aux responsables. Les parents sont groupés en petites unités de 10 à 12 familles, où, sous la conduite d'un ou deux psychologues spécialisés dans l'arriération mentale, ils sont initiés aux méthodes d'évaluation et d'intervention. Chaque fois qu'un problème spécifique est posé (le plus souvent d'ordre médical), la réponse est fournie par le pédiatre attaché à l'équipe pluridisciplinaire. Ces séminaires ne sont pas menés à des fins de recherche, toute évaluation formelle est exclue. Le souci des responsables d'accroître la compétence des parents, et uniquement de ceux-ci, est illustré par le fait qu'à aucun moment du processus, les enfants ne sont évalués.

Le travail de Cunningham et Jeffree est très vite apparu comme une alternative précieuse aux diverses tentatives proposées jusqu'ici pour «aider les parents», dans la mesure où elle pourrait être reproduite dans une région ne possédant aucune structure d'intervention précoce.

Lambert et Seron-Meuris (1977 b), sur le modèle proposé par Cunningham et Jeffree ont mis au point une structure expérimentale de séminaire pour parents d'enfants mongoliens. Le cycle de formation comprend dix séminaires. Ceux-ci ont pour but de fournir aux parents les moyens d'évaluer le développement des enfants et d'intervenir au niveau des déficits. Préalablement à chaque séminaire, les parents sont mis en présence de documents leur fournissant les informations relatives aux domaines suivants:

- l'étiologie du handicap
- les données essentielles du développement de l'enfant normal de 0 à 4-5 ans
- les buts d'une évaluation comportementale
- les méthodes d'évaluation utilisables en milieu familial
- une échelle développementale permettant de définir avec précision les acquis et les faiblesses de l'enfant
- l'apprentissage à l'intervention
- les applications pratiques d'intervention dans les domaines suivants: motricité, langage, jeu, autonomie, manipulation d'objets et réponses sociales.

Après une première application de ce modèle, l'échelle d'évaluation ainsi que les informations transmises aux parents sous la forme d'un manuel ont subi diverses transformations. Actuellement, le modèle est appliqué à un groupe d'une dizaine de familles d'enfants mongoliens.

Contrairement à la perspective adoptée par l'équipe de Manchester, nous avons voulu donner un caractère plus formel à l'évaluation des résultats. C'est pourquoi, chaque enfant est observé dans son milieu familial et évalué à divers moments du cycle de formation afin de cerner les modifications éventuelles des relations éducatives parents - enfants.

A titre illustratif, nous reproduisons ci-dessous un extrait du manuel, ainsi que le modèle général sous-tendant l'intervention.

Extrait de la session 5 : « Comment apprendre ? »
Deuxième partie (Lambert et Seron-Meuris, 1977 b)

... « 4. *Comment évaluer ?* »

Vous avez commencé un apprentissage. Quand pouvez-vous dire que votre enfant peut effectuer ce que vous lui avez appris ?

Deux conditions doivent être remplies pour s'assurer de la réussite d'un apprentissage :

a) l'enfant doit effectuer seul le comportement acquis. Il ne doit plus recevoir d'aide de votre part.

b) L'enfant doit effectuer le comportement soit lorsque vous le lui demandez, soit lorsqu'il est en face d'une situation exigeant l'émission de ce comportement.

Il s'agit du schéma général de l'apprentissage. Nous rappelons que la situation ne doit pas être pénible, ni rigide.

Tout doit se dérouler dans une atmosphère de jeu.

L'important est de :

1. Bien connaître ce que l'on va apprendre.
2. Montrer clairement à l'enfant ce que l'on attend de lui.
3. Evaluer ce que l'enfant a appris.

Résumé du modèle général d'intervention

Evaluation de l'enfant dans le milieu familial → formation des parents → *EVALUER* :

1. Utiliser les échelles développementales.
2. Observer l'enfant, soit dans toutes les situations quotidiennes, soit en provoquant la situation

SELECTION DE LA TACHE

1. Définir un objectif en rapport avec le niveau de l'enfant et de ses possibilités.
2. Diviser l'objectif en une série d'étapes progressives.

PRESENTATION DE LA TACHE

1. Mettre en place une atmosphère propice (jeu).
2. Progresser par petites étapes.
3. Maîtriser complètement chaque étape.
4. Renforcer immédiatement et systématiquement.

EVALUATION

1. L'enfant doit effectuer seul la tâche.
2. Utiliser les échelles développementales.

Deux points nous apparaissent essentiels dans l'approche du milieu familial à des fins d'intervention. En premier lieu, et à l'inverse de ce qui se produit dans un système institutionnel où l'enfant ne fait que passer, la formation des parents ne doit pas consister à apprendre des recettes éducatives, des «trucs» permettant de faire face à tel ou tel problème urgent à résoudre. Lors d'une discussion approfondie du problème, Cunningham (1975) souligne que les parents d'un enfant arriéré mental ne sont pas en présence d'un déficit précis touchant un domaine comportemental restreint, mais bien d'un ensemble de retards intéressant tous les aspects du développement. De plus, le développement de l'enfant, qu'il soit arriéré ou non, exige une réadaptation constante de l'éducation. Cette restructuration ne peut se réaliser à partir de recettes-types, mais exige au contraire l'acquisition des principes permettant la flexibilité dans l'application. Il est donc nécessaire d'orienter la formation des parents avec des objectifs à long terme, c'est-à-dire permettre aux parents d'assimiler des principes éducatifs de base à partir desquels ils élaborent leurs techniques.

Le second point à prendre en considération est la motivation des parents à participer à un cycle de formation. Les données actuellement disponibles sont peu précises. De nombreuses études ont utilisé des systèmes de renforcement destinés à accroître la participation des parents dans l'éducation (Patterson et al., 1973). D'autres travaux, comme le nôtre, n'utilisent aucun système motivationnel. Nous basons l'argumentation sur le fait que des succès rapides dans l'intervention sont le facteur motivationnel principal. Nous terminerons en insistant sur le fait que la mise au point d'un programme d'intervention précoce concerne l'ensemble de la société.

Quels que soient la valeur et les résultats d'expériences limitées, nous ne pouvons espérer réussir une formation ayant des effets durables si les parents ne peuvent bénéficier d'une aide permanente. Cette aide, la société doit la favoriser, par exemple sous la forme de structures pluridisciplinaires destinées à orienter l'intervention des parents en fonction du développement de leur enfant.

BIBLIOGRAPHIE

ABRAMOWICZ, H.K. and RICHARDSON, S.A. Epidemiology of severe mental retardation in children: community studies. *American Journal of Mental Deficiency*, 1975, 80, 18-39.

ATERIANUS, A. et LAMBERT, J.L. *Intégration socio-professionnelle et enseignement secondaire spécial (Type II)*. Université de Liège, 1975. Rapport adressé au FRSFC, décembre 1976.

BADT, M.I. Level of abstraction in vocabulary definitions of mentally retarded school children. *American Journal of Mental Deficiency*, 1958, 63, 241-246.

BAER, D.M., PETERSON, R.F. and SHERMAN, J.A. The development of imitation by reinforcing behavioral similarity to a model. *Journal of the Experimental Analysis of Behavior*, 1967, 10, 405-416.

BALLA, D.A., BUTTERFIELD, E.C. and ZIGLER, E. Effects of institutionalization on retarded children: a longitudinal cross-institutional investigation. *American Journal of Mental Deficiency*, 1974, 78, 530-549.

BAUMEISTER, A.A. Use of the WISC with mental retardates: a review. *American Journal of Mental Deficiency*, 1964, 69, 183-194.

BAUMEISTER, A.A. Behavioral inadequacy and variability of performances. *American Journal of Mental Deficiency*, 1968, 73, 477-483.

BAUMEISTER, A.A. Problems in comparative studies of mental retardates and normal. *American Journal of Mental Deficiency*, 1967, 71, 869-875.

BEGAB, M.J. The major dilemma of mental retardation: shall we prevent it? *American Journal of Mental Deficiency*, 1974, 78, 519-529.

BEREITER, C. and ENGELMANN, S. *Teaching disavantaged children in the pre-school*. Englewood Cliffs: Prentice Hall, 1966.

BERG, J.M. Aetiological aspects of mental subnormality: pathological factors. In A.M. Clarke and A.D.B. Clarke (Eds.), *Mental Deficiency, the changing outlook* (3rd ed.). London: Methuen, 1974.

BIJOU, S.W. Theory and research in mental (developmental) retardation. *Psychological Record*, 1963, 13, 95-110.

BIJOU, S.W. A functional analysis of retarded development. In N.R. Ellis (Ed.), *International review of research in mental retardation*. Vol. 1. New York: Academic Press, 1966.

BLATT, B. and KAPLAN, F. *Christmas in purgatory: a photographic essay on mental retardation*. Boston: Allyn and Bacon, 1966.

BORTNER, M. and BIRCH, H.G. Cognitive capacity and cognitive competence. *American Journal of Mental Deficiency*, 1970, 74, 735-744.

BOULANGE, L. et LAMBERT, J.L. *L'apprentissage des arts graphiques chez des adultes arriérés mentaux sévères et profonds*. Liège, 1976.

BRICKER, W.A. Identifying and modifying behavioral deficits. *American Journal of Mental Deficiency*, 1970, 75, 16-21.

BRICKER, W.A. A systematic approach to language training. In R.L. Schiefelbusch (Ed.), *Language of the mentally retarded*. Baltimore: University Park Press, 1972.

BRICKER, W.A. and BRICKER, D.D. An early language training strategy. In R.L. Schiefelbusch and L.L. Lloyds (Eds.), *Language perspectives-acquisition, retardation and intervention*. London: Macmillan, 1974.

BRICKER, D.D., RUDER, K.F. and VINCENT, L. An intervention strategy for language-deficient children. In N.G. Haring and R.L. Schiefelbusch (Eds.), *Teaching special children*. New York: Mc Graw Hill, 1976.

BRUININKS, R.H., RYNDERS, J.E. and GROSS, J.C. Social acceptance of mildly retarded pupils in ressource rooms and regular classes. *American Journal of Mental Deficiency*, 1974, 78, 377-383.

BUCHER, B. and LOVAAS, O.I. Use of aversive stimulation in behavior modification. In M.R. Jones (Eds.), *Miami Symposium on the prediction of behavior, 1967: Aversive stimulation*. Coral Gables: University of Miami Press, 1968.

BURT, C. The genetic determination of differences in intelligence: a study of monozygotic twins reared together and apart. *British Journal of Psychology*, 1966, 57, 137-153.

BUTTERFIELD, E.C. Basic facts about public residential facilities for the mentally retarded. In R.B. Kugel and W. Wolfensberger (Eds.), *Changing patterns in residential services for the mentally retarded.* Washington: President's Committee on Mental Retardation, 1969.

BYERS, R.K. Lead poisoning: a review of the literature and report of 45 cases. *Pediatrics*, 1959, 23, 585.

CARLSON, J.S. and MICHALSON, L.H. Methodological study of conservation in retarded adolescents. *American Journal of Mental Deficiency*, 1973, 78, 348-353.

CARR, J. *Young children with Down's syndrome.* London: Butterworths, 1975.

CARRIER, J.K. Application of a non-speech system with the severely language handicapped. In L.L. Lloyd (Ed.), *Communication, assessment and intervention strategies.* Baltimore: University Park Press, 1976.

CARROW, E. Assessment of speech and language in children. In J.E. Mc Lean, D.E. Yoder and R.L. Schiefelbusch (Eds.), *Language intervention with the retarded.* Developing strategies. Baltimore: University Park Press, 1972.

CASATI, I. et LEZINE, I. *Les étapes de l'intelligence sensori-motrice chez l'enfant de la naissance à deux ans.* Paris: Centre de Psychologie Appliquée, 1968.

CLARK, D.F. Psychological assessment in mental subnormality. I. General considerations, intelligence and perceptual-motor tests. In A.M. Clarke and A.D.B. Clarke (Eds.), *Mental deficiency, the changing outlook* (3rd ed.). London: Methuen, 1974 (a).

CLARK, D.F. Psychological assessment in mental subnormality. II. Social competence, vocational and rehabilitative projects, personality measures. In A.M. Clarke and A.D.B. Clarke (Eds.), *Mental deficiency, the changing outlook* (3rd ed.). London: Methuen, 1974 (b).

CLARKE, A.D.B. *Recent advances in the study of subnormality* (2nd ed.). London: National Association for Mental Health, 1969.

CLARKE, A.D.B. and CLARKE, A.M. Assessment and prediction in the severely-subnormal. In P. Mittler (Ed.), *Assessment for learning in the mentally handicapped.* London: Churchill Livingstone, 1973.

CLARKE, A.D.B. and CLARKE, A.M. (Eds.). *Mental retardation and behavioural research.* London: Churchill Livingstone, 1973.

CLARKE, A.D.B. and CLARKE, A.M. *Recent advances in the study of subnormality.* London: National Association for Mental Health, 1975.

CLARKE, A.D.B. and HERMELIN, B. Adult imbeciles: their abilities and trainability. *Lancet*, 1955, II, 337-339.

CLARKE, A.M. and CLARKE, A.D.B. (Eds.). *Mental deficiency, the changing outlook* (3rd ed.). London: Methuen, 1974.

CLARKE, A.M., CLARKE, A.D.B. and COOPER, G.M. The development of a set to perceive categorical relations. In H.C. Haywood (Ed.), *Social-cultural aspects of mental retardation.* New York: Appleton-Century-Crofts, 1970.

COBBEN, A. *Analyse de certains comportements stéréotypés chez des adultes arriérés mentaux sévères et profonds.* Université de Liège: Mémoire de Licence en Psychologie, 1976.

CORMAN, H.H. and ESCALONA, S.K. Stages of sensorimotor development: a replication study. *Merrill-Palmer Quarterly*, 1969, 15, 351-361.

CUNNINGHAM, C.C. The relevance of « normal » educational theory and practice for the mentally retarded. In J. Tizard (Ed.), *Mental retardation: concepts of education and research.* London: Butterworths, 1974.

CUNNINGHAM, C.C. Parents as therapists and educators. In C.C. Kiernan and F.P. Woodford (Eds.), *Behaviour modification with the severely retarded.* Amsterdam: Associated Scientific Publishers, 1975.

DAVIE, R., BUTLER, N. and GOLDSTEIN, H. *From birth to seven.* London: Longman and the National Children's Bureau, 1972.

DE AJURIAGUERRA, J. *Manuel de psychiatrie de l'enfant.* Paris: Masson, 1971.

DEARDEN, R.F. *The philosophy of primary education.* London: Routledge and Kegan Paul, 1968.

DECARIE, T.G. *Intelligence and affectivity in early childhood.* New York: International Universities Press, 1965.

DE FRIES, J.C. Quantitative aspects of genetics and environment in the determination of behavior. In L. Ehrman, G.S. Omenn and F. Caspari (Eds.), *Genetic, environment and behavior: implications for educational policy.* New York: Academic Press, 1972.

DE LANDSHEERE, G. *La formation des enseignants demain.* Tournai: Casterman, 1976.

DENNY, M.R. Research in learning and performance. In H.A. Stevens and R. Heber (Eds.), *Mental retardation: a review of research.* Chicago: University of Chicago Press, 1964.

DENTLER, R.A. and MACKLER, B. The socialization of retarded children in an institution. *Journal of Health and Human Behavior*, 1961, 2, 243-252.

DINGMAN, H.F. and TARJAN, G. Mental retardation and the normal distribution curve. *American Journal of Mental Deficiency*, 1960, 64, 991-994.

DOLL, E.A. The essentials of an inclusive concept of mental deficiency. *American Journal of Mental Deficiency*, 1941, 46, 214-219.

DREWS, E.M. The slow learner, grouping patterns, and classroom communication. In R.L. Schiefelbusch, R.H. Copeland and J.O. Smith (Eds.), *Language and mental retardation: empirical and conceptual considerations*. New York: Holt, 1967.

DUNN, L. (Eds.). *Exceptional children in schools* (2nd ed.). New York: Holt, 1973.

ELLIS, N.R. A behavioral research strategy in mental retardation: defense and critique. *American Journal of Mental Deficiency*, 1969, 73, 557-566.

ELLIS, N.R. Memory processes in retardates and normals. In N.R. Ellis (Ed.), *International review of research in mental retardation*. Vol. 4. New York: Academic Press, 1970.

ERLENMEYER-KIMLING, L. and JARVIK, L.F. Genetics and intelligence. *Science*, 1963, 142, 1477-1479.

EYSENCK, H.J. *Race, intelligence and education*. London: Temple Smith, 1971.

FARBER, B. *Mental retardation: its social context and social consequences*. Boston Houghton Mifflin, 1968.

FAU, R., ANDREY, B., LE MEN, J. et DEHAUDT, H. *Psychothérapie des débiles mentaux*. Paris: Presses Universitaires de France, 1970.

FIELD, F. Unequal Britain. *A report on the cycle of inequality*. London: Arrows Books, 1974.

FINCH, A.J., CHILDRESS, W.B. and OLLENDICK, T.H. Comparison of separetedly administered and abstracted WISC short forms with the full scale WISC. *American Journal of Mental Deficiency*, 1973, 77, 755-756.

FINCH, A.J., OLLENDICK, T.H. and GINN, F.W. WISC short forms with mentally retarded children. *American Journal of Mental Deficiency*, 1973, 78, 144-149.

FISHER, M.A. and ZEAMAN, D. Growth and decline of retardate intelligence. In N.R. Ellis (Ed.), *International review of research in mental retardation*. Vol. 4. New York: Academic Press, 1970.

GALJAARD, H. and NIERMEIJER, M.F. Prenatal diagnosis of congenital Disease. *REAP*, 1975, 1, 68-78.

GARCIA, E. and DE HAVEN, E.D. Use of operant techniques in the establishment and generalization of language: a review and analysis. *American Journal of Mental Deficiency*, 1974, 79, 169-178.

GARDNER, J.M. Behavior modification in mental retardation: a review of research and analysis of trends. In E. Rubin (Ed.), *Advances in behavior therapy*. New York: Academic Press, 1971.

GAUDIA, G. Race, social class and age of achievement of conservation on Piaget's tasks. *Developmental Psychology*, 1972, 5, 158-165.

GLASER, R. and NITKO, A.J. Measurement in learning and instruction. In R.L. Thorndike (Ed.), *Educational measurement (2nd ed.)*. Washington: American Council on Education, 1971.

GOLDMAN, R.D. and HARTIG, L.K. The WISC may not be a valid predictor of school performance for primary-grade minority children. *American Journal of Mental Deficiency*, 1976, 80, 583-587.

GOLDSTEIN, H., MOSS, J.W. and JORDAN, L.J. *The efficacy of special training on the development of mentally retarded children*. Urbana: University of Illinois Press, 1965.

GOODMAN, S.I. Some advances in the prevention of mental retardation. In I. Schulman (Ed.), *Advances in pediatrics. Vol. 2*. Chicago: Year Book Medical Publishers, 1972.

GOODMAN, N. and TIZARD, J. Prevalence of imbecility and idiocy among children. *British Medical Journal*, 1962, 1, 216-219.

GRAHAM, L.W. Language programming and intervention. In L.L. Lloyd (Ed.), *Communication assessment and intervention strategies*. Baltimore: University Park Press, 1976.

GRANAT, K. and GRANAT, S. Below-average intelligence and mental retardation. *American Journal of Mental Deficiency*, 1973, 78, 27-32.

GREGG, N.M. *Congenital cataract following German ineasles in the mother*, 1941. Cité par Berg, J.M., 1974.

GROSSMAN, H.J. *Manual on terminology and classification in mental retardation*. Washington: AAMD, 1973.

GRUEN, G.E. Memory, IQ, and transitive inference in normals and retardates. *Developmental Psychology*, 1973, 9, 436.

GUERTIN, W.H., FRANK, G.H., LADD, C.E. and RABIN, A.I. Research with the WAIS: 1900-1965. *Psychological Bulletin*, 1966, 66, 385-409.

GUESS, D. A functional analysis of receptive language and productive speech: acquisition of the plural morpheme. *Journal of Applied Behavior Analysis*, 1969, 2, 55-64.

GUESS, D., SAILOR, W., RUTHERFORD, G. and BAER, D.M. An experimental analysis of linguistic development: the productive use of the plural morpheme. *Journal of Applied Behavior Analysis*, 1968, 1, 297-306.

GRUNZBURG, H.C. *Social competence and mental handicap*. London: Baillere, Tindal and Cassell, 1968.

GRUNZBURG, H.C. *Progress assessment chart of social development form 1. (8th ed.)*. Birmingham: SEFA, 1969.

GRUNZBURG, H.C. Psychotherapy. In A.M. Clarke and A.D.B. Clarke (Eds.), *Mental Deficiency, the changing outlook (2nd ed.)*. London: Methuen, 1974.

HEBER, R.F. A manual on terminology and classification in mental retardation. *American Journal of Mental Deficiency*, 1959, 64, Monogr. Suppl.

HERBER, R. and GARBER, H. An experiment in prevention of cultural-familial mental retardation. In D.A. Primrose (Ed.), *Proceedings of the 2nd Congress of the ASSMD*. Amsterdam: Swets and Zeitlinger, 1971.

HEBER, R. and GARBER, H. The Milwaukee Project. In B.Z. Friedlander, G.M. Sterritt and G.E. Kirk (Eds.), *Exceptional infant*. Vol. 3. New York: Brunner-Mazel, 1975.

HEBER, R.F., DEVER, R.B. and CONRY, J. The influence of environmental and genetic variables on intellectual development. In H.J. Prehm, L.A. Hamerlynck and J.E. Crosson (Eds.), *Behavioral research in mental retardation*. Eugene: University of Oregon, 1968.

HERMELIN, B. and O'CONNOR, N. *Psychological experiments with autistic children*. Oxford: Pergamon Press, 1970.

HERRIOT, P. and LUNZER, E. *Comprehension and cognitive development*, 1972. Cité par P.J. Mittler, 1974.

HERRNSTEIN, R.J. *IQ in the meritocracy*. Boston: Little, Brown, 1973.

HESS, R.D. and SHIPMAN, V.C. Early experience and the socialization of cognitive modes in children. *Child Development*, 1965, 36, 869-886.

HINDLEY, C.B. Stability and change in abilities up to five years: group trends. *Journal of Child Psychology and Psychiatry*, 1965, 6, 85-99.

HOBBS, N. *The future of children. Categories, labels and their consequences*. Nashville: Vanderbilt University, 1975.

HOGG, J. *Early education for severely mentally handicapped children: correction of cognitive deficits*. Paper presented to a Conference on

Mental Subnormality sponsored by the Medical Research Council. London, 24-25 October 1975.

HOGG, J. The experimental analysis of retarded behavior and its relation to normal development. In M.P. Feldman and A. Broadhurst (Eds.), *Theoretical and experimental bases of the behaviour therapies*. London: Wiley, 1976.

HOLLIS, J.H., CARRIER, J.K. and SPRADLIN, J.E. An approach to remediation of communication and learning deficiencies. In L.L. Lloyd (Ed.), *Communication assessment and intervention strategies*. Baltimore: University Park Press, 1976.

HONZIK, M.P. Value and limitations of infant tests: an overview. In M. Lewis (Ed.), *Origins of intelligence, infancy and early childhood*. London: Wiley, 1976.

HUNT, J.V. Environmental risk in fetal and neonatal life and measured infant intelligence. In M. Lewis (Ed.), *Origins of intelligence, infancy and early childhood*. London: Wiley, 1976.

HUNT, J.Mc., PARASKEVOPOULOS, J., SCHICKEDANZ, D. and UZGIRIS, I.C. Variations in the mean ages of achieving object permanence under diverse conditions of rearing. In B.L. Friedlander, G.E. Kirk and G.M. Sterritt (Eds.), *Exceptional infant. Vol. 3*. New York: Brunner-Mazel, 1975.

INHELDER, B. *Le diagnostic du raisonnement chez les débiles mentaux*. Neuchâtel: Delachaux et Niestlé, 1963.

JANSSEN, C.G. Coping-problems of parents who have a young severely mentally retarded child. *REAP*, 1976, 2, 47-53.

JEFFREE, D.M. and CUNNINGHAM, C.C. *Workshop for parents of young mentally handicapped children*. Manchester: HARC, 1973.

JENSEN, A.R. How much can we boost IQ and scholastic achievement? *Harvard Educational Review*, 1969, 39, 1-123.

JENSEN, A.R. Hierarchical theories of mental abilities. In W.B. Dockrell (Ed.), *On intelligence*. London: Methuen, 1970 (a).

JENSEN, A.R. A theory of primary and secondary familial mental retardation. In N.R. Ellis (Ed.), *International review of research in mental retardation*. Vol. 4. New York: Academic Press, 1970 (b).

KAHN, J.V. Relationship of Piaget's sensorimotor period to language acquisition of profoundly retarded children. *American Journal of Mental Deficiency*, 1975, 79, 640-643.

KALCKAR, H.M., KINOSHITA, J.H. and DONNELL, G.N. Galactosemia: biochemistry, genetics, pathophysiology and developmental aspects. *Biology of Brain Dysfunction*, 1973, 1, 31-88.

KALVERBOER, A.F. *A neurobehavioural study in pre-school chil-*

dren. Spastics International Medical Publications. London: Heinemann Medical Books, 1975.

KAUFMAN, M. The formation of a learning set in institutionalized and noninstitutionalized mental defectives. *American Journal of Mental Deficiency*, 1963, 67, 601-605.

KIERNAN, C.C. Behaviour modification. In A.M. Clarke and A.D.B. Clarke (Eds.), *Mental deficiency, the changing outlook (3rd ed.)*. London: Methuen, 1974.

KIERNAN, C.C. Methodology of behaviour modification. In C.C. Kiernan and F.P. Woodford (Eds.), *Behaviour modification with the severely retarded*. Amsterdam: Associated Scientific Publishers, 1975.

KING, R.D., RAYNES, N.V. and TIZARD, J. *Patterns of residential care: sociological studies in institutions for handicapped children*. London: Routledge and Kegan Paul, 1971.

KIRK, S.A. *Early education of the mentally retarded*. Urbana: University of Illinois Press, 1958.

KIRK, W.D. Correlations between arithmetic achievement and performance on Piaget tasks. *Slow Learning Child*, 1968, 15, 89-101.

KIRK, S.A., Mc CARTHY, J.J. and KIRK, W. *The Illinois Test of Psycholinguistic Abilities, revised edition*. Urbana: Institute for Research in Exceptional Children, 1968.

KLABER, M.M. The retarded and institutions for the retarded — a preliminary report. In S.B. Sarason and J. Doris (Eds.), *Psychological problems in mental deficiency*. New York: Harper and Row, 1969.

KLABER, M. Institutional programming and research: a vital partnership in action. In A.A. Baumeister and E.C. Butterfield (Eds.), *Residential facilities for the mentally retarded*. Chicago: Aldine, 1970.

KOLUCHOVA, J. Severe deprivation in twins: a case study. *Journal of Child Psychology and Psychiatry*, 1972, 13, 107-114.

KNOX, W.E. Phenylketonuria. In Stanbury J.B. Wyngaarden and D.S. Frederickson (Eds.), *The metabolic basis of inherited disease*. New York: Mc Graw Hill, 1972.

KUSHLICK, A. and BLUNDEN, R. The epidemiology of mental subnormality. In A.M. Clarke and A.D.B. Clarke (Eds.), *Mental deficiency the changing outlook (3rd ed.)*. London: Methuen, 1974.

KUSHLICK, A. and COX, G. Ascertained prevalence of mental subnormality in the Wessex region. *Proceedings of the International Congress of the ASSMD*, Montpellier, 1967.

LAMBERT, J.L. *Fréquence d'interactions enseignant-élève*. Université de Liège, 1973 (non publié).

LAMBERT, J.L. Autisme et arriération mentale. *Liaison*, 1974, 12, 16-23 (a).

LAMBERT, J.L. Arriération mentale et rééducation: l'approche behavioriste. *Revue de Psychologie et des Sciences de l'Education*, 1974, 9, 53-80 (b).

LAMBERT, J.L. Acquisition d'un comportement d'autonomie sociale chez deux enfants arriérés mentaux profonds. *Revue de Psychologie des Sciences de l'Education*, 1974, 9, 475-488 (c).

LAMBERT, J.L. L'enseignement spécial pour arriérés mentaux aux Etats-Unis. *Dossiers de l'Education Spéciale. Cedees*, 1975, 1, 36-42.

LAMBERT, J.L. *Contribution à une analyse behavioriste de l'arriération mentale*. Thèse de Doctorat en Psychologie. Université de Liège, 1976 (a).

LAMBERT, J.L. *Analyse de quelques conditions influençant l'apprentissage*. Université de Liège, 1976 (b).

LAMBERT, J.L. Réponses de persévération et apprentissage discriminatif chez des sujets arriérés mentaux. *Enfance*, 1976, 4-5, 425-446 (c).

LAMBERT, J.L. *Analyse de la compréhension: mise au point d'un modèle d'évaluation*. Université de Liège, 1977 (a) (non publié).

LAMBERT, J.L. *Réactions de parents d'enfants mongoliens*. Université de Liège, 1977 (b).

LAMBERT, J.L. et SERON-MEURIS, C. *Séminaires de formation pour parents d'enfants mongoliens*. Université de Liège, 1976.

LAMBERT, J.L. et SERON-MEURIS, C. *Hydrocéphalie et arriération mentale: une étude longitudinale portant sur 34 cas*. Université de Liège, 1977 (a).

LAMBERT, J.L. et SERON-MEURIS, C. *Evaluation et jeunes arriérés mentaux sévères et profonds*. Université de Liège, 1977 (b) (non publié).

LAMBERT, J.L. et VAN DER LINDEN, M. *L'Infant Psychological Development Scale de Uzgiris et Hunt, Traduction française*. 1976.

LAMBERT, J.L. et VAN DER LINDEN, M. Utilité d'une échelle piagétienne dans l'évaluation des adultes arriérés mentaux profonds. *Revue Suisse de Psychologie Pure et Appliquée*, 1977, 1, 26-34.

LAMBERT, J.L., BRUWIER, D. et COBBEN, A. La réduction d'un comportement stéréotypé chez un enfant arriéré mental profond: comparaison de cinq méthodes. *Revue Suisse de Psychologie Pure et Appliquée*, 1975, 1, 1-18.

LAWTON, D. *Social class, language and education*. London: Routledge and Kegan Paul, 1968.

LELAND, H., SHELLHAAS, M., NIHIRA, K. and FOSTER, R. Adaptive behavior: a new dimension in the classification of the mentally retarded. *Mental Retardation Abstracts*, 1967, 4, 359-387.

LENNEBERG, E.H., NICHOLS, I.E. and ROSENBERGER, E.F. Primitive stages of language development in mongolism. *In Disorders of Communication, XLII*. New York: Association for Research on Nervous and Mental Diseases, 1964.

LEWISS, J.F. The community and the retarded: a study in social ambivalence. In R.K. Eyman, C.E. Meyers and G. Tarjan (Eds.), *Socio-behavioral studies in mental retardation*. Los Angeles: AAMD, 1973.

LEWONTIN, R.C. Race and intelligence. *Bulletin of the Atomic Scientists*, 1970, 26, 2-8.

LOTTER, V. Epidemiology of autistic conditions in young children. I: Prevalence. *Social Psychiatry*, 1966, 1, 124-137.

LOVELL, K. The developmental approach of Jean Piaget: open discussion. In M. Garrison (Ed.), Cognitive models and development in mental retardation. *American Journal of Mental Deficiency*, 1966, 70. Monog. Suppl.

LUBS, H.A. and RUDDLE, F.H. Chromosomal abnormalities in the human population: estimates of rates based on New Haven born study. *Science*, 1970, 169, 495-497.

LURIA, A.R. *The role od speech in the regulation of normal and abnormal behavior*. New York: Pergamon Press, 1961.

LYLE, J. The effect of an institution environment upon the verbal development of imbecile children: I: verbal intelligence. *Journal of Mental Deficiency Research*, 1959, 3, 122-128.

LYNCH, J. and BRICKER, W.A. Linguistic theory and operant procedures: toward an integrated approach to language training for the mentally retarded. *Mental Retardation*, 1972, 10, 12-17.

MAC MILLAN, D.L. Issues and trends in special education. *Mental Retardation*, 1973, 11, 3-8.

MAGEROTTE, G. *Echelle du comportement adaptatif*. Adaptation expérimentale, 1975.

MAGEROTTE, G. L'évaluation du comportement adaptatif des écoliers arriérés mentaux. *Revue de Neuropsychiatrie Infantile*, 1976, 24, 127-150 (a).

MAGEROTTE, G. The AAMD adaptive behaviour scale as an aid for effective programming and teaching of mentally retarded children. *REAP*, 1976, 2, 86-94 (b).

MAGEROTTE, G. *L'échelle du comportement adaptatif*. Editest, 1977 (à paraître).

MAGEROTTE, G. et FONTAINE, P.J. *Premier inventaire des Progrès du Développement social*, 1972.

MAHANEY, E.J. and STEPHENS, B. Two years gains in moral judgement by normal and retardates. *American Journal of Mental Deficiency*, 1974, 79, 134-141.

MARSHALL, N.R. and HEGRENES, J.R. A communication therapy model for cognitively disorganized children. In J.E. Mc Lean, D.E. Yoder and R.L. Schiefelbusch (Eds.), *Language intervention with the retarded*. Developing strategies. Baltimore: University Park Press, 1972.

MC CARVER, R.B. and CRAIG, E.M. Placement of the retarded in the community: prognosis and outcome. In N.R. Ellis (Ed.), *International review of research in mental retardation*. Vol. 7. New York: Academic Press, 1974.

MC DONALD, A.D. Severely retarded children in Quebec: prevalence, cause and care. *American Journal of Mental Deficiency*, 1973, 78, 205-215.

MC LEAN, J.E. Introduction. In J.E. Mc Lean, D.E. Yoder and R.L. Schiefelbusch (Eds.), *Language intervention with the retarded. Developing strategies*. Baltimore: University Park Press, 1972.

MC LEAN, J.E., YODER, D.E. and SCHIEFELBUSCH, R.L. *Language intervention with the retarded. Developing strategies*. Baltimore: University Park Press, 1972.

MERCER, J.R. Sociological perspectives on mild mental retardation. In M.C. Haywood (Ed.), *Socio-culturals aspects of mental retardation*. New York: Appleton-Century-Crofts, 1970.

MERCER, J.R. The myth of 3 % prevalence. In R.K. Eyman, C.E. Meyers and G. Tarjan (Ed.), *Sociobehavioral studies in mental retardation*. Washington: AAMD, 1973.

MIKKELSEN, M. and STENE, J. Genetic counseling in Down's syndrome. *Human Heredity*, 1970, 20, 457-464.

MILGRAM, N.A. The rational ans irrational in Zigler's motivational approach to mental retardation. *American Journal of Mental Deficiency*, 1969, 73, 527-531.

MILLER, J.F. and YODER, D.E. An ontogenetic language teaching strategy for retarded children. In R.L. Schiefelbusch and L.L. Lloyd (Eds.), *Language perspectives - acquisition, retardation and intervention*. London: Macmillan, 1974.

MILUNSKY, A. *The prenatal diagnosis of hereditary disorders*. Spingfield: Charles Thomas, 1973.

Ministère de l'Education Nationale et de la Culture Française. *Le point sur l'Enseignement Spécial*, 1975.

MITTLER, P. *The psychological assessment of mental and physical handicap.* London: Methuen, 1970.

MITTLER, P.J. *The study of twins.* Harmondsworth: Penguin, 1971.

MITTLER, P.J. *Assessment for learning in the mentally handicapped.* London: Churchill Livingstone, 1973.

MITTLER, P.J. Language and communication. In A.M. Clarke and A.D.B. Clarke (Eds.), *Mental deficiency, the changing outlook (3rd ed.).* London: Methuen, 1974.

MITTLER, P.J. *Research to practice in the field of handicap.* First Public Lecture: Institute for Research into Mental and Multiple Handicap. London, 30th June 1975.

MOORE, G. and STEPHENS, B. Two year gains in moral conduct by normals and retardates. *American Journal of Mental Deficiency,* 1974, 79, 147-153.

NIHIRA, L. and NIHIRA, K. Jeopardy in community placement. *American Journal of Mental Deficiency,* 1975, 79, 538-544.

NIHIRA, K., FOSTER, R., SHELLHAAS, M. and LELAND, H. *Adaptative behavior scale.* Washington: AAMD, 1969.

NIRJE, R. The normalization principle and its human management implications. In R. Kugel and W. Wolfensberger (Eds.), *Changing patterns in residential services for the mentally retarded.* Washington: President's Committee on Mental Retardation, 1969.

O'CONNOR, N. and HERMELIN, B. Cognitive deficits in children. *British Medical Bulletin,* 1971, 27, 227-231.

PAGE, E.B. Miracle in Milwaukee: raising the IQ. In B.Z. Friedlander, G.M. Sterritt and G.E. Kirk (Eds.), *Exceptional infant. Vol. 3.* New York: Brunner-Mazel, 1975.

PAISSE, J.M. *L'univers symbolique de l'enfant arriéré mental.* Bruxelles: Dessart et Mardaga, 1975.

PATTERSON, G.R., COBB, J.A. and RAR, R.A. A social engineering technology for retraining aggressive boys. In H.E. Adams and I.P. Unikel (Eds.), *Issues and trends in behavior therapy.* Springfield: Charles Thomas, 1973.

PENROSE, L.S. *The biology of mental defect.* London: Sidgwick and Jackson, 1963.

PETERSON, R.F. Imitation: a basic behavioral mechanism. In H.N. Sloane and B.D. Mac Aulay (Ed.), *Operant procedures in remedial procedures and language training.* Boston: Hourgton Mifflin, 1968.

PREMACK, D. A functional analysis of language. *Journal of the Experimental Analysis of Behavior,* 1970, 14, 107-125.

Progressive Labor Party. *Racism, I.Q. and the class society.* Nottingham: Russell Press, 1974.

REITAN, R.M. A research program on the psychological effects of brain lesions in human beings. In N.R. Ellis (Ed.), *International review of research in mental retardation*. Vol. 1. New York: Academic Press, 1966.

REY, A. *Arriération mentale et premiers exercices éducatifs*. Neuchâtel: Delachaux et Niestlé, 1953.

RICHELLE, M. *L'acquisition du langage*. Bruxelles: Dessart, 1971.

RICHELLE, M. *Le conditionnement operant (2de éd.)*. Neuchâtel: Delachaux et Niestlé, 1972.

RIMLAND, B. The differentiation of childhood psychoses, an analysis of checklists for 2218 psychotic children. *Journal of Autism and Childhood Schizophrenia*, 1971, 2, 161-180.

RISLEY, T.R. and WOLF, F.M. Establishing functional speech in echolalic children. *Behavior Research and Therapy*, 1967, 5, 73-88.

ROBINSON, C. Error patterns in level 4 and 5 object permanence training. *American Journal of Mental Deficiency*, 1974, 78, 389-396.

ROBINSON, N.M. and ROBINSON, H.B. *The mentally retarded child (2nd ed.)*. New York: Mc Graw Hill, 1976.

RONDAL, J.A. Développement du langage et retard mental: une revue critique de la littérature en langue anglaise. *Année Psychologique*, 1975, 75, 513-547.

ROSS, R.T. and BOROSKIN, A. Are IQ's below 30 meaningful? *Mental Retardation*, 1972, 10, 24.

ROWITZ, L. and TZVEN-JEN LEI. Differentials in characteristics between city and suburban admissions to a state clinic for retarded children. *American Journal of Mental Deficiency*, 1975, 80, 165-171.

RUTTER, M. Psychiatry. In J. Wortis (Ed.), *Mental retardation: an annual review. Vol. 3*. New York: Grune and Stratton, 1971.

RUTTER, M. The development of infantile autism. *Psychological Medecine*, 1974, 4, 147-163.

SAINT-REMY, J. *L'évaluation de jeunes enfants arriérés mentaux sévères et profonds*. Mémoire de Licence en Psychologie. Université de Liège, 1977.

SARASON, S.B. and DORIS, J. *Psychological problems in mental retardation (4th ed.)*. New York: Harper and Row, 1969.

SCHAEFER, E.S. Need for early and continuing education. In V.H. Denenberg (Ed.), *Education of the infant and young child*. London: Academic Press, 1970.

SCHIEFELBUSCH, R. Language functions of retarded children. *Folia Phoniatrica*, 1969, 21, 129-144.

SCHIEFELBUSCH, R.L. *Language of the mentally retarded*. Baltimore: University Park Press, 1972.

SCHIEFELBUSCH, R.L. and LLOYD, L.L. *Language perspectives-acquisition, retardation, and intervention.* London: Macmillan, 1972.

SCHMITT, R. and ERICKSON, M.T. Early predictor of mental retardation. *Mental Retardation*, 1973, 11, 27-29.

SEMMEL, M.I. and DOLLEY, D.G. Comprehension and imitation of sentences by Down's syndrome children as function of transformational complexity. *American Journal of Mental Deficiency*, 1971, 75, 739-745.

SERON, X., LAMBERT, J.L. et VAN DER LINDEN, M. *La modification du comportement: théorie, pratique, éthique.* Bruxelles: Dessart et Mardaga, 1977.

SEVER, J.L. Infectious agents and fetal disease. In H.A. Waisman and G.R. Keer (Eds.), *Fetal growth and development.* New York: Mc Graw-Hill, 1970.

SHEARER, D.E. and SHEARER, M.S. The Portage Project: a model for early childhood. *Exceptional Children*, 1972, 39, 210-217.

SHERMAN, J.A. Use of reinforcement and imitation to reinstate verbal behavior in mute psychotics. *Journal of Abnormal Psychology*, 1965, 70, 155-164.

SHUMAN, R.M., LEECH, R.W. and ALVORD, E.C. Neurotoxicity of hexachlorophene in the human: I: a clinicopathologic study of 248 children. *Pediatrics*, 1974, 54, 689-695.

SIEGEL, G.M. Language behavior of adults and retarded children in interpersonal assemblies. *Journal of Speech and Hearing Disorders, Monograph Supplement*, 1963, 10, 32-53.

SIEGEL, G.M. Three approaches to speech retardation. In R.L. Schiefelbusch (Ed.), *Language of the mentally retarded.* Baltimore: University Park Press, 1972.

SILVERSTEIN, A.B. The measurement of intelligence. In N.R. Ellis (Ed.), *International review of research in mental retardation.* Vol. 4. New York: Academic Press, 1970.

SILVERSTEIN, A.B., BROWNLEE, L., HUBBELL, M. and Mc CLAIN, R.E. Comparison of two sets of Piagetian scales with severely and profoundly retarded children. *American Journal of Mental Deficiency*, 1975, 80, 292-297.

SKEELS, H.M. Adult status of children with contrasting early life experiences: a follow-up study. *Monograph of the Society for Research in Child Development*, 1966, 31, 3.

SKODAK, M. Adult status of individual who experienced early intervention. In B.W. Richards (Ed.), *Proceedings of the first congress of the ASSMD.* Reigate: Jackson, 1968.

SKODAK, M. and SKEELS, H.M. A final follow-up study of one hundred adopted children. *Journal of Genetic Psychology*, 1949, 75, 85-125.

SLOAN, H.R. and FREDERICKSON, D.S. Gangliosidoses: Tay-Sachs disease. In J.B. Stanbury, J.B. Wyngaarden and D.S. Fredrickson (Eds.), *The metabolic basis of inherited disease (3rd ed.)*. New York: Mc Graw-Hill, 1972.

SLOANE, H.N. and MAC AULAY, B.D. *Operant procedures in remedial procedures and language training*. Boston: Houghton Mifflin, 1968.

SMITH, A.C., FLICK, G.L., FERRISS, G.S. and SELLMAN, A.H. Prediction of developmental outcome at seven years from prenatal, perinatal, and postnatal events. *Childs Development*, 1972, 43, 495-507.

SPRADLIN, J.E. Language and communication of mental defectives. In N.R. Ellis (Ed.), *Handbook of mental deficiency*. New York: Mc Graw-Hill, 1963.

SPRADLIN, J.E. and GIRARDEAU, F.L. The behavior of moderately and severely retarded. In N.R. Ellis (Ed.), *International review of research in mental retardation*. Vol. 1. New York: Academic Press, 1966.

STEIN, Z. and SUSSER, M.A. Changes over time in the incidence and prevalence of mental retardation. In J. Hellmuth (Ed.), *Exceptional infant. Vol. 1*. New York: Brunner-Mazel, 1971.

STEPHEN, E. and HAWKS, G. Cerebral palsy and mental subnormality. In A.M. Clarke and A.D.B. Clarke (Eds.), *Mental deficiency, the changing outlook (3rd ed.)*. London: Methuen, 1974.

STEPHENS, B. and Mc LAUGHLIN, J.A. Two year gains in reasoning by normals and retardates. *American Journal of Mental Deficiency*, 1974, 79, 116-126.

STERNLICHT, M. Psychotherapeutic procedures with the retarded. In N.R. Ellis (Ed.), *International review of research in mental retardation*. Vol. 2. New York: Academic Press, 1966.

SULZBACHER, S.I. and COSTELLO, J.M. A behavior strategy for language training of a child with autistic behaviors. *Journal of Speech and Hearing Disorders*, 1970, 35, 256-276.

TAKEUCHI, T. and MATSUMOTO, H. Minameta disease of human fetuses, 1969. *Cité par M.J. Begab, 1974*.

TAYLOR, G.R. Special education at the crossroad. *Mental Retardation*, 1973, 11, 30-33.

THOMPSON, T. and GRABOWSKI, J. *Behavior modification of the mentally retarded*. New York: Oxford University Press, 1972.

TIPTON, R.M. and STROUD, L.H. Abbreviated forms of the WAIS. *American Journal of Mental Deficiency*, 1973, 78, 145-152.

TIZARD, B. Environmental effects on language development: a study of residential nurseries. *Bulletin of the British Psychological Society*, 1971, 24, 232.

TIZARD, J. *Community services for the mentally handicapped.* London: Oxford University Press, 1964.

TIZARD, J. and TIZARD, B. The social development of two-year-old children in residential nurseries. In H.R. Schaffer (Ed.), *The origins of human social relations.* London: Academic Press, 1971.

THOMAS, H.V., MILMORE, B.K., HEIDBREDER, G.A. and KAGAN, B.A. Blood levels of persons living near expressways. *Archives of Environmental Health*, 1967, 15, 695.

THORMALEN, P.W. A study of on-the-ward training of trainable mentally retarded children in a state institution. *California Mental Health Research Monograph*, 1965.

TOPPER, S.T. Gesture language for a non-verbal severely retarded male. *Mental Retardation*, 1975, 13, 30-31.

TOWBIN, A. Central nervous system damage in the human fetus and new-born infant: mechanical and hypoxic injury, incurred in the fetal-neonatal period. *American Journal of Diseases in Childhood*, 1970, 119, 529-542.

UZGIRIS, I.C. and HUNT, J. McV. *Assessment in infancy.* Urbana: University of Illinois Press, 1975.

VEIT, S.W., ALLEN, G.J. and CHINSKY, J.M. Interpersonal interactions between institutionalized retarded children and their attendants. *American Journal of Mental Deficiency*, 1976, 80, 535-542.

VITELLO, S.J. Facilitation of class inclusion among mentally retarded children. *American Journal of Mental Deficiency*, 1973, 78, 158-162.

WACHS, T.D. Report on the utility of a Piaget-based infant scale for older retarded children. *Developmental Psychology*, 1970, 2, 449.

WARREN, S.A. Psychological evaluation of the mentally retarded: a review of techniques. *The Pediatric Clinics of North America. Mental Retardation.* Vol. 15. 1968, 4, 943-956.

WATSON, B. *The remedial role of pre-school education: mentally retarded children.* Strasbourg: Council of Europe, 1975.

WEGDE, P. and PROSSER, H. *Born to fail?* London: Arrow Books in association with the National Children's Bureau, 1973.

WEI, T.T., LAVATELLI, C.B. and JONES, R.S. Piaget's concept of classification: a comparative study of socially disadvantaged and middle-class young children. *Child Development*, 1971, 42, 919-927.

WERNER, E.E., HONZIK, M.P. and SMITH, R.S. Prediction of intelligence and achievement at ten years from twenty months pediatric and psychologic examniations. *Child Development*, 1968, 39, 1063-1075.

WHEELER, A.J. and SULZER, B. Operant training and generalization of a verbal response forms in a speech-deficient child. *Journal of Applied Behavior Analysis*, 1970, 3, 139-147.

WILTON, K.M. and BOERSMA, F.J. Conservation research with the mentally retarded. In N.R. Ellis (Ed.), *International review of research in mental retardation*. Vol. 7. New York: Academic Press, 1974 (a).

WILTON, K.M. and BOERSMA, F.J. *Eye movements, surprise reactions and cognitive development*. Rotterdam: Rotterdam University Press, 1974 (b).

WING, L. *Early childhood autism (2nd ed.)*. Oxford: Pergamon Press, 1976.

WOOD, J.W., JOHNSON, K.G. and OMORI, Y. In utero exposure to the Hiroshima atomic bomb: an evaluation of head size and mental retardation twenty year later. *Pediatrics*, 1967, 39, 385-392.

WOODWARD, M. The behavior of idiots interpreted by Piaget's theory of sensorimotor development. *British Journal of Educational Psychology*, 1959, 29, 60-71.

WOODWARD, M. The application of Piaget's theory to research in mental deficiency. In N.R. Ellis (Ed.), *Handbook of mental deficiency*. New York: Mc Graw-Hill, 1963.

WOHLWILL, J.F. Piaget's theory of the development of intelligence in the concrete operations period. In M. Garrison (Ed.), Cognitive models and development in mental retardation. *American Journal of Mental Deficiency*, 1966, 70. (Monogr. Suppl.).

WOLFENSBERGER, W. Couseling the parents of the retarded. In A.A. Baumeister (Ed.), *Mental retardation: appraisal, education and rehabilitation*. Chicago: Aldine, 1967.

WOLFENSBERGER, W. *The principle of normalization in human services*. Toronto: Crainford, 1972.

WOLFENSBERGER, W. In M.Y. Soeffing: Normalization of services for the mentally retarded. A conversation with Dr. Wolfensberger. *Education and Training of the Mentally Retarded*, 1974, 9, 202-209.

WOLFENSBERGER, W. Will there always be an institution? I. The impact of epidemiological trends. In M. Rosen, G.R. Clark and M.S. Kivitz (Eds.), *The history of mental retardation. Vol. 2*. Baltimore: University Park Press, 1976.

WRIGHT, T. and NICHOLSON, J. Physiotherapy for the spastic child: an evaluation. *Developmental Medecine and Child Neurology*, 1973, 15, 146-163.

YANDO, R. and ZIGLER, E. Outerdirectedness in the problem-solving of institutionalized and noninstitutionalized normal and retarded children. *Developmental Psychology*, 1971, 4, 277-288.

YODER, D.E. and MILLER, J.F. What we may know and what we can do: input toward a system. In J.E. Mc Lean, D.E. Yoder and R.L. Schiefelbusch (Eds.), *Language intervention with the retarded. Developping strategies*. Baltimore: University Park Press, 1972.

YULE, W. and BERGER, M. Communication, language, and behavior modification. In C.C. Kiernan and F.P. Woodford (Eds.), *Behaviour modification with the severely retarded*. Amsterdam: Associated Scientific Publishers, 1975.

ZAZZO, R. et HURTIG, M.C. *La mesure du développement psycho-social*. Neuchâtel: Delachaux et Niestlé, 1967.

ZAZZO, R. *Les débilités mentales*. Paris: Armand Colin, 1969.

ZEAMAN, D. Learning processes of the mentally retarded. In S.F. Osler and R.E. Cooke (Ed.), *The biosocial basis of mental retardation*. Baltimore: Johns Hopkins Press, 1965.

ZIGLER, E. Developmental versus difference theories of mental retardation and the problem of motivation. *American Journal of Mental Deficiency*, 1969, 73, 536-556.

ZIGLER, E., BALLA, D. and BUTTERFIELD, E.C. A longitudinal investigation of the relationship between preinstitutional social deprivation and social motivation in institutionalized retardates. *Journal of Personality and Social Psychology*, 1968, 10, 437-445.

TABLE DES MATIERES

Printed in Belgium - Solédi, Liège

PSYCHOLOGIE ET SCIENCES HUMAINES

collection publiée sous la direction de MARC RICHELLE